城市与区域管理丛书

区域新型产业分工论

Study on New Regional Industrial Division of Labor

卢明华 / 著

科学出版社

北京

内 容 简 介

本书综合运用地理学、经济学和管理学的相关理论与方法，系统梳理区域新型产业分工的特征、机理及区域影响，并立足京津冀城市群，在区域产业分工演进的背景下，选择汽车、电子信息制造业、软件业等典型产业的多区位企业，根据企业功能环节的空间分布，考察这些功能环节的集聚与分异情况，研究该地区新型产业分工的现状特征与基本模式，探讨区域产业分工变化的区域影响，并提出相关建议推动京津冀城市群的产业发展。

本书理论演绎与实证分析并重，可供经济地理、城市地理、区域经济、产业经济、企业管理等相关专业的师生阅读，也可作为从事企业区位、产业布局、区域发展、公共政策等相关领域的学者、政府决策人员参考。

图书在版编目（CIP）数据

区域新型产业分工论／卢明华著. —北京：科学出版社，2016.11
（城市与区域管理丛书）
ISBN 978-7-03-048806-0

Ⅰ. ①区⋯ Ⅱ. ①卢⋯ Ⅲ. ①产业布局-地域分工-研究-中国 Ⅳ. ①F127

中国版本图书馆 CIP 数据核字（2016）第 132915 号

责任编辑：石 卉 乔艳茹／责任校对：张小霞
责任印制：徐晓晨／封面设计：无极书装

联系电话：010-6403 5853
电子邮箱：houjunlin@mail.sciencep.com

科学出版社 出版
北京东黄城根北街 16 号
邮政编码：100717
http://www.sciencep.com

北京建宏印刷有限公司 印刷
科学出版社发行 各地新华书店经销
*
2016 年 11 月第 一 版　　开本：B5（720×1000）
2017 年 6 月第二次印刷　　印张：13 1/2
字数：272 000
定价：78.00 元
（如有印装质量问题，我社负责调换）

前　言

近几十年来，日本、欧洲和美国经济圈的中心城市与其他城市之间都出现了从部门分工向功能分工的演变，城市的部门专业化在不断弱化，而其功能专业化则在逐步提高，城市间产业分工在进一步深化：企业总部和生产者服务业不断向经济圈的中心城市集中，产品制造逐渐向中小城市转移，使得中心城市更多地发挥管理、研发和服务的功能，生产功能则主要由经济圈其他城市承担。在中国一些经济发达地区，近年来区域分工也开始出现从传统的部门间分工到部门内分工，再到产业链（价值链）分工转变的趋势。京津冀协同发展已成为国家战略，京津冀城市群对我国政治、经济、文化与科技的发展具有重要作用，在促进环渤海地区、北方地区发展以及全国区域性协调发展中发挥着战略性作用。目前，京津冀城市群面临着国际产业转移和内部产业分工调整的良好机遇，如何抓住机遇对京津冀城市群进行定位，加强城市间的联系，进而优化京津冀城市群空间结构，成为摆在众多专家学者面前的一项重要课题。

本书选题源于我的国家自然科学基金青年项目（41101121）"产业价值链区域分工特征、机理及区域影响研究"。在国家自然科学基金委员会的资助下，课题组开展了区域新型产业分工的理论研究与实证研究。理论研究部分，在梳理分工理论脉络的基础上，重点综述区域新型产业分工研究进展，明确新型产业分工的概念内涵与测度方法。实证研究部分，首先考察中国典型城市群产业分工的发展变化，然后重点分析京津冀城市群的产业分工状况，并选择汽车、电子信息制造、软件与信息技术服务三大行业，不仅进行一般的行业分工分析，而且深入功能环节层面上，根据企业主要功能环节在空间上的分布，总结其现状特征与基本模式，进而探讨新型产业分工的区域影响，并就如何推进京津冀城市群区域新型产业分工以及区域整合发展提出对策建议。

研究发现，2000~2010年中国十大城市群的产业结构和功能结构均呈现出高级化过程；大部分城市群产业专业化、功能专业化呈现增强的趋势；无论是产业专业化还是功能专业化，城市群内部中心-外围城市间的专业化水平差距均呈增大趋势；京津冀城市群的功能专业化程度较高，而且还将进一步提高，成为十大城市群中功能专业化程度最高的城市群；京津冀城市群内部各城市的产业专业化与功能专业化水平差异显著。基于汽车、电子信息制造业、软件和信息技术服务业领域跨国公司 500 强等大型多区位企业分支机构在国内的分布情况，发现京津冀城市群在全国占有重要的地位，2002~2011 年京津冀城市群在全国的功能分工发生变化，专业化功能环节基本由 2002 年的总部、生产转变为 2011 年的总部、研发、售后。在京津冀城市群内部，这些分支机构高度集聚在北京，基本形成北京专业化于总部、研发环节，天津专业化于生产环节，河北专业化于销售、生产环节的格局。

本书各章作者如下：第一章，卢明华；第二章，刘汉初、卢明华；第三章，卢明华、刘汉初；第四章，刘汉初、卢明华、尹征；第五章，卢明华、许欣、徐小燕；第六章，卢明华、许欣、李丽；第七章，卢明华、许欣、杨洁；第八章，卢明华。典型行业跨国公司分支机构相关数据由薄云娜、任小丽、王倩怡、党博珍帮助输入、更新，卢明华负责公司分支机构功能环节确定。全书由卢明华统筹并负责统稿。

本书的出版首先要感谢北京大学的李国平教授。从 2000 年开始，我有幸跟随李老师攻读硕士、博士，参与"北京市高科技产业价值链分工研究"等项目的研究，开始基于企业不同职能部门空间布局研究产业分布及产业分工，并对此产生了浓厚的兴趣。李老师高尚的品德、广阔的胸襟、渊博的学识，深深地影响着我。即使是毕业多年，李老师也一直对我关爱如初，经常邀请我参与他的科研项目，并给予大力支持。感谢北京大学的孙铁山副教授，他踏实、真诚，专心于学术研究，经常与我讨论书稿内容，并给予很多建设性意见。特别感谢中国科学院科技政策与管理科学研究所的王铮教授为本书提出了建设性意见，并邀请将本书列入他主编的"城市与区域管理丛书"。感谢我的研究生积极参与到国家自然科学基金项目研究中，并承担本书内容的写作，尤其是刘汉初和许欣同学做了大量工作。感谢科学出版社石卉编辑等的辛勤工作，她们的专业投入降低了文字方面的错误，确保了书的质量。

卢明华

2016 年 6 月

目 录

前言

第一章 绪论……………………………………………………………1

第二章 分工理论………………………………………………………6
  第一节 古典及新古典分工理论……………………………………6
  第二节 劳动地域分工理论…………………………………………8
  第三节 新国际贸易理论对分工的解释……………………………10
  第四节 新制度经济学对分工、专业化与交易的分析……………11
  第五节 新兴古典经济学对分工理论的模型化……………………12
  第六节 新劳动空间分工理论………………………………………14
  本章小结………………………………………………………………19

第三章 区域新型产业分工理论………………………………………20
  第一节 区域新型产业分工的出现与相关概念辨析………………20
  第二节 区域新型产业分工研究……………………………………24
  第三节 京津冀城市群产业分工的相关研究………………………31
  本章小结………………………………………………………………33

第四章 中国典型城市群区域产业分工变化分析……………………34
  第一节 研究区域与数据处理………………………………………34
  第二节 十大城市群产业专业化与功能专业化变化………………38
  第三节 京津冀城市群各城市产业专业化与功能专业化的特征和变化……47
  本章小结………………………………………………………………49

第五章　京津冀城市群汽车产业新型产业分工的发展 ... 51
- 第一节　汽车产业在我国的发展及空间分布 ... 51
- 第二节　京津冀城市群汽车产业发展及空间分布 ... 70
- 第三节　京津冀城市群汽车产业新型产业分工发展 ... 90
- 本章小结 ... 99

第六章　京津冀城市群电子信息制造业新型产业分工的发展 ... 100
- 第一节　电子信息制造业在我国的发展及空间分布 ... 100
- 第二节　京津冀城市群电子信息制造业发展及空间分布 ... 116
- 第三节　京津冀城市群电子信息制造业新型产业分工发展 ... 143
- 本章小结 ... 152

第七章　京津冀城市群软件和信息技术服务业新型产业分工的发展 ... 153
- 第一节　软件和信息技术服务业在我国的发展及空间分布 ... 153
- 第二节　京津冀软件和信息技术服务业发展及空间分布 ... 170
- 第三节　京津冀城市群软件和信息技术服务业新型产业分工发展 ... 190
- 本章小结 ... 195

第八章　京津冀城市群新型产业分工特征、区域影响及对策 ... 196
- 第一节　京津冀城市群新型产业分工特征与模式 ... 196
- 第二节　京津冀城市群新型产业空间分工的区域影响分析 ... 197
- 第三节　基于区域新型产业分工推进京津冀城市群协同发展的对策建议 ... 199

参考文献 ... 202

第一章
绪 论

一、研究背景与目的

1. 城市群成为增强区域竞争力的主体形态

从当今全球经济发展态势来看,世界经济最为活跃的区域集中在以全球城市为核心的城市群,这些地区开始逐步主导全球经济。城市群拥有高效的交通运输设施和先进的信息通信网络,拥有庞大的商品和服务市场,拥有更为专业化的劳动力和具有控制能力的公司总部,这些竞争优势使得城市群成为支撑一个国家(地区)经济发展、参与国际竞争的核心区域。

2. 空间分工格局已发展到一个新阶段

随着交通通信技术的迅速发展及经济全球化的快速推进,国际分工与国内区域分工均发生了极为深刻的变化(孟庆民和李国平,2000)。从发展过程来看,产业分工和专业化的演进大体经历了三个阶段(魏后凯,2007):第一个阶段为产业间或部门间分工,就是不同地区发展不同的产业部门,不同产业在空间上分离,这种专业化可称之为产业分工,该分工形式大多出现在经济发展早期阶段;第二个阶段为产业内或部门内分工,就是同一个产业部门在多个区域发展,但产品种类有所不同,这种专业化可称之为产品分工;第三个阶段为功能分工,虽然同一产品在很多地区都生产,但是各个地区根据产业链的不同环节、工序甚至模块进行专业化分工,国外一些学者把这种专业化称为功能专业化(Duranton and Puga,2002)。

近几十年来,日本、欧洲和美国经济圈的中心城市与其他城市之间都出现了从部门分工向功能分工的演变趋势,城市的部门专业化在不断弱化,而其功能专业化则在逐步提高,城市间产业分工在进一步深化:企业总部和生产性服务业不断向经济圈的中心城市集中,产品制造则逐渐向中小城市转移,使中心城市更多地发挥管理、研发和服务的功能,生产功能则主要由经济圈的其他城市承担（Duranton and Puga，2002；Bade et al.，2004；Meijers，2005；Brunelle and Polese，2008；Brunelle，2013）。在中国一些经济发达地区，近年来区域分工也出现从传统的部门间分工到部门内分工，再向功能（产业链）分工转变的趋势（于涛方等，2006；魏后凯，2007；张若雪，2009；苏红键和赵坚，2011；赵勇和白永秀，2012；刘汉初和卢明华，2014）。

3. 京津冀城市群一体化发展尤为重要

京津冀城市群对我国政治、经济、文化与科技功能的发展具有重要作用，地域完整性、人文亲缘性强；在市场、技术、资金、资源和区位等要素上互补性强；在促进环渤海地区、北方地区发展及全国区域性协调发展中发挥着战略性作用；是国家自主创新战略的重要基地，也是我国参与全球竞争及实现现代化的重要区域。近年来，国务院对京津两市的城市功能进行明确分工和定位、北京建设世界城市的步伐不断加快、国家启动了京津冀区域规划，都标志着京津冀城市群在国家发展战略中的地位发生了重大变化，区域一体化已进入实质性操作阶段。

当前，经济全球化浪潮汹涌澎湃，国际劳动分工进一步深化，京津冀城市群面临着国际产业转移和内部产业分工调整的良好机遇，如何抓住机遇对京津冀城市群进行重新定位，进而优化京津冀城市空间结构，就成为摆在众多专家学者面前的一项重要课题。本书试图沿着专业化分工的逻辑思路，深入研究城市群的分工特征和发展机理。从根本上认清专业化分工对城市群发展的意义，才能在全球化、信息化背景下把握城市区域空间发展规律，并利用好这一规律合理有序地推动城市群空间组织发展，也才能及时发现我国城市群建设中出现的诸多新问题，制定科学的政策，引导我国城市群健康快速发展。

二、研究思路与内容体系

基于功能环节的这一新型产业分工，近年来正成为经济地理学研究领域的一大热点，国内外学者已从特征、机理与区域影响等方面展开了一定的研究，但对新型产业分工测度与特征的定量研究及机理与影响的理论研究还有待完善，而且目前的行业实证研究主要集中在部分制造业行业，实际上随着服务业越来越占据主导地位，制造业与服务业之间的融合不断增强。

本书集理论研究与实证研究于一体。理论研究部分，在梳理分工理论脉络的基础上，重点综述区域新型产业分工研究，明确新型产业分工的概念内涵与测度方法。实证研究部分，首先考察中国典型城市群产业分工的发展变化，重点弄清楚京津冀城市群的产业分工状况，选择汽车、电子信息制造、软件与信息技术服务三大行业进行典型产业分工分析，深入功能环节层面上，根据企业各功能环节在空间上的分布，总结其现状特征与基本模式，进而探讨新型产业分工的区域影响，并就如何推进区域新型产业分工及区域整合发展提出对策建议。具体研究内容见图1-1。

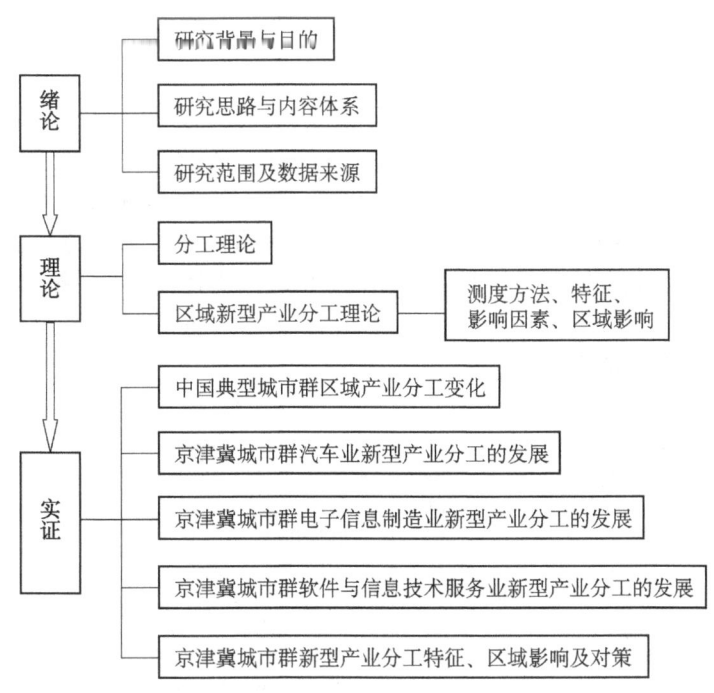

图1-1　本书研究思路

第一部分，研究思路及相关文献梳理。厘清分工理论脉络，对相关分工概念的内涵进行辨析，重点梳理新型产业分工的相关研究，在此基础上，明确本书的研究问题、研究思路和研究方法。

第二部分，中国典型城市群产业分工的发展变化。利用多年普查资料中关于分行业、分职业就业人员的数据，借助产业专业化、功能专业化指数等指标，全面、系统地刻画京津冀城市群等中国典型城市群的产业分工及其发展变化，在动态分析的基础上总结产业分工演化的基本规律。

第三部分，京津冀城市群典型产业分工的发展变化。本研究选择对该区域经济发展具有重要作用的汽车、电子信息制造、软件与信息技术服务行业进行详细分析，通过查询产业年鉴、行业报告、企业网站等，深入分析这些典型行业的传统与新型产业分工，总结京津冀城市群新型产业分工的特征与模式。

第四部分，运用新型产业分工思维促进京津冀城市群协同发展。近两年京津冀协同发展上升为国家战略，而基于功能环节的区域新型产业分工应该成为重要的战略发展方向。在分析京津冀城市群新型产业分工区域影响的基础上，有针对性地提出推进京津冀城市群新型产业分工及区域整合发展的途径与对策。

三、研究范围及数据来源

1. 研究范围

京津冀城市群是京津冀地区的主体部分，包括北京市、天津市两个直辖市和河北省的石家庄、保定、唐山、秦皇岛、廊坊、沧州、张家口、承德8个地级市所属区域（图1-2）①。京津冀城市群与珠三角城市群和长三角城市群并称为我国沿海三大区域，其在我国区域经济发展格局中处于北方经济中心的地位。京津冀城市群是京津冀区域经济和社会活动的主体及核心，按2013年的指标统计，京津冀城市群国内生产总值（GDP）为56 256.59亿元，占京津冀区域的90.5%，占全国的9.9%。

图1-2 京津冀城市群区域范围

经过多年的发展建设，京津冀城市群已成为我国北方最大的都市经济区和建设创新型国家的主要支撑区域。京津冀城市群的发展壮大不仅关乎京、津、冀三地人民的福祉，更对我国整个北方经济的发展，以及全国经济实力和竞争力的增强具有重要意义。

---

① 关于京津冀城市群的界定，可参见2014年3月16日中共中央、国务院联合发布的《国家新型城镇化规划（2014—2020年）》。

然而，京津冀城市群是目前中国最大的三个城市群中经济一体化程度最低的一个。从目前来看，京津冀产业发展和布局面临全球核心竞争力不足、"外围-中心"二元结构突出及产业合作程度较低三大问题（陈耀和郑重阳，2014）。在京津冀城市群中，河北环京津地区的经济基础比较薄弱，影响了产业扩散和合作，不利于区域整体发展。已有的分析也表明该区域城市间职能分工并不明确（陈航等，2005；于涛方和吴志强，2006；刘作丽和贺灿飞，2007）。

京津冀城市群一体化已经成为国家级发展战略。2014年2月26日，习近平总书记在主持召开专题座谈会听取京津冀协同发展工作汇报时指出，推进京津冀协同发展，要立足于各自的比较优势、立足于现代产业分工要求、立足于区域优势互补原则、立足于合作共赢理念，以京津冀城市群建设为载体、以优化区域分工和产业布局为重点、以资源要素空间统筹规划利用为主线、以构建长效体制机制为抓手，从广度和深度上加快发展。

研究区域新型产业分工的作用机理与区域影响，推进产业基于环节、工序、区段的分工，有利于形成优势互补、合理分工、互惠互利的良好发展格局，推进京津冀区域经济协调发展。中心城市将部分环节向外围城市有序转移，一方面可以为其他功能的发展释放资源空间，另一方面当中心城市不具比较优势的环节转移到其他城市后，会带动其他城市对中心城市的信息咨询、技术研发、资金融通、法律会计等专业服务的需求，这会进一步促进中心城市作为管理和服务中心的发展，有利于中心城市和外围城市进一步发挥各自的比较优势，避免城市之间相互争夺资源和有限的市场，使不同类型、规模和功能的城市产业协调发展，从而提高京津冀城市群的竞争力，更好地发挥对区域的辐射和带动作用。

2. 数据来源

本书选取2000年第五次和2010年第六次全国人口普查分县层次的数据作为基础。两次人口普查中均抽取10%的人口进行长表抽样调查。京津冀城市群范围内各地级市市辖区汇总后的分"行业门类"的就业人口数据，可以反映出各城市的产业部门分布规模和专业化情况。各地级市辖区汇总后分"职业大类"的就业人口数据，可以近似地反映出各城市的功能结构及专业化情况。

典型产业分工研究部分，本书利用《中国汽车工业统计年鉴》《中国电子信息产业统计年鉴》《跨国公司中国报告》等年鉴与报告、中国工业企业数据库，以及相关企业网站收集信息。

第二章
分 工 理 论

分工理论诞生由来已久，一直是经济学、地理学的核心理论，古典经济学、新古典经济学、新国际贸易理论、新制度经济学、新兴古典经济学对此均进行了详细研究，尤其是国际贸易理论、苏联的劳动地域分工理论还关注到分工的地理空间内涵。自 20 世纪 60 年代末期以来，全球范围内生产空间组织、劳动力组织形态和技术水平、公司组织及资本投资指向等变革已经动摇传统工业地理和工业区位论的基础，催生了新的劳动空间分工理论的诞生，地理学者们在新的劳动空间分工理论发展中发挥了重要作用，新国际贸易理论也关注到产品内分工、产品内贸易。

第一节 古典及新古典分工理论

一、亚当·斯密对分工的开创性研究

亚当·斯密（1981）在其经典著作《国富论》中指出，"劳动生产力的提高，以及在劳动使用过程中体现出的技能、熟练性和判断力等，似乎都是分工的结果"。斯密提出"分工是经济增长的源泉"的观点，他最早对分工进行了较为全面的理论研究和论述。

在斯密看来，分工几乎是经济进步的唯一因素。劳动生产率的提高、技术的进步、各种机械的发明，甚至投资都是由分工引起的。斯密指出，分工促进生产力提高的原因，主要得益于三个方面：①每个人专注于工作的某一个方面，固定工序使工人的熟练程度提高；②节约了从一种工作转向另一种工作所造成的时间损失；③促进了机器的发明，提高了个人的生产效率。斯密对分工研究的论述被称为斯密定理，包括：分工有利于促进生产率的提高，进而促进财富增长；分工水平受到市场范围的限制，而市场范围又受运输成本和区位条

件的影响。

在论述分工可以促进劳动生产率提高的基础上,斯密进而分析了国家之间的分工,并对国际贸易进行了系统的阐述,形成了绝对优势理论。自然禀赋和后天条件因国家而不同,这就为国际分工提供了基础。因为有利的条件可以使一个国家生产某种产品的成本绝对低于别国而在该产品的生产和交换上处于绝对有利地位。各国按照各自的有利条件进行分工和交换,将会使各国的资源、劳动和资本得到最有效的利用,将会大大提高劳动生产率和增加物质财富,并使各国从贸易中获益。斯密主张自由贸易,双方贸易能得到比自给自足时更多的利益。这一思想也适用于区域间的分工与贸易,一国内部各区域都按照其绝对有利的生产条件进行专业化的生产,通过区际交换,使各区域的资源都得到最有效的利用,从而可以使区域劳动生产率提高,增加区域利益。

二、大卫·李嘉图的比较优势理论

大卫·李嘉图(1962)在其著作《政治经济学及赋税原理》中提出了比较优势理论。他运用数学方法构建了由两个国家、两种商品、单要素组成的模型来说明这个问题。他认为即使一个国家在生产上没有任何绝对优势,只要与其他国家相比,生产商品的相对成本不同,那么它仍可以通过"生产并出口具有较大比较优势的商品或服务,进口比较优势较小的商品或服务"而获益,即通过"两优取其重,两劣择其轻"的原则,进行国际贸易。也就是说,决定国际贸易的因素是两个国家商品的相对劳动成本。按照比较优势原则,可以预言:①贸易方向,即一个国家只出口一些由技术条件决定的比较成本低的商品;②贸易条件,它是由这些比较成本的比率所规定的。李嘉图认为对外贸易可以增进贸易参与国的经济利益。

李嘉图在分工和专业化的研究中,强调外生比较优势与分工,他的比较优势是对绝对优势理论的推进,奠定了国际贸易理论的基础。但与斯密的绝对优势一样,李嘉图的比较优势理论同样存在局限性。二者都包含了一个理论假设,国际分工与贸易都是在产业部门之间进行的,一种产品总是由某国在其有利生产要素基础上生产出来的,排斥了生产要素和中间产品在国家间的自由贸易。在全球化的今天,国际经济合作日益广泛,各国间生产要素和中间产品贸易量提高,这种假设就不再符合现实。

三、要素禀赋理论

古典分工的绝对优势和相对优势理论对分工的解释虽然有其较成功的一

面,却无法回答是什么因素造成了比较成本差异。瑞典经济学家赫克歇尔、贝蒂尔·奥林(1981)从一系列基本假设出发,在比较优势理论基础上,提出了要素禀赋理论,简称 H-O 模型。H-O 模型将李嘉图的比较优势发挥到了极致,其主要内涵是区域会根据比较优势而展开分工,形成专业化的区域生产格局。

要素禀赋理论认为比较成本的差异关键在于要素比例,不同的国家和地区拥有不同的生产要素,生产要素的不平衡分布导致区际和国际贸易的产生。在此基础上,奥林认为贸易格局是:每个国家利用本国相对丰富的生产要素从事商品生产,必然会有比较利益产生。因此,各国在国际贸易中趋向于出口该国相对丰裕和便宜的要素密集型商品,进口该国相对稀缺和昂贵的要素密集型商品。价格差别是国际贸易的直接原因,而产生商品价格差别的根本原因则是各国生产要素禀赋的差异。商品贸易会缩小生产要素收入的国际差别,导致国际商品价格和要素价格趋于均等。

要素禀赋理论继承并发展了古典比较成本理论,进一步巩固了比较优势学说的经典理论地位。战后的经济学家做了大量实证研究讨论 H-O 模型,发现它在解释某些贸易格局方面相当成功。萨缪尔森(Samuelson,1948)在此基础上建立要素价格均等理论,即国际贸易最终将会导致各国生产要素的相对价格和绝对价格的均等化。

综上,古典及新古典分工理论对空间分工的讨论如表 2-1 所示。

表 2-1 古典及新古典分工理论对空间分工的讨论

代表理论	如何进行空间分工	为什么会进行空间分工
亚当·斯密(1981)的绝对优势理论	集中生产并输出具有"绝对优势"的产品,输入不具有"绝对优势"的产品	事前的资源禀赋条件的差别引起的生产率的绝对差别
大卫·李嘉图(1962)的比较优势理论	集中生产并输出具有"比较优势"的产品,输入具有"比较劣势"的产品	事前的资源禀赋条件的差别而引起的生产率的相对差别
赫克歇尔、贝蒂尔·奥林(1981)的要素禀赋理论	劳动充裕的地区应该多生产并输出劳动密集型产品,输入资本密集型产品;资本充裕的地区应该多生产并输出资本密集型产品,输入劳动密集型产品	事前的资源禀赋条件的差别而引起的生产率的差别

第二节 劳动地域分工理论

一、马克思的社会分工思想

马克思在《资本论》中研究了分工对社会进步的重大意义,并形成了相对完整和独立的分工理论体系。

马克思论述的主要是社会分工问题，他对分工理论的最大贡献是区分了社会分工和制造业分工。他指出，尽管社会分工与制造业分工有共同点，但二者却存在本质的差别。制造业分工强调商品是单个工人特殊劳动的结合品；制造业分工是以生产资料集聚在一个资本家手中为前提，而社会分工则是以生产资料散落在各生产者手中为前提；制造业分工通过生产计划来调节，而社会分工由价值规律来调节（马克思和恩格斯，1995）。社会分工和制造业分工能够相互作用，制造业分工要求社会分工达到一定程度，制造业分工能促进社会分工。

马克思承认分工协作不仅能提高生产力，而且还创造了生产力。但他将注意力从对国民财富增长的关注转移到对因分工而产生的人与人关系的讨论上。他认为资本主义生产方式的异化有两点。一是在劳动过程中，在工人的生产活动上的异化，即技术的异化。职业的专门化会导致劳动者片面发展，失去人的丰富性和创造性。二是工人与其生产产品的异化，在劳动过程控制上的异化，即市场的异化，这是在一个阶级剥削另一个阶级的基础上存在的。马克思将这两种异化统称为劳动的异化。他最后提出消灭异化劳动的措施就是通过革命消灭私有制，以及消灭制造业分工。

二、苏联的劳动地域分工理论

伴随着苏维埃政权的建立，马克思的理论被设定为指导思想，而他关于社会分工的理论也相应地形成了具有特色的劳动地域分工理论，与经济区划紧密结合，用于指导国民经济建设。

列宁将地域分工和 19 世纪苏联出现的经济区划结合起来，把部门分工、劳动地域分工和经济区的形成过程联结在一起，指出"同一般分工有直接联系的是地域的分工，即各个地区专门生产某种产品，甚至是产品的某一部分"。随后巴朗斯基提出地理分工理论，认为地理分工就是各地区生产不同的产品，并在地区之间相互交换产品。他认为经济利益是地理分工发展的动力，用公式 $C_r>C_p+t$ 表达。式中，C_r 是商品在销售地的价格，C_p 是商品在生产地的价格，t 是运费（萨乌什金，1987）。

萨乌什金（1987）明确提出劳动地域分工的概念和理论，他反对生产力的均衡布局，重视自然条件的空间差异和潜在的自然资源的集中，认为生产布局在空间上的集中和运输的干线化是发展劳动地域分工的基础。他改写了巴朗斯基的公式，用 d 表示支付基本投资、进行资本的再生产、补偿与流通的时间，则 $C_r>C_p+t+d$。

劳动地域分工理论尽管涉及了分工所蕴涵的地理意义，但它是在适应计划经济条件下国家全面管理经济职能的区域产业组织模式，不可能通过市场的力量来完成，政府成为唯一在政治上合理合法的组织分工的力量。它以指令性计划为主要特征，效率较为低下。

第三节　新国际贸易理论对分工的解释

一、克鲁格曼的新国际贸易理论

无论是古典还是新古典分工理论都属于传统分工理论，只能解释行业间的分工与贸易。而且传统贸易理论完全用于国家间的差异，特别是用生产要素禀赋的差异来解释分工和贸易，结果应该是相似国家之间的贸易量不大。而事实上，自20世纪70年代以来，世界贸易将近有一半是在具有相似要素的工业国家之间进行的，同时产业内贸易也不断增长。新的国际分工和贸易格局基本表现为，要素禀赋相似的国家或地区之间从事着产业内相似产品分工的贸易（赫尔普曼和克鲁格曼，1993）。当今全球经济贸易的变化使传统的国际贸易理论无法做出合理的解释，新的国际贸易理论应运而生。

新国际贸易理论认为，传统的国际贸易理论仅在完全竞争和规模报酬不变的情况下适用。以克鲁格曼为代表的新国际贸易理论基于迪克希特-斯蒂格利茨的垄断竞争模型（D-S模型），认为即使不存在比较优势，规模经济也可导致国际贸易的发生。赫尔普曼和克鲁格曼（1993）在《市场结构和对外贸易》等一系列著作和论文中，将规模收益、垄断竞争引入到贸易模型中，比较好地解释了产业内贸易等问题，为国际贸易理论建立了一个新的分析框架。在此思路的基础上，克鲁格曼进一步提出规模经济是贸易从中获利的一个源泉，报酬递增是产生贸易的一个原因。规模经济导致国际分工的原因就在于形成国际分工，而且规模经济一定会导致贸易产生（克鲁格曼，2002）。新国际贸易理论，引申出一个地区的优势产业不仅可以依据比较优势来确定，更重要的是通过规模优势和报酬递增，形成不完全垄断的竞争优势。

二、国际贸易的新议题——产品内分工

新国际贸易理论较好地解释了产业间分工和贸易，以及产业内分工和贸易，但是当代经济生活中出现的产品内/产业链分工和贸易的理论构架尚未建立（卢锋，2004）。国际贸易理论主流的理论框架始终共享着一个暗含的思维前提，即假设分工和贸易对象的产品，全部生产过程在特定国家或经济体内部进

行。但在现实世界，国际贸易中大量充斥着中间投入产品贸易，并对最终产品贸易产生深刻的影响。因此，当前最杰出的国际贸易理论学者纷纷将注意力从产业内贸易转移到产品内贸易上来。他们的贸易研究对象从最终产品转向中间产品，为国际贸易领域的研究拓展了全新的方向——产品内分工（田文，2006）。

当前对国际贸易的研究往往与生产组织研究紧密结合在一起。企业逐渐把生产过程分离开来并分散到不同的空间区位。蒂格斯特和格罗斯曼（Dixit and Grossman，1982）建立起理论模型来描述多区段生产系统如何在不同的国家和地区分配工序区段，并分析关税等政策变动对这类分工的影响。阿尔恩特（Arndt，1997）则提出产品内部专业化的概念，认为这是国际产业特别是垂直型分工体系发展的重要表现。产品内贸易的有关研究充分考虑到了跨国公司在产业组织上的变化，如何通过交易关系的组合来组织协调各生产环节的价值增值活动与跨越国界的生产交易行为，从而成为国际贸易理论发展的新台阶。2002年联合国贸易和发展报告专门讨论"生产分享"（production sharing）的最新发展，探索新的国际劳动分工形式。

第四节 新制度经济学对分工、专业化与交易的分析

一、科斯的交易成本与企业性质

按照斯密定理，经济发展必然呈现出专业化不断提高的过程，由市场来组织分工。但事实是，在现实经济中劳动过程没有被分解为独立的经济个体，相反是企业的出现和纵向一体化。事实与理论显然不符合。科斯利用"交易成本"概念有力地解释了企业和纵向一体化的起源和原因，并于1937年发表的《企业的性质》一文中，首次提出交易成本这一新概念，开创了新制度经济学。

科斯（2000）在解释企业的边界时，认为建立企业有利可图的主要原因似乎是利用价格机制是有成本的，企业的边界由企业组织成本与市场组织成本的比较决定。市场组织成本主要包括发现相关价格的成本、谈判及签订合同的成本；企业组织成本主要指管理收益递减造成的损失及随着企业规模扩大引起的生产要素成本的变化。由于交易成本的存在，才有了企业内部资源配置与市场资源配置的区别问题。在企业的最优边界点上，一项活动的企业组织的成本应当与市场组织的成本相等。企业边界问题实质上是在组织一项活动时，企业与市场这两种制度的选择问题。通过交易成本的概念，科斯解释了企业的起源并

界定了企业的边界。

科斯开创的对交易成本的研究是对斯密定理的重新解答,但是他的工作始终没有建立完善的、可操作性的、建构性的交易成本概念,又片面强调交易成本的节约而忽略了生产成本的问题(程恩富和伍山林,2001)。威廉姆森则在这些方面做出了极大的贡献。

二、威廉姆森的分工与交易治理

尽管科斯提出交易是有成本的,却没有指出这些交易成本的起因和性质。在科斯分析的基础上,威廉姆森进一步将企业与市场组织活动的成本分为生产成本和治理成本两个方面,使得对企业边界问题的分析更加全面,成功地将科斯开创的新制度经济学定义为交易成本经济学。

交易是货物或服务在两个技术上可分离的单位之间的转移。例如,采取市场交易的方式,就是专业化过程;采用企业内交易方式,就是一体化过程。两种交易成本的高低决定了企业是实行专业化生产还是一体化生产。这样威廉姆森就区分了企业内和企业间交易成本,形成了交易成本理论的基础。另外,威廉姆森在提出有限理性和机会主义行为两个行为假设的基础上,利用交易成本理论分析了企业与市场的关系(纵向一体化、企业边界、双边治理),企业内部组织(等级科层、组织结构创新、公司治理),工会组织及自然垄断与反垄断等问题(威廉姆森,2002)。

交易成本理论认为区分各种交易的主要标志是资产专用性程度、不确定性及交易发生的频次,称为交易属性。威廉姆森将资产根据其专用性程度分为三类:通用性资产、专用性资产、混合性资产。资产专用性是最重要的标志,也是使交易成本经济学与解释经济组织的其他理论相区别的最重要的特点。资产专用性反映对已经投入生产过程的资产进行再配置的难易程度。分工与专业化越是发展,资产专用性越强,进行市场交易的成本越高,而纵向一体化将取代市场成为最后手段的组织方式。

第五节 新兴古典经济学对分工理论的模型化

斯密在讨论经济进步时把分工放在首要地位。在 19 世纪的著作中(特别体现在西尼尔、巴贝奇、穆勒、马克思和马歇尔等的著作中),分工在经济理论中依然占据十分突出的地位。不过在 20 世纪上半期,分工主题不再是经济学教科书里的主题。马歇尔《经济学原理》的出版,标志着新古典经济学的成形。也正是从此开始，分工在新古典经济学理论中消失了。《经济学原理》一部分关注对分工与专业化的洞见，关注古典的经济组织问题；另一部分则是关注资源配置问题的价格理论。但由于当时数学工具的缺乏，马歇尔不能将分工与专业化问题数学化。之后关于分工和专业化的思想逐渐被排挤到主流经济学的边缘。

第二次世界大战以后，数学家发展了线性规划和非线性规划方法，为处理分工和专业化问题涉及的角点解提供了有力的数学工具。于是从20世纪80年代开始，以罗森、贝克尔、杨小凯、博兰和黄有光等为代表的经济学家，陆续开始用超边际分析方法将分工和专业化的思想改写成决策与均衡模型，掀起了一股用现代分析工具复活古典分工理论的思潮。杨小凯是其中的集大成者。从2000年开始，他连续推出一系列关于这方面研究的专著，奠定了新兴古典经济学的理论框架（杨小凯和张永生，2000；杨小凯，2003a，2003b）。

新兴古典经济学的灵魂是"斯密-杨格-科斯"框架，其内核正是分工和交易成本的思想。杨小凯认为，市场上自利行为的交互作用形成的最重要的两难冲突，是分工经济与交易成本的矛盾（杨小凯，2003a）。杨小凯基本搭建起了不同于新古典经济学的理论分析框架，可以借助图2-1来简单说明。假定一个经济系统中有4个消费者-生产者，每个人必须消费4种产品，每个人可以选择生产4种产品中的一种或多种。根据分工的程度，分别用图2-1（a）~图2-1（c）表示自给自足、局部分工和完全分工3种类型。图2-1（a）表示每人自给自足4种产品，整个经济分成4个互不往来的部分，没有分工，没有市场，也没有交易成本。在这种状态下生产集中程度和专业化水平低，每个人的生产力很低，经济结构多样化程度也很低。图2-1（b）的局部分工状态中，每个人的生产品种由4种减少为3种，每个人需要向外部购买1种产品以保证消费，在这种状态下，专业化水平上升，出现市场，交易次数为2，产生交易成本。图2-1（c）则是完全分工状态，每个人的专业化程度、社会结构多样化程度、商品化程度、市场个数、生产集中程度、交易次数及成本、生产率都比局部分工时加强（杨小凯和张永生，2000）。

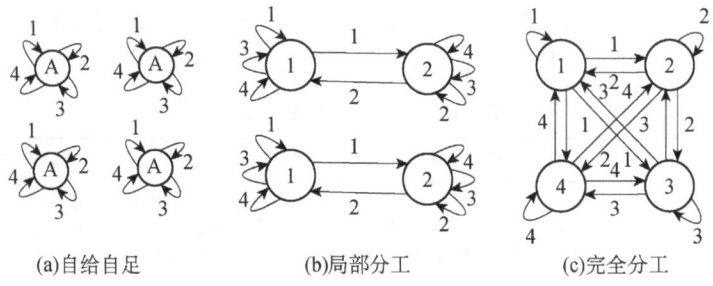

图2-1　新兴古典经济学理论基本分析框架

资料来源：杨小凯和张永生（2000）

关于经济体系如何从自给自足状态演进到分工状态。杨小凯以交易效率作为分工演进的主要原因，认为分工水平取决于交易效率的高低。交易效率越高，分工水平会相应提高。在传统交易成本理论的基础上，杨小凯等还区分了外生交易成本和内生交易成本，认为两者的区别在于是否是决策者的利益冲突导致经济扭曲的结果。外生交易成本指在交易过程中直接或间接产生的成本，如交通运输成本、交易设施成本等，是在交易过程中人们能在作决策前看到的成本；内生交易成本指由特定人类行为引起的利益冲突所产生的市场均衡与帕累托最优间的差别，是个体自利决策之间交互作用的结果，是一种由道德风险、逆向选择和一些其他机会主义行为（腐败、欺骗和不可信承诺）引起的事先无法度量的成本，这一点与交易成本理论所强调的交易成本一致。杨小凯等认为，相比外生交易成本，内生交易成本对分工水平影响更大。

总体而言，杨小凯等的新兴古典经济学对分工理论的主要贡献在于：①用超边际的数学方法将分工理论模型化，复活分工思想，使关于分工的讨论重新引起学界的注意；②统一了斯密、杨格、科斯等关于分工、市场范围和交易成本的理论，由分工经济和交易成本的两难冲突决定分工水平；③建立了以分工经济和交易成本两难冲突为核心理论的新兴古典框架，解释了原本属于宏观经济学、微观经济学、发展经济学、交易成本经济学、企业理论等不同经济学流派的理论，并建立了一个统一的经济学框架。

第六节 新劳动空间分工理论

劳动分工的不断深化，加之生产技术的标准化、自动化，交通及通信成本的降低和产业组织的变化等诱因及外部环境的不断成熟，带来产业区位非中心化的趋势。在这个过程中，大的多厂公司的规模和影响力越来越大，公司内部不同功能浮现出空间上分离的可能，进而各自寻求最佳生产区位以谋利，这就是新劳动空间分工（石崧，2005）。本质上，它是随着社会经济的发展而出现的新的经济地理现象，对这一现象的理论解释则是新劳动空间分工理论（表2-2）。

表2-2 新劳动空间分工理论

代表理论	如何进行空间分工	为什么会进行空间分工
麦茜（Massey，1979）的劳动空间分工	制造某个特定产品的不同步骤在空间上实现分离，即"过程分解结构"	认为技术和管理水平的发展可以使企业建立碎片化的生产体系，生产组织发生变化，通过劳动过程来理解企业的区位选择（劳动力的实际成本存在巨大的空间差异）

续表

代表理论	如何进行空间分工	为什么会进行空间分工
弗罗贝尔等(Fröbel et al., 1981)的新国际劳动分工	将对多厂厂商的研究拓展到全球尺度	三个前提条件：第三世界国家劳动力后备军的大量存在；劳动者在经过短期培训后就可适应生产过程的要求；现代化的交通和通信手段的发展使产品的全部或部分生产分布于世界各地成为可能
石崧（2005）的产品内空间分工	围绕特定产品和服务生产过程的不同工序及相关管理、研发活动（劳动过程分工：行政管理、研发设计、生产工序），通过空间分散化展开成跨区或跨国性的生产链条或体系	交通运输和信息通信技术的进步（合成材料）、市场环境变化、公司组织变化（跨国公司）、生产环节模块化，企业在做出劳动过程分离的选择时，除了需要考虑交易成本外，还要考虑在某个空间上布局特定劳动过程区段所带来的专业化经济、生产成本等因素

英国人文地理学家朵琳·麦茜于1979年在《区域研究》（Regoinal Studies）上发表的《区域问题的意义何在？》一文中提出"劳动空间分工"（spatial division of labour）这一术语（Massey，1979）。麦茜开创性的工作使人文地理学家开始关注由生产组织变化所形成的新的劳动空间分工，以及由此而带来的区域发展不平衡问题。早期的研究大多是思考与这一命题直接相关的大的多厂制造业厂商的区位行为，即为什么企业改变其区位选址及这种变革是如何发生的。主要的着眼点是通过劳动过程来理解企业的区位选择，认为技术和管理水平的发展使企业可以通过建立碎片化的生产体系，让制造某个特定产品的不同步骤在空间上实现分离，即"过程分解结构"（Chapman and Walker，1991）。弗罗贝尔等（Fröbel et al.，1981）将对多厂厂商的研究拓展到全球尺度，思考由多国公司主导的新国际劳动分工。艾伦·斯科特（Scott，1981，1982a，1982b）把劳动空间分工同城市发展联系起来，认为经济生产系统和大都市区发展之间存在着内在的逻辑关系，随着企业的成长，生产和管理分解层级的产生，会在一个城市内部出现管理和控制职能集中于中心城市而生产功能趋于分散的过程。而伴随着这一过程，有着显著地理意义的新的劳动空间分工也就诞生了。石崧（2005）是国内第一个系统探讨劳动空间分工理论的学者，在麦茜、斯科特等的理论基础上初步建立一个以劳动空间分工为中心的分析框架。

一、麦茜的劳动空间分工理论

以麦茜为代表的一批地理学家把马克思的结构分析方法和空间的社会内涵引入对劳动空间分工的分析中，建立了"产业结构-生产关系的空间结构-社会结构重组与变迁-阶级冲突与不平等-空间分布非均衡发展-产业结构"的劳动空间分工分析框架。该流派中的斯托伯和沃克（storper and walker，1984）强调对劳动要素和劳动过程的研究，探讨了劳动力作为商品的特殊性，从购买条件、劳动技能、实际技能和再生产条件四方面分析指出劳动力的实际成本存在巨大的空间差异，从而形成劳动空间分工的基础。从生产的物质转换与传送方式的角度划分出六种主要劳动过程：①公益性的一次性生产；②连续加工过程；③自动化加工；④机械化的装配；⑤机械加工；⑥手工装配。研究发现越是劳动密集型的生产过程技术要求越低，劳动力成本也就越低，从而为劳动空间分工提供了充分条件（宁越敏，1991）。

二、斯科特的工业-城市区位论

斯科特则把新制度经济学派的交易成本理论引入劳动空间分工的分析，赋予纵向一体化和纵向分解以空间概念（Soctt，1983a，1983b，1986a，1986b）。斯科特把劳动分工分为三个层次，即企业内部的技术分工、企业间的社会分工、劳动的空间与国际分工，并从劳动过程着手讨论了三种情况：纵向一体化和空间集聚、纵向一体化和空间分散、纵向分解和空间分散。而纵向一体化与纵向分解的关键要素之一便是交易成本。在此基础上，从产业联系和交易成本的角度进一步探讨了集聚过程和产业综合体的形成。他把纵向分解及由此产生的联系网络看成是现代城市出现的原因，一旦产业综合体得以产生，在这个地方便会出现集聚经济效益，吸引其他企业进入该场所，从而使单一的产业综合体向多元化方向发展，形成大都市。当然，他也注意到了劳动空间分工所引发的生产-控制功能的空间分解。对此，他的解释是工厂区位扩散到边缘地区后，必然会因集聚经济的缘故在当地产生新的生产综合体与城市，并因垂直劳动分工形成都市-腹地系统。在国际范围内，这就是新的国际劳动分工，整个城市体系按照被少数几个全球城市支配、由国家和次国家中心组成的等级体系而重新构建（scott，1988）。

三、弗罗贝尔等的新国际劳动分工论

弗罗贝尔等（Fröbel et al.，1981）从全球发展的角度，探讨了新的国际劳动分工的性质、特点、趋向及空间形态，提出新国际劳动分工的三个前提条件：①第三世界国家劳动力后备军的大量存在，使劳动力十分低廉，跨国公司在雇用劳动力时有着极大的选择余地，而劳动者却处于十分被动的地位；②由于生产的自动化、标准化和流水线的生产过程，每个人只要做特定的某项工作，劳动者在经过短期培训后就可适应某生产过程的要求；③现代化交通和通信手段的发展使产品的全部或部分生产分布于世界各地成为可能，从而产生了劳动力的世界市场。他们特别强调跨国公司在扩大或重新配置生产中的作用,认为新国际劳动分工是生产结构跨国重组的结果,而发展中国家仍然处于依附地位。

科恩则把新国际劳动分工中产业的转化分为三种形态:①世界不同地区的企业以合资或独资的形式形成以制造业为基础的国际劳动分工;②国际服务业的国际化导致服务业世界分工和地方集资;③国际金融体系的形成使得国际资本流通直接与国际制造业公司、多国银行等接轨,从而进一步促进跨国公司制造业和贸易体系的世界扩展。他也是较早把跨国公司的经济活动和世界城市体系联系在一起思考的学者,认为新国际劳动分工是沟通两者的重要桥梁,全球城市被视为新的国际劳动分工的协调和控制中心(Cohen,1981)。

迪肯和劳埃德(Dicken and Lloyd,1990)在麦茜和斯科特的研究基础上提出了新国际劳动分工中的空间分工内涵:在社会生产关系中围绕投资的资本集聚周期,定位不同的空间具有不同的功能。一些区位处于控制核心地位,一些处于边缘地位,但它们之间的关系是动态的。新国际劳动分工又分为两种形式:部门空间分工和空间等级分工两种类型,分别由控制中心区域和边缘区域构成。此后,迪肯(Dicken,2003)提出了全球转移(global shift)模式,探讨了国家、跨国公司与技术的互动如何形成全球经济版图。在迪肯看来,跨国公司是推动新全球经济版图形成的主导力量,但这并不意味着民族国家失去其作用。国家和企业是全球经济的主要铸就者,而推动其促进新国际劳动分工格局的动力是市场需求、契约转让、生产一体化、要素的成本降低和生产组织的改革,表现形式是对外直接投资和跨国生产。新国际劳动分工的全球格局存在着明显的空间差异:发达国家之间的分工格局、发达与欠发达国家之间的分工格局。

四、国内对新国际劳动分工理论的探索

国内的人文地理学长期以来受苏联影响,十分关注劳动地域分工的讨论,并将其应用于经济区划的实践中,习惯从劳动地域分工角度思考分工问题。杨开忠(1989)认为劳动地域分工是社会分工的空间形式,是相互关联的社会生产体系受一定利益机制的支配在地理空间上发生的分异。这种局面持续到20世纪90年代初期,直到宁越敏将西方业已成熟的新劳动空间分工理论介绍到国内,并且敏锐地指出该理论的局限性。他同时尝试将新国际劳动分工和世界城市结合起来分析,探讨了我国沿海地区和中心城市在新的国际劳动分工和世界城市等级体系中的地位(宁越敏,1991;蔡来兴等,1995)。随后,乔继明和宁越敏(1992)集中对劳动空间分工理论的一些代表

学者（如斯科特、麦茜等）的研究成果做了详细的阐述并对其加以思考和评价，指出该理论存在强调劳动而忽略市场、排斥空间分析学派、缺乏除英美外的实证检验等方面的不足。

20世纪90年代中期，国内城市地理学界掀起对斯科特工业-城市区位论的研究热潮。梁志坚（1994）运用斯科特的理论对香港工业生产通过"生产转包"扩散到珠江三角洲的机制及其作用做了实证研究。许学强和周春山（1994）将劳动空间分工理论作为珠江三角洲大都会区形成的理论基础加以分析。宁越敏（1995a，1995b）完整地阐述了斯科特的区位论思想，不仅介绍了其城市区位理论，也介绍了他关于柔性生产系统的讨论。由于从理论过渡到实证的基础数据很难获取，国内的研究进展缓慢，仅有一些学者介绍新国际劳动分工理论（孟庆民等，2000；孟庆民和李国平，2000）。

宁越敏（2004）探讨了20世纪90年代以来外商直接投资对上海产业结构和产业布局的影响，进而分析新的产业空间——高科技园区的发展，讨论了这些发展对上海建设世界城市的影响。在文中，作者敏锐地指出当前国际劳动分工已从产业层次深入到产品层次——产品生产工序上的分工，明确提出在研究国际劳动分工时，除了产业层面的考虑外，还要深入到产业内部，从产品产业链角度考虑全球的劳动分工。卢锋（2004）提出产品内分工的概念，运用一系列规范经济学研究方法讨论了工序国际分工的利益源泉和决定因素，考察了这一分工形态快速发展的具体原因，初步建立起一个以此为中心的分析框架。卢锋的研究是国内主流经济学界少有的打破国际贸易理论产品间贸易先验假设，注意到分工最新动态的研究成果，对于人文地理学的相关研究有着很好的借鉴意义。他虽然注意到经济学中所忽略的空间问题，但仍然缺乏对地理空间的理性思考。

石崧（2005）在麦茜、斯科特等的理论基础上初步建立一个以劳动空间分工为中心的分析框架，从而推动劳动空间分工"元理论"的进步，并尝试回答劳动空间分工的形成基础（劳动过程的属性）、决定因素（内生比较优势和规模经济）等关键问题。参考斯科特叠加劳动过程和空间因素的分析方法（Scott，1988），通过纵向一体化/纵向分解、空间集聚/空间分散两两交叉最终得出四种组合方式（图2-2）。这四种组合方式是劳动空间分工的四种形态，其中纵向一体化与空间集聚对应于部门空间分工，其余三种则隶属于产品内空间分工形式。从分工演进的时间序列来看，劳动空间分工并不仅仅是分工的空间投影。当空间成为一种生产资料时，劳动空间分工在本质上是分工演进的较高阶段，尤其是产品内空间分工是全球化和信息化时代分工演进的主要特征。

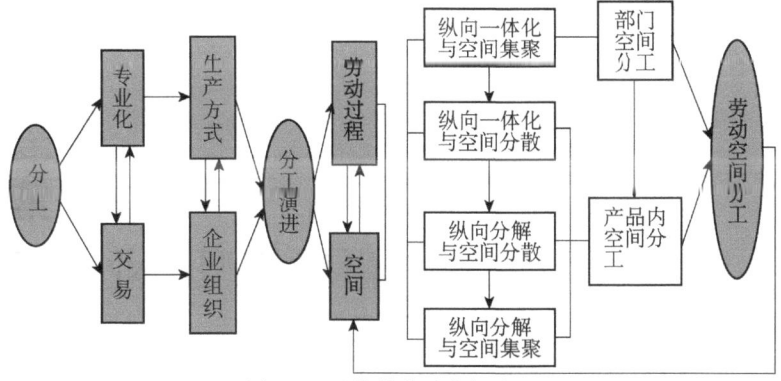

图 2-2 石崧的劳动空间分工

资料来源：石崧（2005）

本 章 小 结

在斯密开创的古典经济学理论中，作为经济增长源泉的分工处于理论的核心。后来秉承斯密分工思想的主流经济学将更多的注意力放在对"斯密困境"的解答和分工如何促进经济增长等问题上，而较少考虑分工的地理空间内涵。而源于斯密-李嘉图一脉的国际贸易理论却是个例外。此外，苏联的劳动地域分工理论也敏锐地洞察到分工所蕴涵的地理意义。分工与专业化紧密相关，专业化生产引发交易，交易需要成本，新制度经济学探讨交易成本，关注市场治理结构，被地理学家所接受，将此引入劳动空间分工的分析。以杨小凯为代表的新兴古典经济学派运用新的数学分析工具成功地将斯密、杨格、科斯的理论融合在一起，用分工经济与交易成本两难冲突的决策这一基本思想改写了现代经济学，在新的时代复活了分工这一久远的话题。麦茜等开创了新劳动空间分工理论，关注由生产组织变化所形成的新劳动空间分工，这种空间分工与大的多厂企业的区位行为紧密相关，大公司内部不同功能浮现出空间上分离的可能性，进而各自寻求最佳生产区位。新国际贸易理论也关注到了产品内分工、产品内贸易。

第三章
区域新型产业分工理论

分工的研究伴随着社会的发展经历了多个阶段,从最初的社会分工、劳动分工、技术分工再到产业分工、产品分工、产业链分工,区域产业分工从传统产业分工走向新型产业分工。本部分将系统梳理目前国内外区域新型产业分工相关研究,明确本研究区域新型产业分工的概念内涵,为后面的实证研究奠定良好的理论基础。

第一节 区域新型产业分工的出现与相关概念辨析

一、区域新型产业分工的出现

分工在本质上是人类的一种生产行为方式。分工就是劳动的分割(division of labor),是指两个或两个以上的个人或组织将原来一个人或组织的生产活动中包含的不同的操作分开进行(魏后凯,2011)。人类最早的分工是基于生理差异的自然分工,如男耕女织。随着人类发展进步,对经济社会有重大意义的是社会分工,将生产要素分配到社会不同行业、部门、职业,如三次社会大分工。社会分工衍生出种类繁多的行业和部门,形成产业分工。产业分工继续发展出现了劳动分工和技术分工,二者分别按照劳动过程和产品过程进行分工,它们既可以在不同的空间完成,也可以在同一空间集中完成,这取决于工序的可分程度。产业分工与区域分工关系密切,传统理论认为区域分工就是各区域凭借各自的资源禀赋发展各具特色的产业,在区域间形成产业分工。

随着交通通信技术的发展及经济全球化的快速推进,特定产品生产过程中的不同工序区段,通过空间分散化成为跨区或跨国性的生产链条或体系(卢锋，2004），由此形成了产品内分工、工序分工、产业链分工等相关概念。魏后凯（2007）认为区域产业分工的演进大体经历了三个阶段：第一个阶段为产业间或部门间分工，就是不同区域发展不同的产业部门，进行专业化生产，这种专业化可称之为产业专业化或部门专业化，该分工形式大多出现在经济发展的早期阶段；第二个阶段为产业内或部门内分工，就是同一个产业部门在多个区域发展，但产品种类有所不同，这种专业化可称之为产品专业化；第三个阶段为产业链分工，虽然同一产品在很多地区生产，但各个区域按照产业链的不同环节、工序甚至模块进行专业化分工（表3-1）。

表3-1 区域产业分工的基本类型和特点

分工类型	传统区域产业分工	新型区域产业分工	
	部门间分工	部门内分工	产业链分工
专业化形式	部门专业化	产品专业化	功能专业化
分工特点	在不同产业之间进行	在同一产业不同产品之间进行	按产业链的不同环节、工序、模块进行
产业边界	清晰	较清晰	弱化
分工模式	以垂直分工为主	以水平分工为主	混合分工
空间分异	不同产业在空间上的分离	同一产业不同产品在空间上的分离	价值链的不同环节、工序、模块在空间上的分离
形成机理	地区比较优势或资源禀赋差异	产品差别、消费者偏好差别、需求的重叠、规模经济	资源禀赋和技术水平差异、规模经济、产业关联经济

资料来源：魏后凯（2007）

可见，无论是国际分工还是国内区域分工都发生了较大的变化，出现了从传统的产业分工演进到当前以产业链分工为代表的新型产业分工形式。

二、新型产业分工相关概念辨析

20世纪90年代以来在国内外的研究中出现了多种新型产业分工的说法。国外的学者，如克鲁格曼（Krugman，1995）提出的"分割价值链"（slicing up the value added chain）、杜兰东和普加（Duranton and Puga，2002）提出的"功能专业化"（functional specialization）；国内的学者，如李国平和卢明华（2002）将这种分工形式定义为"价值链区域分工"（regional division based on value chain），卢锋（2004）定义为"产品内分工"（intra-product specialization），魏后凯（2007）定义为"产业链分工"（industrial-chain division），李少星和顾朝林（2010）定义为"产业链地域分工"（intra-product specialization）。

1. 产品内分工

20 世纪 80 年代后，国际经济领域的全球外包（global sourcing）、海外外包（offshore sourcing）、转包（sub-contracting）等新形态陆续出现并飞速发展，推动了产业经济学、国际经济学等学科领域的关注和研究。在现实世界，国际贸易中存在着大量中间投入产品贸易，并对最终产品贸易产生深刻的影响。因此，当前最杰出的国际贸易理论学者纷纷将注意力从产业内贸易转移到产品内贸易上来。他们将贸易研究的对象从最终产品转向中间产品，为国际贸易领域的研究拓展了全新的方向——产品内分工（田文，2006）。蒂格斯特和格罗斯曼（Dixit and Grossman，1982）建立起理论模型来描述多区段生产系统如何在不同的国家和地区分配工序区段，并分析关税等政策变动对这类分工的影响。阿尔恩特（Arndt，1997）则提出产品内部专业化的概念，认为这是国际产业特别是垂直型分工体系发展的重要表现。卢锋（2004）在总结分工理论的基础上，提出了产品内分工的概念，强调围绕特定产品生产过程不同工序或区段通过空间分散化展开成跨区或跨国性的生产链条或体系。关注产品内分工研究的主要是经济学领域，他们更加关注产品内分工、产品内贸易的决定因素及其影响，而对其地理空间意义并不关注。地理学领域的石崧（2005）提出了产品内空间分工的概念，将劳动过程分工与空间集聚分散结合起来考虑。

2. 产业链地域分工

关于产业链的内涵，学术界没有统一定义，不同学者分别从生产工艺流程、产业关联关系和分工等角度进行定义，有时甚至与价值链等混用。魏后凯（2007）认为产业链分工就是各个区域按照产业链的不同环节、工序甚至模块进行专业化分工，他指出珠三角、长三角和京津冀等地区已经或即将出现按产业链的不同环节、工序甚至模块进行分工的新态势，实现从传统的部门间分工到部门内分工，再到产业链分工的转变。产业链分工首先表现为垂直分工程度加深，产业链从上游到下游不断垂直分解，将原材料加工、中间产品生产、组装等多个环节，分散到不同的企业和区域中。产业链在垂直分工的同时，水平方向也在扩张，表现为同一区域内相同环节的企业数量增多，形成空间集聚态势。李少星和顾朝林（2010）对长三角汽车产业链地域分工进行实证研究，发现 1990~2005 年长三角地区汽车产业三大区段间的地域分工程度虽然较低，但已经有一定发展。徐小燕等（2014）认为 2001~2009 年北京汽车产业链已呈现出一定的地域分工特征，呈现出"大分散、小集中"的空间布局模式。

3. 价值链区域分工

1985 年，美国哈佛商学院迈克尔·波特教授在 *The Competitive Advantage:*

Creating and Sustaining Superior Performance 一书中，首次提出价值链概念。他认为"每一个企业都是设计、生产、营销、交货以及对产品起辅助作用的各种价值链活动的集合"（Porter，1985）。寇伽特（Kogut，1985）进一步研究了价值链的垂直分离与全球空间布局之间的关系，关注到了价值链的地理空间内涵。克鲁格曼（Krugman，1995）明确提出"分隔价值链"一词，通过对价值链条的片段化、空间重组的研究探讨企业内部价值链环节空间配置问题。李国平和卢明华（2002）在国内最早提出价值链区域分工的概念，指出企业以各增值环节为分析单位，尽可能根据各增值环节对要素条件的不同偏好，将各增值环节安排在其所需要素条件较好的地区，以充分利用各地区的比较优势，从而提高企业的竞争力。

在此基础上，一些学者展开了实证研究。李国平和卢明华（2002）研究北京高科技产业价值链区域分工，发现北京高科技产业已经显现出价值链区域分工的雏形。樊杰等（2009）对洛阳市大型工业企业的研究表明，管理、研发部门与生产部门在空间上形成了市中心与城市郊区的分工。卢明华和李丽（2012）、卢明华和杨洁（2013）对电子信息企业各价值链环节在北京的空间分布研究表明，北京各企业集聚区已经形成地域功能分工。

4. 区域功能专业化（分工）

杜兰东和普加（Duranton and Puga，2002）将新型产业分工称为功能专业化。研究认为，日本、欧洲和美国经济圈的中心城市与其他城市之间都出现了从部门分工向功能分工的演变，城市的部门专业化在不断弱化，而其功能专业化则在逐步提高，城市间产业分工在进一步深化：企业总部和生产性服务业不断向经济圈的中心城市集中，产品制造则逐渐向中小城市转移，使中心城市更多地发挥管理、研发和服务功能，生产功能则主要由经济圈其他城市承担（Duranton and Puga，2002；Bade et al.，2004；Meijers，2005；Brunelle and Polese，2008；Brunelle，2013）。

在中国的一些经济发达地区，近年来区域分工也开始出现从传统的部门间分工向功能分工转变的趋势（于涛方等，2006；张若雪，2009；苏红键和赵坚，2011；赵勇和白永秀，2012；刘汉初和卢明华，2014）。贺灿飞的研究团队也从微观企业角度进行了相关实证研究。朱彦刚等（2010）、刘作丽和贺灿飞（2011）根据全球500强制造企业在华分支机构的区位分布，发现跨国公司的总部、研发、生产、物流、销售等功能有不同的区位要求，且各个功能内部及功能之间也存在共聚现象。贺灿飞和肖晓俊（2011）基于全球500强在华投资数据，研究高科技产业跨国公司功能区位空间分布，发现总部、高新技术产业等布局在区域核心城市和郊区工业园区，而生产制造部门在周边小城镇或区域其他城市布局。他们的研究发现，企业将管理、研发、生产和销售功能分散到各个城市，高端城市开始逐渐将低端活动外包出去，研发与总部集聚在中心城市，而制造功能集中在中小城市，中国城市也呈现出功能专业化的趋势（朱彦刚等，2010；贺灿飞等，2012）。

可见，有关新型产业分工的提法很多，学术界对新型产业分工概念还缺乏明确的界定，新型产业分工是一个相对的概念，它是与传统的部门间分工相对应的。这些名词虽然说法不同，但都强调基于不同环节、工序甚至模块的专业化分工。经济学领域尤其是国际贸易关注产品内分工、产品内贸易，地理学界关注新型产业分工的地理意义，研究产业链地域分工、价值链区域分工、区域功能分工。这几个概念既紧密相关，又有所不同。它们均强调新型产业在地域上的分工，但不同的是：产业链地域分工研究的是产业链的地域分工，产业链强调的是产业上下游环节的关联，往往由多个上下游环节的众多企业构成，探讨的是企业间的关系；而价值链区域分工、区域功能分工非常相近，都是从企业内部不同环节角度探讨其在空间上的分工，价值链环节要更加突出价值增值。鉴于功能环节的叫法更具有一般性，本书对区域新型产业分工更明确的界定是区域功能分工，关注企业不同功能环节在区域上的分布及专业化特征；而传统产业分工则是关注不同细分产业在区域上的分布及专业化（表3-2）。

表3-2 区域产业分工的基本类型和特点

分工类型	新型产业分工（功能分工）	传统产业分工（部门分工）
专业化形式	功能专业化	产业专业化
分工特点	按不同环节、工序、模块进行	在不同产业之间进行
产业边界	弱化	清晰
分工模式	混合分工	以垂直分工为主
空间分异	不同环节、工序、模块在空间上的分离	不同产业在空间上的分离
形成机理	资源禀赋和技术水平差异、规模经济、产业关联经济	地区比较优势或资源禀赋差异

资料来源：参考魏后凯（2007）绘制

第二节 区域新型产业分工研究

一、新型产业分工测度方法

1. 数据与指标选择

随着城市群内部各城市间的分工逐渐表现出功能分工的特征，对功能分工程度的测度成为一个重要问题，国内外学者运用相关指标和数据来探讨。从数据的选择上，大体可以分为两类，职业数据和企业部门数据。国外学者由于数据的可得性，大多采用职业数据，贝德等（Bade et al, 2004）对德国，布鲁内尔和波莱塞（Brunelle and Polese，2008）、布鲁内尔（Brunelle，2013）对加拿大（表3-3），杜兰东和普加（Duranton and Puga，2002）、巴伯和马库森（Barbour and Markusen，2007）、德斯梅特和法夫钱培斯（Desmet and Fafchamps，2005）、长町（Nagamachi，2015）对美国等城市功能空间分工的研究均采用的是职业人数据，如企业管理人员、生产人员、白领、蓝领等。

表 3-3　功能和相关职业的对应关系

功能	职业群体
高级管理	高级管理人员和业务管理人员
技术研发	科学家、工程师、程序员等
社会科学和教育	经济学家、政策官员、研究者、精算师、公证人、律师、教师等
文化、艺术和娱乐	艺术、文化、和娱乐专业人员
办公	秘书、办公室职员、接待员等
销售和服务	收银员、卖家、厨师、服务员等
专业化生产	科学和工程技术人员、专业的运营商、机械师、承包商、交易人员等
标准化的生产	重型设备和运输经营者、矿工、渔民、林业工人、交易助手、农民、汇编人员等
医疗保健和社会工作者	医生、护士、社会工作者等

资料来源：Brunelle（2013）

首先是利用职业数据。国内一些学者做了相应的探索与尝试。于涛方等（2006）利用分行业就业门类人口数据代替职业人口数据，参照杜兰东和普加（Duranton and Puga，2002）的指标分析了中国城市功能格局和城市功能的转型。苏红键和赵坚（2011）、赵勇和白永秀（2012）采用《中国城市统计年鉴》分行业就业门类人口数据，以"租赁与商务服务业"的就业人员表示管理部门人员、以"制造业""采矿业"和"电力、燃气及水的生产和供应业"的就业人员之和表示生产部门人员进行了研究。显然，用归类后的行业就业人员表示职业人员的方法来测定我国城市的功能专业化水平势必对结果造成一定的偏差。刘汉初、卢明华首次采用了职业人员的数据探讨了中国城市功能与城市规模的关系。

其次是利用企业部门数据。李国平和卢明华（2002）通过企业问卷调查收集高科技企业分支结构的空间分布信息，得出北京高科技产业在发展重点和空间布局上已经显现出价值链区域分工雏形这一结论。朱彦刚等（2010）、刘作丽和贺灿飞（2011）、贺灿飞等（2012）利用跨国公司500强中国报告，研究跨国公司不同功能的区位布局,发现跨国公司的投资方式增强了所在城市的功能分工水平。樊杰等(2009)利用大型工业企业部门的空间分布对洛阳市进行了研究;卢明华和李丽(2012)、卢明华和杨洁(2013)利用电子信息产业的相关企业及其价值链的空间分布特征对北京进行了研究。

2. 研究方法

杜兰东和普加(Duranton and Puga,2002)采用城市"企业管理人员/生产人员"与全国"企业管理人员/生产人员"的差,贝德等(Bade et al., 2004)采用城市白领、研发人员与蓝领的比率(W/B-ratio)来测度城市中管理部门或生产部门的相对集中度,以此来反映城市间的功能分工或功能专业化程度。苏红键和赵坚(2011)、赵勇和白永秀(2012)采用城市"企业管理人员/生产人员"与全国"企业管理人员/生产人员"的比值来测度功能专业化指数。

贝德等(Bade et al., 2004)所采用的城市功能专业化指数如下

$$FS_i = (L_{i白领} / L_{i蓝领}) / (L_{白领} / L_{蓝领})$$

其中,L_i 表示城市 i 的职业人员数,L 表示上一级区域的职业人员数。城市的 FS_i 数值越大,说明该城市越倾向于集聚高端功能;城市的 FS_i 越小,则说明该城市越倾向于集聚传统功能。

二、新型产业分工现状研究

各类城市参与产业链分工的形式是功能分工:不同城市在产业链上发挥不同的功能。斯科特(Scott, 1988)将空间分工同城市发展联系起来,随着生产职能和管理职能的分解,会出现中心城市集中管理和控制职能而生产功能趋于分散的过程。布鲁内尔和波莱塞(Brunelle and Polese,2008)在对加拿大的研究中利用电力行业的职业结构数据,研究了多区位公司不同功能环节的空间布局差异,发现大都市区与外围城市出现明显的功能分工特征。哈尔伯特(Halbert, 2007)在功能空间分工的基础上,对巴黎城市区域生产性服务业就业中心的职能进行分析,发现有些职能倾向于布局在一起。李国平和卢明华(2002)研究北京高科技产业价值链区域分工,发现研发部门主要分布在北京尤其是中关村科技园内,生产部门分布在国内其他地区甚至海外,销售总部绝大部分设置在北京,北京高科技产业已经显现出价值链区域分工的雏形。樊杰等(2009)重点调查洛阳大型工业企业研发和管理部门、核心生产部门、次要生产部门等生产链不同环节的布局区位,发现研发和管理部门主要布局在中心城市,核心生产部门主要布局在城市的工业园区,次要生产部门主要指向中心城市外部边缘的卫星镇。卢明华和李丽(2012)以北京电子信息企业为例,分析

其主要价值链环节的空间分布，发现总部主要位于北京商务中心区，研发部门位于中关村科技园区海淀园与电子科技城，销售及市场营销部门布局接近总部、研发部门所在区域及北京经济技术开发区，生产部门则主要位于北京经济技术开发区及天竺空港经济开发区。卢明华和杨洁（2013）指出北京都市区大型软件企业价值链环节呈现功能分工的特征，主要分布在上地-中关村软件园-中关村周边和商务中心区等高端产业功能区，其中管理部门多位于北京商务中心区，研发设计及测试部门集聚在中关村软件园、中关村周边地区，销售部门分布在商务中心区。王彦芳（2015）对我国主要城市群中的城市运用功能分工指数进行研究，发现我国城市功能分工水平呈现出东中西的区域差异。

三、新型产业分工动态研究

随着经济发展的日益加快，生产效率需要不断提高及交易成本下降的要求必然会加快城市产业分工到功能分工的进程，而产业链环节的专业化与精细化不断加深。与此同时，在空间上，各城市的功能专业化均会不断发生变化。杜兰东和普加（Duranton and Puga，2002）比较了美国都市在1977~1997年部门专业化和功能专业化的变化趋势，认为在功能分工逐渐加深的条件下，城市功能分化在加剧。贝德等（Bade et al.，2004）通过对德国进行研究，发现"白领阶层"比"蓝领阶层"在核心城市的集聚速度更快，核心城市与边缘地区专业化模式发生变化。德斯梅特和法夫钱培斯（Desmet and Fafchamps，2005）通过分析美国1972~2000年职业的空间分布变化，发现单个城市的分工有着明显的特征，非服务性质的职业大多扩散到离城中心20~70千米范围内，而服务性质的职业大多集中到离城中心20千米的范围内。贺灿飞等（2012）基于跨国公司区位战略视角的研究发现，跨国公司的投资方式提高了其所在城市的功能分工水平。苏红键和赵坚（2011）、赵勇和白永秀（2012）、刘汉初和卢明华（2014）在全国层面上探讨了中国城市规模与城市功能的关系，发现规模较大的城市的功能专业化在不断增强。

四、新型产业分工的影响因素

从微观机制上看，功能分工源于多区位企业的发展。由于技术进步等原因，多区位企业在追求利益最大化的前提下，不同功能部门根据不同的决策模型和资源约束，会在空间上选择各自最佳区位布局（苏红键，2012），相似的功能会在最佳区位集聚起来，在空间上形成功能分工。随着一个国家或地区经济不断发展，城市或地区的功能分工趋势逐步强化。

1. 交易成本的下降

分工的深化就需要更加频繁和更加远距离的经济活动，显然这增加了交易成本和风险。而要克服分工深化与交易成本上升的两难矛盾，就需要降低交易成本。根据新制度经济学，把交易成本分为外生交易成本和内生交易成本。随着时代的进步与国际全球化的发展，交易成本得到了不同程度的下降。孔翔和钱俊杰（2009）指出，基础设施建设，特别是交通通信技术的进步成功地降低了外生交易成本；趋向市场自由化和社会诚信的政策变革则能有效地抑制内生交易成本。张若雪（2009）研究发现，无论是技术层面的如企业异地管理成本的减少，还是制度层面的如针对产业转移的行政壁垒的降低，都会使稳态中经济圈的中心城市和其他城市之间的功能分工程度上升。

在交通通信技术不发达的时代，企业的生产工序必须尽可能集中在一起，降低企业的运输成本，减少协调工人的管理成本。因此，当时表现出来的更多是产业的空间分工。随着交通通信技术的不断发展，原材料、零部件和中间投入品的运输更为便捷，成本大幅降低，生产信息可以实现即时传递，管理成本大大降低。在此情况下，企业经济活动的地理空间集中与专业化之间的关系弱化，企业可以将生产环节布局在不同的城市，形成功能空间分工。

2. 公司组织的变化

公司组织变迁是功能空间分工的根本原因。随着交易成本的逐渐下降，企业环节在不同地区布局所获取的利益逐渐增加。在此过程中，企业最大限度地利用了流通和生产上的进步，很快由单厂企业变成多厂公司，其中有些公司在全球化的推动下，迅速成长为跨国公司。随着公司跨区域的发展，一般会在另一区域建立子公司；随着多区位经营的增加，逐步形成母子公司的结构形式（苏红键，2012）。他们可以把企业总部、研发部门、生产部门布局到具有比较优势的城市。

在公司组织变迁的过程中，由于中心城市拥有大量的生产性服务业，所以会吸引大量的企业总部来此布局，企业总部的集聚又将进一步拉动中心城市对其管理、研发、咨询等专业服务的需求，中心城市的管理和服务功能会得到进一步强化。外围城市由于拥有廉价的劳动力、原材料资源等优势会吸引生产制造环节布局于此，生产部门的集聚效应又会进一步吸引相关部门的集聚。在空间上，中心城市和外围城市优势互补、错位发展，由此提高了都市圈的集聚效益。

3. 地方的要素禀赋

从地方层面来说，地方能否拥有并发挥其特定比较优势的生产要素，成为影响跨国公司区位选择的重要因素。各地方拥有不同的要素禀赋，将会吸引不同的产业链环节布局，因而表现出不同的功能（贺灿飞等，2012）。劳动力要素方面，中心城市集聚了大量的高质量、高技能、高素质的人才，相应的劳动力成本较高，企业更多在此布局总部、研发设计部门；外围城市，劳动力技能、素质相对较低，相应的成本也较低，企业更多地将生产部门布局于此。土地价格方面，随着中心城区的土地价格上涨，近郊区和外围城市的土地价格相对更为便宜，特别是在各类新开发区，由于政府政策的支持，不仅地价优惠，而且基础设施条件优越，企业不仅将生产部门布局于此，还把中心城市的生产部门外迁。市场要素方面，中心城市是主要的消费市场，以便及时捕获市场信息和了解消费心理，企业更多地将总部、研发设计部门、销售部门布局于此。

4. 规模经济

在新型产业分工形成影响因素研究中，除了要素禀赋，许多学者关注规模经济的重要性（Jones and Kierzkowski，1990；卢锋，2004；魏后凯，2007）。多区位企业的不同功能部门根据不同的决策模型和资源约束，会在空间上选择各自最佳的区位布局，而相似的功能会在最佳区位集聚起来，逐渐地地区之间就会形成功能分工。

五、新型产业分工的区域影响

新型产业分工的推进对区域经济的影响主要表现在四个方面：①推动城市功能专业化；②推进大都市区多中心空间结构的形成；③加快要素流动，促进区域间统一市场的形成；④促进区域协调发展。

1. 推动城市功能专业化

一些学者认为企业组织的变迁，尤其是企业管理和制造职能的不断分离，即功能环节（价值链）的空间分工，推动了城市之间从部门分工向功能分工转型。服务于总部的生产性服务业和服务于生产工厂的专门化的中介公司的集聚能够降低交易成本和生产成本，然而与此同时，随着城市规模的增长，其交通拥挤程度也在激增。遥控管理成本降低导致了城市和产业结构均衡性的转变。城市越来越从部门专业化——整合的总部和工厂转向功能专业化，即总部和生产性服务业集聚在大的城市，而工厂则在小的城市里集中（Duranton and Puga，2002）。朱彦刚等（2010）也指出，跨国公司通过价值链的分割和分散化布局，推动着中国城市的功能专业化，并通过专业化分工协作，极化高等级城市，辐射周边城市，推动城市从点状集聚向面状集聚发展。

2. 推进大都市区多中心空间结构的形成

一些学者探讨了劳动空间分工对城市内部空间结构的影响，认为劳动空间分工支配之下的郊区化进程会逐步推进大都市区多中心空间结构的形成（Scott，1982；Phelps and Ozawa，2003）。卡马尼和卡佩洛（Camagni and Capello，2004）从企业组织结构、空间行为及其对城市网络作用机制的研究也揭示了类似的规律，在新国际劳动分工驱动下的多区位企业的空间行为会推动多中心空间结构的形成，而且在中心之间存在明显的专业化分工。石崧（2005）指出当前上海城市空间组织是由全球生产体系主导下的劳动空间分工所支配的，表现为十分明显的单中心城市向多中心大都市区过渡，形成郊区生产制造业和市区服务业遥相呼应的劳动空间分工格局。李健（2008）进一步根据不同价值链环节的土地利用演绎出大都市区的功能分工格局，并总结上海城市内部的价值链环节分工：高端管理、金融服务等多集聚于中心城区，信息技术服务等研发和技术服务环节则向中心城区外缘布局，制造业则以郊区区域工业区为主要发展载体。

3. 加快要素流动，促进区域间统一市场的形成

由于我国特殊的国情和历史发展阶段，在我国区域经济发展过程中，由于地方保护主义等原因，政府间各自为政，甚至恶性竞争。区域间要素的合理流动遭到限制，导致产业结构趋同、地方间重复建设严重，造成了极大的资源浪费。

以功能环节为基础的功能空间分工有利于技术扩散和要素在区域间的流动。李燕和贺灿飞（2011）区分了部门分工和功能分工下城市经济联系的不同，发现功能分工下的城市经济联系涉及的层面较部门分工更为广泛，城市间的经济联系也更为深化。贺灿飞等（2012）基于跨国公司区位战略视角的研究发现，跨国公司特有的投资方式普遍强化了所在城市的功能分工水平，显著改变了城市间经济联系的本质。李靖（2012）指出，要素合理流动与区域功能专业化的形成是一个相辅相成的过程，一方面，要素合理流动是区域分工的前提，区域专业化必须建立在广泛的区域间产业关联的基础上，要素的空间流动带有明显的增值过程，形成区域间产业价值链分工；另一方面，区域在形成功能专业化过程中，也为区域间要素流动，特别是技术扩散提供了渠道。区域间专业化程度越高，各区域就越容易建立起紧密的合作关系。区域功能分工不断深化，区域间合作交流的障碍逐渐被排除，区际要素合理流动、技术扩散速度加快，这将有助于区域统一市场的形成，在一定程度上可以消除由地方保护主义而产生的产业结构趋同所造成的资源损失。

4. 促进区域协调发展

学者们普遍认为新型产业分工的发展有利于促进区域协调发展。魏后凯（2007）明确指出，通过构筑以产业链分工为基础的一体化新型产业分工体系，可以消除和缓解各地在产业发展方面的恶性冲突，最终形成整体竞争优势和良性互动、互惠多赢的产业发展格局。它既可以充分发挥市场机制在资源配置中的基础作用，又有利于推进区域经济一体化，形成优势互补、合理分工、互惠互利的良好发展格局。张若雪（2009）认为中心城市将部分制造环节向外围城市有序转移，一方面可以为其他功能的发展释放资源空间，另一方面当中心城市不具比较优势的制造环节转移到其他城市后，会带动其他城市对中心城市的信息咨询、技术研发、资金融通、法律会计等专业服务的需求，这会进一步促进中心城市作为管理和服务中心的发展，有利于中心城市和外围城市进一步发挥各自比较优势，从而提高整个经济圈的效率。有学者认为，原有的产业分工容易造成经济圈内产业结构雷同和基础设施重复建设，形成恶性竞争，而基于功能分工的产业分工体系是消除和缓解经济圈内产业发展恶性冲突的有效途径。通过区域内部各城市之间功能分工与合作，区域整体也将与其他区域发生交流合作。相对发达的地区某些技术要素向区外扩散，在一定程度上可以带动相对落后的周边区域发展。

第三节 京津冀城市群产业分工的相关研究

从现有的文献来看，对京津冀城市群空间分工的研究，大多数学者都是从产业层面开展的；在功能分工方面的研究很少，仅有少数学者提出京津冀合理的功能分工需要建立在产业链的基础上形成新型产业分工格局。

一、京津冀城市群产业分工研究

学者从产业的角度对京津冀城市群之间分工的研究较多。张同升（2006）探讨了京津冀城市群城市之间产业合理分工的理论模型。研究发现，主导产业已经出现以区域比较优势为基础的专业化分工形式，大宗生产环节向滨海地带转移，京津冀城市群整体已呈现出四类产业发展类型区和三条产业发展带两种比较明显的区域分工格局。孙久文等（2008）认为京津冀城市群的区域合作已经进入高级阶段，并指出北京应当发挥要素集散、发展服务、辐射带动和区域创新四项功能。樊杰（2008）指出，京津冀都市圈内部各城市之间在优势工业行业的选择和发展方面，基本上形成了一个产业分工的大概轮廓，但在优势产业的选择上雷同性较为明显。谭维克和赵弘（2011）提出了核心区（1）、紧密协作区（1+6）、联动支撑区（5）模式的"首都经济圈"各城市主要分工格局。肖金成和李忠（2014）提出了促进京津冀产业分工合作的基本思路及政策建议，认为京津冀经济合作的战略点为：建设区域经济共同体；发挥各自比较优势，提升产业分工层次；引导产业合理布局，推进产业集群发展。

以上学者从区域经济一体化、区域协调发展、产业分工与合作的角度对京津冀城市群的分工进行了探讨。大多数学者都认为，只有建立在各地区发展优势的基础上，从城市群整体出发明确各个城市的产业定位，加强区域间产业的分工与合作，才能有效促进区域一体化，增强城市群整体竞争力。

二、京津冀城市群功能分工研究

关于京津冀城市群功能分工，学者们大多从战略设想的高度出发，仅有少数学者对功能分工的程度进行了测度。

在战略设想及策略方面，魏后凯和刘长全（2004）认为首都经济圈的建设要求各个城市加强经济联系，形成新型产业分工格局，实行"错位发展"，促进产业链的延伸，促进优势产业的集群化，积极培育产业集群。祝尔娟（2010）从京津冀区域整体角度，针对"十二五"时期面临的主要矛盾，提出需要构筑区域新型产业分工格局以此来增强区域竞争力。杨维凤（2012）认为虽然首都经济圈已经形成一定的产业分工合作格局，但区域产业分工仍然存在诸多问题。他指出构建首都经济圈新型产业分工格局，关键是打造一体化的开放式跨区域主导优势产业链。合理评价城市群内部的专业化分工水平，是衡量城市群经济发育程度的重要指标。杨开忠（2015）在京津冀城市群大战略的背景下提出了北京作为首都应该调整和疏解的城市功能。陆大道（2015）从京津冀城市群功能定位与协同发展的角度出发，分别提出了北京、天津、河北在城市群中的定位。还有些学者提出以产业链垂直整合为突破口推进京津冀一体化，或者以产业链分工促进京津冀一体化。

实证方面，赵勇和白永秀（2012）通过实证研究发现京津冀城市群的功能分工程度呈增大趋势。苏红键（2012）对中国三大城市群的功能分工进行了测度，发现京津冀城市群中心城市功能分工变化的趋势有升有降，但生产部门在外围城市集聚的趋势非常明显；北京的功能专业化水平最高，体现了较高的企业管理部门集聚水平。王得新（2013）指出专业化分工的水平决定了京津冀城市群内部产业一体化发展和区域竞争能力，用因子分析法进行了综合评价。赵渺希等（2014）通过实证研究指出，京津冀城市群内部不同价值区段的功能联系呈现出集聚与扩散并存的演化趋势：北京、天津通过生产性服务业的总部集聚主导了区域发展。

总体而言，在战略策略方面，学者们提出较多的是，从产业链出发，各城市发展相应的功能，促进大中小城市和小城镇产业差异化，并加强区域一体化发展；在实证方面，发现京津冀城市群内部功能分工程度增强，各功能环节有空间集聚的趋势。

本 章 小 结

分工的研究伴随着社会的发展经历了多个阶段，从最初的社会分工、劳动分工、技术分工再到产业分工、产品分工、产业链分工。现阶段随着交通通信技术的迅速发展及经济全球化的快速推进，功能空间分工成为研究热点，从企业组织的空间分离、生产功能环节的分工到区域或城市功能分工形成了较完整的理论分析框架。随着功能环节的专业化与精细化不断加深，城市的功能也不断发生着变化，表现为中心城市发展高端、先进的功能部门，其他城市发展低端、传统的功能部门。

在研究过程中，如何较为合理地分析这种新型产业分工的程度，应该选取怎样的指标，成为一个重要问题。相对于国外，国内对城市群功能分工的实证研究较少，主要的原因是数据的可获得性限制。国外职业数据统计较全面，所以研究成果丰富，而我国相关数据缺乏，市县层面职业人口的统计仅在十年一次的人口普查中较为详细。此外，企业部门的相关数据收集要进行实地调查与访谈，获取资料也十分困难。

第四章
中国典型城市群区域产业分工变化分析

本章选取中国发育程度最高的十大城市群作为研究区域，利用 2000 年第五次和 2010 年第六次人口普查分县数据，运用区位商、结构演变系数、产业专业化指数、功能专业化指数等指标从整体上研究十大城市群的产业专业化水平、产业专业化部门及功能专业化水平、功能专业化部门的特征和变化；从城市群内部探究了中心城市与外围城市产业专业化、功能专业化的差异与变化；最后具体分析了京津冀城市群各城市产业专业化与功能专业化的特征与变化。研究发现，十年间十大城市群的产业结构和功能结构均呈现出高级化过程；十大城市群的产业专业化与功能专业化的相关程度较低；无论是产业专业化还是功能专业化，中心-外围城市间的专业化水平差距均呈增大趋势；京津冀城市群各城市的产业专业化与功能专业化水平差异显著。

第一节 研究区域与数据处理

一、研究区域

改革开放以来，中国城市化水平不断提高，城市数量和城市规模都持续扩大。据统计，京津冀、长三角、珠三角、山东半岛、辽中南、中原、长江中游、海峡西岸、成渝和关中十大城市群的土地面积占全国总面积的近 10%，2005 年 GDP 占全国的比例为 52.8%，2012 年 GDP 所占比例已上升到 66.0%。从未来发展潜力来看，中国十大城市群将创造出更多的 GDP，将成为中国经济、科技、文化最发达的地区和中国国民经济的十大支撑点（邓丽君等，2010）。

结合国家发展和改革委员会国土开发与地区经济研究所（2009）的研究，将我国十大城市群所包含的城市界定如下（表 4-1）。

表 4-1　中国十大城市群及其包含的城市

城市群	包含的城市
长三角	上海、南京、无锡、常州、苏州、南通、扬州、镇江、泰州、杭州、宁波、嘉兴、湖州、绍兴、舟山、台州
珠三角	广州、深圳、珠海、佛山、江门、肇庆、惠州、东莞、中山
京津冀	北京、天津、石家庄、唐山、秦皇岛、保定、张家口、承德、沧州、廊坊
辽中南	沈阳、大连、鞍山、抚顺、本溪、丹东、辽阳、营口、盘锦、铁岭
成渝	重庆、成都、自贡、泸州、德阳、绵阳、遂宁、内江、乐山、南充、眉山、宜宾、广安、雅安、资阳
长江中游	武汉、黄石、鄂州、黄冈、仙桃、潜江、孝感、咸宁、天门、随州、荆门、荆州、信阳、九江、岳阳
山东半岛	济南、青岛、烟台、潍坊、淄博、东营、威海、日照
海峡西岸	福州、厦门、漳州、泉州、莆田、宁德
中原	郑州、洛阳、开封、新乡、焦作、许昌、平顶山、漯河、济源
关中	西安、咸阳、宝鸡、渭南、铜川、商洛

二、数据来源及处理

本章选取 2000 年第五次和 2010 年第六次全国人口普查分县层次的数据作为基础。两次人口普查中均抽取 10%的人口进行长表抽样调查。采用十大城市群范围内各地级市市辖区汇总后的分"行业门类"的就业人口数据，反映各城市的产业部门分布规模和专业化情况。采用各地级市辖区汇总后的分"职业大类"的就业人口数据，可以近似地反映出各城市功能结构及专业化情况。

在城市产业专业化方面，由于 2002 年行业门类统计调整，两次人口普查关于"行业门类"的统计口径有所不同，2000 年第五次人口普查行业类型划分为 16 个门类，而 2010 年第六次人口普查划分为 20 个门类。为了使前后统计口径一致，参考以往学者（陈忠暖等，1999）的经验将相关程度高的行业进行合并。为了反映城市的非农职能特点，将"农林牧渔业"剔除。这样共得到 9 个行业部门，包括能源生产与采掘业、制造业、建筑业、交通邮政业、商业、金融房地产业、科教文卫业、社会服务业、公共管理业（表 4-2）。

在城市功能专业化方面，2000 年第五次人口普查和 2010 年第六次人口普查数据中分职业人口数据包括七类，除去农林牧渔人员和不便分类的人员后，剩下的五类为：国家机关、党群组织、企业、事业单位负责人，专业技术人员，办事人员和有关人员，商业、服务业人员，生产、运输设备操作人员及有关人员。它们分别可以近似地代表城市的管理控制、技术研发、公共服务、商业服务和生产操作功能（表 4-3）。

表 4-2 2000 年和 2010 年各行业部门从业人员构成

行业部门	2000 年	2010 年
能源生产与采掘业	采掘业；电力、煤气及水的生产和供应业	采矿业；电力、煤气及水的生产和供应业
制造业	制造业	制造业
建筑业	建筑业	建筑业
交通邮政业	交通运输、仓储及邮电通信业	交通运输、仓储和邮政业
商业	批发与零售贸易、餐饮业	批发和零售业；住宿和餐饮业
金融房地产业	金融保险业；房地产业	金融业；房地产业
科教文卫业	科学研究和综合技术服务业；地质勘查业；水利管理业；教育、文化艺术及广播电影电视业；卫生、体育和社会福利业	科学研究、技术服务和地质勘察业；水利、环境和公共设施管理业；教育；卫生、社会保障和社会福利业；文化、体育和娱乐业
社会服务业	社会服务业	信息传输、计算机服务和软件业；租赁和商务服务业；居民服务和其他服务业
公共管理业	国家机关社团	公共管理和社会组织

表 4-3 2000 年和 2010 年各职业大类人员构成

功能类型	职业大类	详细职业解释
管理控制	国家机关、党群组织、企业、事业单位负责人	在党政机关、企业、事业单位中担任领导职务并具有决策、管理权的人员
技术研发	专业技术人员	在企业或事业单位从事专业技术工作及具有注册执业证书并从事专业技术管理工作的人员，如工程技术人员、建造师、科研人员、金融业务人员、教授、会计师、律师等
公共服务	办事人员和有关人员	在国家机关、党群组织、企业、事业单位中从事行政业务、行政事务工作的人员和从事安全保卫、消防、邮电等业务的人员
商业服务	商业、服务业人员	从事商业、餐饮、旅游娱乐、运输、医疗辅助及社会和居民生活等服务工作的人员
生产操作	生产、运输设备操作人员及有关人员	从事矿产勘查、开采，产品生产制造，工程施工和运输设备操作的人员及有关人员

三、测度方法

1. 产业专业化指数

对城市产业专业化的测度，采用了产业专业化指数。定义 S_{ij} 是产业 j 在城市 i 中所占的就业比重，即 $S_{ij}=L_{ij}/L_i$（其中，L_{ij} 表示城市 i 产业 j 的从业人数，L_i 表示城市 i 的从业总人数），S_j 是产业 j 在全国所占就业比重。城市产业专业化指数表示为

$$SS_i = \sum_j |S_{ij} - S_j|$$

其中，SS_i 的取值范围为 [0, 2]，SS_i 越大，城市产业专业化水平越高；SS_i 越小，城市产业专业化水平越低，即多样化水平越高。

2. 功能专业化指数

对城市功能专业化的测度，参考国内外相关研究，以城市中"管理和技术人员/生产人员"与全国"管理和技术人员/生产人员"的比值测度城市功能分工或功能专业化水平。在本章中，选用国家机关、党群组织、企业、事业单位负责人和专业技术人员代表管理和技术人员，生产、运输设备操作人员及有关人员代表生产人员。具体计算公式如下

$$FS_i = (L_{i\text{管理和技术人员}} / L_{i\text{生产人员}}) / (L_{\text{管理和技术人员}} / L_{\text{生产人员}})$$

其中，L_i 表示城市 i 的职业人员数，L 表示全国的职业人员数。城市的 FS_i 数值越大，说明该城市越倾向于集聚管理控制、技术研发部门，管理控制、技术研发功能越强；城市 FS_i 越小，则说明该城市越倾向于集聚生产部门，生产操作功能越强。

3. 区位商指数

为了考察各行业部门和各功能在城市间的专业化分布，本章采用区位商（LQ）来计算城市 j 产业部门和功能部门的专业化分布情况。公式如下

$$LQ_x = \frac{L_{ij} / L_i}{L_j / L}$$

其中，$x=1, 2$，LQ_1 为 i 城市 j 产业部门的区位商，LQ_2 为 i 城市 j 功能部门的区位商。L_{ij} 为 i 城市 j 行业或职业的人数；L_i 为 i 城市行业或职业的总人数；L_j 为全国 j 行业或职业的人数；L 为全国城市行业或职业的总人数。若 $LQ_x > 1$，表明产业或功能 j 在该城市的专业化程度高于全国平均水平；若 $LQ_x = 1$，表明产业或功能 j 在该城市的专业化程度与全国平均水平相当；若 $LQ_x < 1$，则表明产业或功能 j 在该城市的专业化程度低于全国平均水平。

4. 结构演变系数

城市专业化水平的变化与各职业或产业结构的变化密切相关。而结构演变的最直接原因是城市各就业人口（包括产业人员和职业人员）规模的增长速度的差异。一个城市内部各就业人口增长速度差异大，是因为该城市就业结构演变快；反之，如果一个城市各就业人口的增长速度相当，则就业结构演变较慢。因此，衡量一个城市就业结构演变速度可以转化为衡量一个城市各就业人

口规模增长速度的差异问题，为此构建如下结构演变系数

$$\delta = \sqrt{\frac{(X_i - X_p)^2 R_i}{X_p}}$$

其中，X_i 是 i 就业人口的年均增长速度，X_p 是各就业人口总和的年均增长速度，R_i 是 i 就业人口在全部就业人口总和中的比重。

第二节 十大城市群产业专业化与功能专业化变化

一、十大城市群产业专业化特征与变化

（一）各城市群产业结构与专业化部门分析

从行业比重大小来看，2010 年制造业、商业比重最大，占据十大城市群非农就业人口总数的 60%以上，二者分别为 37.31%、23.72%。其余产业部门比重较小，其中科教文卫业为 9.05%，能源生产与采掘业比重最小，为 2.03%，另外五个产业部门比重均在 4%～8%。从行业比重变化来看，十年间有四个部门比重有所下降，其中制造业比重下降最大，降低了 5.77%；有五个产业部门比重增大，其中商业和金融房地产业增长明显，比重分别提高了 5.52%、1.50%（表 4-4）。

表 4-4 2000 年、2010 年十大城市群各行业就业人口比重 （单位：%）

城市群	年份	能源生产与采掘业	制造业	建筑业	交通邮政业	商业	金融房地产业	科教文卫业	社会服务业	公共管理业
长三角	2000	1.62	45.63	7.89	5.71	17.57	2.73	7.80	7.49	3.55
	2010	1.05	42.07	8.21	6.14	20.95	4.30	8.11	5.82	3.35
珠三角	2000	0.80	61.19	5.08	3.27	15.73	2.23	3.80	5.49	2.42
	2010	0.58	57.28	3.26	3.61	20.45	3.23	4.89	4.11	2.60
京津冀	2000	3.51	31.36	7.63	6.65	19.02	3.45	12.66	9.36	6.37
	2010	3.00	23.42	8.32	7.74	24.71	5.78	13.82	6.91	6.30
辽中南	2000	5.34	36.00	6.25	7.70	17.86	3.67	10.20	7.42	5.56
	2010	5.02	26.12	5.89	8.73	26.29	5.33	10.80	6.46	5.37
成渝	2000	3.60	31.69	7.99	7.29	22.15	2.79	11.64	7.55	5.30
	2010	2.59	23.17	13.31	6.53	29.36	4.65	9.74	6.60	4.05

续表

城市群	年份	能源生产与采掘业	制造业	建筑业	交通邮政业	商业	金融房地产业	科教文卫业	社会服务业	公共管理业
长江中游	2000	2.87	29.43	6.28	7.95	23.68	2.89	12.82	7.90	6.18
	2010	2.38	24.24	10.36	8.12	28.37	3.94	11.70	5.51	5.39
山东半岛	2000	3.97	40.80	6.35	7.01	17.49	2.89	9.46	6.07	5.97
	2010	3.72	33.04	7.06	7.60	23.62	4.41	10.05	5.02	5.48
海峡西岸	2000	1.84	40.35	8.95	6.51	18.95	2.87	8.33	7.45	4.75
	2010	1.18	38.34	8.44	6.17	23.58	4.01	8.61	5.36	4.31
中原	2000	6.39	33.36	4.88	7.08	17.88	3.40	13.02	6.70	7.28
	2010	5.32	22.45	7.45	7.47	28.37	4.55	12.79	4.73	6.87
关中	2000	3.17	33.02	8.16	7.32	18.65	2.85	14.33	6.75	5.77
	2010	2.93	18.98	11.66	7.28	32.53	4.33	12.05	5.33	4.92
合计	2000	2.60	43.08	6.82	5.89	18.20	2.84	8.87	7.17	4.55
	2010	2.03	37.31	7.57	6.24	23.72	4.34	9.05	5.55	4.20

十大城市群中各城市群的产业结构与总体产业结构大体相似，均以制造业和商业为主导，其次是科教文卫业和建筑业，其余产业比重较低，在7%以下。但从十年变化情况来看，各城市群产业结构与专业化部门的演变差异较大（图4-1）。

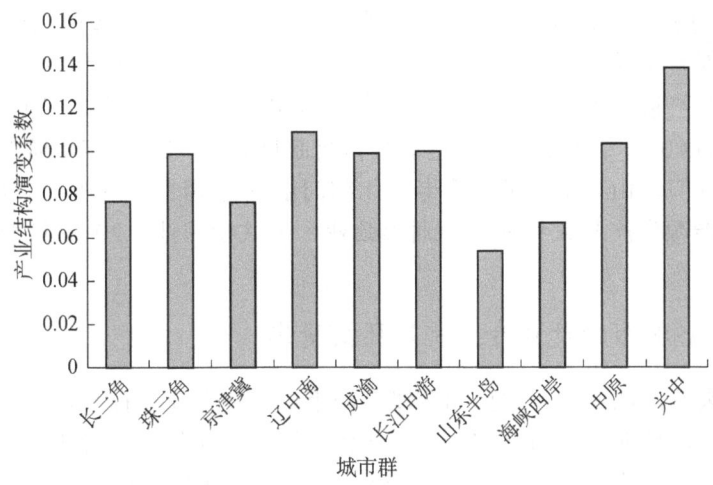

图 4-1 十大城市群产业结构演变系数

关中、辽中南、中原城市群产业结构演变较快，产业结构演变系数均高于0.10，属于快速演变类型。关中城市群产业结构演变系数最高，为0.14，专业化部门由5个增加为6个，2000年专业化部门有能源生产与采掘业、建筑业、交通邮政业、科教文卫业、公共管理业，2010 年增加了商业。辽中南城市群专业化部门由 5 个增加为 7 个，2000 年专业化部门有能源生产与采掘业、建筑业、金融房地产业、科教文卫业、公共管理业，2010 年增加了商业和社会服务业。中原城市群专业化部门数量没有发生改变，两个年份均有 5 个，但具体专业化部门有所变化；2000 年专业化部门有能源生产与采掘业、交通邮政业、金融房地产业、科教文卫业、公共管理业，2010 年金融房地产业不再为专业化部门，增加了商业。

长江中游、成渝、珠三角城市群产业结构演变系数在 0.09~0.10，属于中速演变类型。长江中游城市群两个年份均有 6 个专业化部门，2000 年专业化部门有能源生产与采掘业、交通邮政业、商业、科教文卫业、社会服务业、公共管理业，2010 年社会服务业不再为专业化部门，增加了建筑业。成渝城市群专业化部门由 6 个减少为 4 个，2000 年专业化部门有能源生产与采掘业、建筑业、交通邮政业、商业、科教文卫业、公共管理业，2010 年交通邮政业、科教文卫业、公共管理业不再是专业化部门，增加了社会服务业。珠三角城市群这两年专业化部门均只有制造业，2010 年区位商高达 1.54，在十大城市群中具有绝对优势。

长三角、京津冀、海峡西岸、山东半岛城市群产业结构演变系数小于 0.09，属于慢速演变类型。长三角城市群表现出较强的多样化，2000 年专业化部门仅有建筑业，2010 年专业化部门由建筑业变为制造业。京津冀城市群专业化部门较多，两个年份均有 7 个专业化部门，且具体部门没有发生改变，分别是能源生产与采掘业、建筑业、交通邮政业、金融房地产业、科教文卫业、社会服务业、公共管理业。海峡西岸城市群专业化部门由 2 个减少为 1 个，2000 年专业化部门有建筑业和交通邮政业，2010 年交通邮政业不再是专业化部门。山东半岛城市群专业化部门由 3 个增加为 4 个，2000 年专业化部门有能源生产与采掘业、交通邮政业、公共管理业，2010 年增加了科教文卫业。

（二）各城市群产业专业化特征及变化

总体来看，珠三角、中原和京津冀城市群产业专业化程度较高，长三角、山东半岛和海峡西岸城市群产业专业化程度较低，而长江中游和关中城市群产业专业化程度排名变化较大。2000 年，产业专业化指数最高的是珠三角城市群，为 0.362；其次有 5 个城市群的产业专业化指数在 0.2~0.3，分别是长江中游、中原、京津冀、成渝和关中城市群，其中长江中游城市群产业专业化指数较高，达 0.284；辽中南城市群产业专业化指数为 0.160，排名第 7；另外 3 个城市群产业专业化指数均低于 0.1，其中长三角最低，仅 0.079。2010 年，产业专业化指数高于 0.3 的城市群增长为 3 个，分别是珠三角、关中和中原城市群，其中珠三角城市群最高，为 0.399；其次有 4 个城市群的产业专业化指数在 0.2~0.3，分别是成渝、京津冀、长江中游和辽中南城市群；产业专业化指数在 0.1~0.2 的城市群有 2 个，分别是长三角和山东半岛城市群；低于 0.1 的仅海峡西岸城市群，产业专业化指数仅为 0.040（图 4-2）。

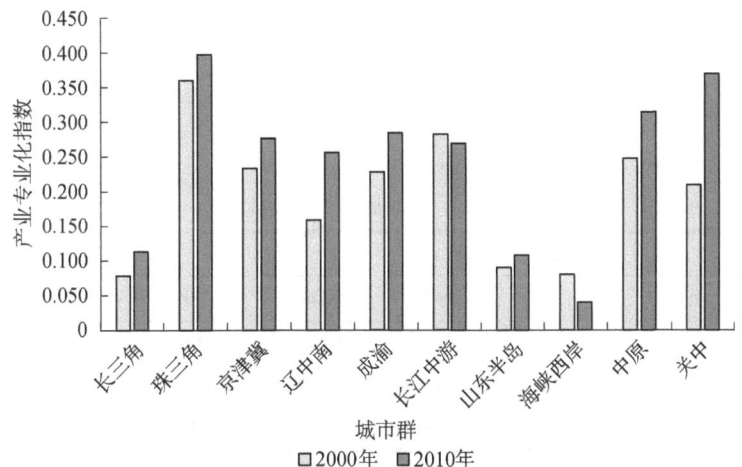

图 4-2　2000 年、2010 年十大城市群产业专业化指数

从十年间变化情况来看，十大城市群产业专业化程度基本呈现加深的趋势。十年间，仅长江中游和海峡西岸城市群产业专业化指数有所下降，分别降低了 0.013、0.043。其余 8 个城市群都有不同程度的上升，关中城市群增长最快，产业专业化指数提高了 0.162，整体排名从第 6 位晋升到了第 2 位；其次是辽中南城市群，十年间升高了 0.098；中原、成渝、京津冀、珠三角、长三角 5 个城市群，产业专业化指数均提高了 0.03~0.07；山东半岛城市群略有提高，十年间产业专业化指数升高 0.017。

（三）城市群内部产业专业化特征及变化

从中心城市与外围城市的产业专业化水平对比来看，除去北京、成都、济南、福州，总体上外围城市的产业专业化水平要高于中心城市。例如，2010 年，在长三角城市群中，中心城市上海、南京、杭州的产业专业化指数分别为 0.109、0.193、0.061，而外围城市产业专业化指数的平均值为 0.270，远高于中心城市。在珠三角城市群中，中心城市广州、深圳的产业专业化指数分别为 0.136、0.381，而外围城市产业专业化指数的平均值为 0.407。在辽中南城市群中，中心城市沈阳和大连的产业专业化指数分别为 0.321、0.118，外围城市的产业专业化指数为 0.354，高于中心城市。另外，长江中游、中原和关中城市群的外围城市的产业专业化指数均高于中心城市。京津冀和山东半岛城市群的中心城市北京和济南，产业专业化指数稍高于外围城市；成渝和海峡西岸城市群的中心城市成都和福州，产业专业化指数与外围城市大致相当（表4-5）。

表 4-5　2000 年、2010 年十大城市群中心城市与外围城市产业专业化指数及其变化

年份	京津冀城市群			辽中南城市群		
	北京	天津	外围城市	沈阳	大连	外围城市
2000	0.387	0.112	0.284	0.196	0.098	0.247
2010	0.419	0.216	0.323	0.321	0.118	0.354
变化	0.032	0.104	0.039	0.125	0.200	0.107

年份	长三角城市群				珠三角城市群		
	上海	南京	杭州	外围城市	广州	深圳	外围城市
2000	0.075	0.170	0.094	0.204	0.131	0.442	0.336
2010	0.109	0.193	0.061	0.270	0.136	0.381	0.407
变化	0.034	0.023	−0.033	0.066	0.005	−0.061	0.071

年份	成渝城市群			山东半岛城市群			长江中游城市群	
	重庆	成都	外围城市	济南	青岛	外围城市	武汉	外围城市
2000	0.224	0.242	0.309	0.215	0.089	0.194	0.306	0.320
2010	0.256	0.356	0.341	0.335	0.105	0.217	0.263	0.315
变化	0.032	0.114	0.032	0.120	0.016	0.023	−0.043	−0.005

年份	海峡西岸城市群			中原城市群			关中城市群	
	福州	厦门	外围城市	郑州	洛阳	外围城市	西安	外围城市
2000	0.255	0.114	0.286	0.351	0.142	0.289	0.227	0.382
2010	0.268	0.129	0.254	0.440	0.161	0.456	0.400	0.428
变化	0.013	0.015	−0.032	0.089	0.019	0.167	0.173	0.046

从变化情况来看，总体上城市群外围城市产业专业化水平增长幅度大于中心城市，中心-外围产业专业化水平差距呈增大趋势。长三角、珠三角两大城市群，外围城市的产业专业化指数增长均大于中心城市，其中珠三角城市群中，外围城市产业专业化指数提高了 0.071，而中心城市广州仅升高了 0.005，深圳却下降了 0.061；中原城市群中，外围城市产业专业化指数提高了 0.167，远高于中心城市郑州（0.089）和洛阳（0.019）。另外，十大城市群中五大中心城市的产业专业化水平增长幅度大于外围城市，分别是天津、沈

阳、成都、济南和西安。

二、十大城市群功能专业化特征与变化

（一）各城市群功能结构与专业化功能分析

在城市群整体中，生产操作人员和商业服务人员的比重最高，2000年二者分别为46.33%、25.11%，2010年二者分别为39.38%、31.13%，占城市非农总就业人口比重的70.51%；其次是技术研发人员和公共服务人员，2010年二者分别占14.55%、10.77%；比重最小的是管理控制功能，2000年比重为4.62%，2010年比重为4.17%。从十年变化情况来看，三种功能的就业人员比重上升，分别是商业服务、公共服务和技术研发，比重分别提高了6.02%、0.87%、0.52%；有两种功能的就业人员比重下降，分别是生产操作和管理控制人员，分别下降了6.95%和0.45%。从就业的绝对数量看，管理控制人员、生产操作人员的数量有所增加，十年间分别增加14.77万人、118.46万人，说明十年间管理控制、生产操作人员增长的速度较其他功能的人员低（表4-6）。

表4-6 2000年、2010年代表各功能的职业大类比重 （单位：%）

城市群	管理控制		技术研发		公共服务		商业服务		生产操作	
	2000年	2010年	2000年	2010年	2000年	2010年	2000年	2010年	2000年	2010年
长三角	4.38	4.68	12.90	13.63	10.16	11.10	24.76	28.13	47.80	42.46
珠三角	3.03	4.00	7.51	9.46	7.56	10.11	21.93	26.36	59.97	50.08
京津冀	6.03	3.71	18.41	20.42	12.12	13.69	25.37	33.01	38.07	29.17
辽中南	6.14	4.33	17.13	17.74	10.04	10.37	24.57	34.54	42.13	33.02
成渝	3.95	3.39	16.78	14.22	10.59	9.46	30.32	37.73	38.36	35.21
长江中游	5.58	3.89	17.94	16.15	10.54	9.43	31.37	36.70	34.57	33.83
山东半岛	5.75	4.99	16.11	17.31	10.17	9.64	24.12	32.09	43.86	35.97
海峡西岸	4.03	4.52	12.59	13.33	8.37	10.39	25.70	30.12	49.31	41.64
中原	6.57	3.92	19.57	19.05	11.55	11.25	25.73	36.91	36.58	28.88
关中	4.62	3.80	20.35	17.78	11.54	9.32	26.77	40.39	36.72	28.71
合计	4.62	4.17	14.03	14.55	9.90	10.77	25.11	31.13	46.33	39.38

十大城市群中各城市群的功能结构与总体功能结构大体相似，首先均以生产操作和商业服务为主导，其次是公共服务和技术研发，最后管理控制功能比重相对最低，2010年均在5%以下。但从十年变化情况来看，各城市群功能结构与专业化功能的演变差异较大（图4-3）。

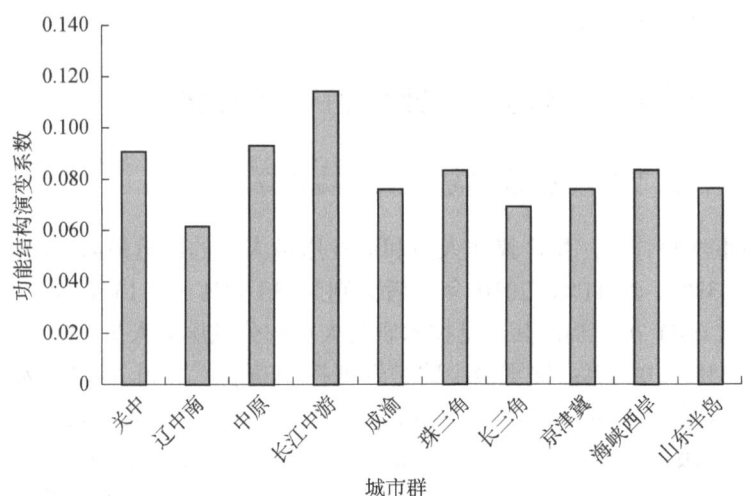

图 4-3 十大城市群功能结构演变系数

长江中游、中原和关中城市群功能结构演变较快,功能结构演变系数均高于 0.09,属于快速演变类型。长江中游城市群功能结构演变系数最高,为 0.114,十年间,专业化功能由 3 个减少为 2 个,2000 年有管理控制、技术研发、商业服务,2010 年管理控制功能不再是专业化功能。中原城市群专业化功能也由 3 个减少为 2 个,2000 年有管理控制、技术研发、公共服务,2010 年专业化功能减少了管理控制和公共服务,增加了商业服务。关中城市群两个年份的专业化功能均有 2 个,但具体专业化功能有所变化,2000 年为技术研发和公共服务,2010 年减少了公共服务功能,增加了商业服务功能。

珠三角、海峡西岸、山东半岛、京津冀和成渝城市群功能结构演变系数均在 0.07~0.09,属于中速演变类型。珠三角城市群的专业化功能仅有生产操作功能,2000 年和 2010 年区位商分别高达 1.29、1.27,远高于其他 9 个城市群。海峡西岸城市群表现出功能多样化,无专业化功能。山东半岛城市群专业化功能有 2 个,分别为管理控制和技术研发。京津冀城市群专业化功能由 3 个减少为 2 个,2000 年有管理控制、技术研发、公共服务,2010 年减少了管理控制,但技术研发功能专业化水平进一步增强,区位商高达 1.4。成渝城市群专业化功能由 2 个减少为 1 个,2000 年有技术研发和商业服务,2010 年仅剩商业服务功能。

长三角和辽中南城市群功能结构演变系数均低于 0.07,属于低速演变类型。长三角城市群专业化功能从无到有,2000 年多样化较强,无专业化功能,2010 年管理控制功能的区位商提高到 1.12,成为专业化功能。辽中南城市群的功能结构演变系数最低,仅为 0.061,两个年份的专业化功能均有 2 个,但具体专业化功能有所变化,2000 年专业化功能有管理控制和技术研发,2010 年专业化功能减少了管理控制功能,增加了商业服务功能。

(二)各城市群功能专业化特征及变化

总体而言,中原、京津冀、关中城市群功能专业化水平较高,长三角、海峡西岸和珠三角城市群功能专业化水平较低。2000年,功能专业化指数高于1.5的有4个城市群,分别是中原、长江中游、关中和京津冀;有3个城市群的功能专业化指数在1.0~1.5,分别是辽中南、成渝和山东半岛城市群;功能专业化指数较低并低于1.0的城市群有3个,分别是长三角、海峡西岸和珠三角城市群,其中珠三角城市群专业化水平最低,为0.437。2010年,功能专业化指数最高的是京津冀城市群,为1.741;还有2个城市群功能专业化指数超过1.50,按照名次排序依次是中原、关中城市群;有4个城市群的功能专业化指数在1.0~1.5,分别是辽中南、山东半岛、长江中游和成渝城市群;另外3个城市群——长三角、海峡西岸和珠三角功能专业化指数小于1,其中珠三角仍然最低,为0.565(图4-4)。

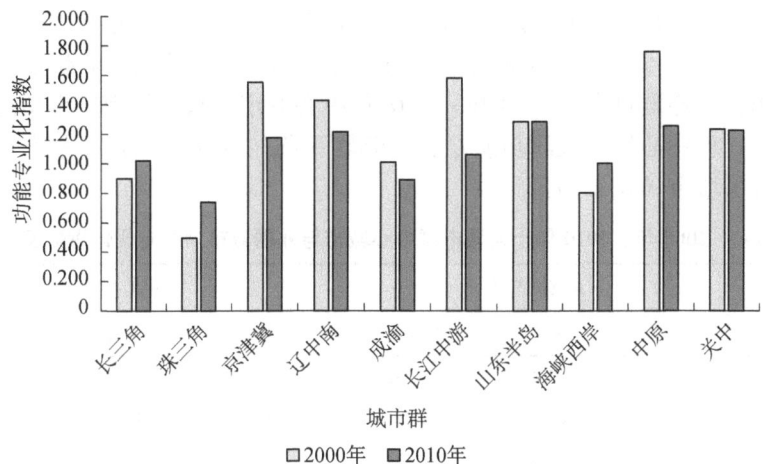

图4-4 2000年、2010年十大城市群功能专业化指数

从十年间变化情况来看,十大城市群功能专业化程度总体呈现增强的趋势。十年间,除了长江中游、成渝、关中、中原城市群功能专业化指数有所下降,分别下降了0.444、0.290、0.107、0.101;其余6个城市群都有不同程度的上升。京津冀上升最为显著,专业化指数上升了0.146,名次从第4位升到第1位;其次是珠三角、山东半岛、海峡西岸城市群,十年间分别上升了0.129、0.067、0.065;辽中南和长三角城市群专业化水平略有上升但变化不大。

(三)城市群内部功能专业化特征及变化

探讨中心城市与外围城市的功能分工水平的关系,可以发现总体上中心城市的功能分工水平高于外围城市而且这种格局继续强化。例如，在长三角城市群中，三大中心城市上海、南京、杭州 2000 年的功能专业化指数分别为 1.106、1.405、0.790，三者都高于外围城市的功能分工指数 0.689；2010 年上海、南京、杭州的功能专业化指数分别为 1.254、1.415、1.005，都远高于外围城市的 0.619，从变化上来看中心城市功能专业化指数上升，外围城市功能专业化指数下降，中心城市功能专业化指数大于外围城市的格局进一步加强。辽中南、山东半岛城市群中心城市与外围城市功能专业化指数也呈现这样的变化规律。珠三角、海峡西岸城市群中心城市功能专业化指数均高于外围城市，2000~2010 年中心城市、外围城市功能专业化指数均上升，中心城市功能专业化指数上升程度更高，中心城市功能专业化指数大于外围城市的格局进一步加强。成渝、长江中游、关中城市群中心城市功能专业化指数均高于外围城市，2000~2010 年中心城市、外围城市功能专业化指数均下降，但中心城市功能专业化指数下降程度较低，中心城市功能专业化指数大于外围城市的格局进一步加强。中原城市群，2000~2010 年中心城市郑州功能专业化指数上升，但中心城市洛阳和外围城市功能专业化指数均下降，不过洛阳功能专业化指数仍高于外围城市。京津冀城市群，2000~2010 年中心城市北京和外围城市功能专业化指数上升，但中心城市天津功能专业化指数下降，2010 年天津功能专业化指数已低于外围城市（表 4-7）。

表 4-7 2000 年、2010 年十大城市群中心城市与外围城市功能专业化指数及变化

年份	京津冀城市群			辽中南城市群		
	北京	天津	外围城市	沈阳	大连	外围城市
2000	1.984	1.348	1.282	1.804	1.291	1.160
2010	2.348	1.206	1.466	2.007	1.522	1.017
变化	0.364	-0.142	0.184	0.203	0.231	-0.143

年份	长三角城市群				珠三角城市群		
	上海	南京	杭州	外围城市	广州	深圳	外围城市
2000	1.106	1.405	0.790	0.689	0.922	0.388	0.332
2010	1.254	1.415	1.005	0.619	1.046	0.619	0.425
变化	0.148	0.010	0.215	-0.070	0.124	0.231	0.093

年份	成渝城市群			山东半岛城市群			长江中游城市群	
	重庆	成都	外围城市	济南	青岛	外围城市	武汉	外围城市
2000	1.146	1.668	1.383	1.854	1.174	1.092	1.751	1.621
2010	1.039	1.631	0.741	2.210	1.435	1.037	1.538	0.961
变化	-0.107	-0.037	-0.642	0.356	0.261	-0.055	-0.213	-0.660

续表

年份	海峡西岸城市群			中原城市群			关中城市群	
	福州	厦门	外围城市	郑州	洛阳	外围城市	西安	外围城市
2000	1.499	0.743	0.589	2.409	1.599	1.537	1.951	1.347
2010	1.560	0.926	0.617	2.669	1.394	1.192	1.925	1.124
变化	0.061	0.183	0.028	0.260	-0.205	-0.345	-0.026	-0.223

探讨中心城市与外围城市功能分工水平差距的动态变化，总体上呈现出不断扩大的趋势。中心城市的功能专业化水平整体上呈上升趋势，十大城市群中，19个中心城市中有13个功能专业化水平上升；10个外围城市中有7个外围城市功能专业化水平均下降。所以整体而言，中心城市与外围城市功能分工水平差距进一步拉大。十年间，中原城市群中郑州与外围城市功能专业化指数差距扩大了0.605；山东半岛城市群中济南、青岛与外围城市功能专业化指数差距分别扩大了0.411、0.316；辽中南城市群中大连、沈阳与外围城市功能专业化指数差距分别扩大了0.374、0.346；长三角城市群中杭州、上海与外围城市功能专业化指数差距分别扩大了0.285、0.218。总体而言，十大城市群中的19个中心城市，仅天津1个核心城市与外围城市的功能专业化水平有缩小的趋势，其余18个城市均表现为差距扩大的趋势。

第三节 京津冀城市群各城市产业专业化与功能专业化的特征和变化

一、京津冀城市群各城市产业专业化特征与变化

与其他城市群相比，京津冀城市群的各城市产业专业化水平较高。2010年，承德、北京、沧州的产业专业化指数均超过了0.4，其中承德市最高，产业专业化指数为0.436；北京产业专业化指数为0.419，如此高水平的产业专业化与北京市近十年"退二进三"，专业化发展具有高附加值的生产性服务业有关，专业化部门有商业、金融房地产业、科教文卫业、社会服务业。另外，有3个城市的产业专业化指数在0.3~0.4，分别是张家口、秦皇岛、石家庄。其余4个城市唐山、廊坊、保定、天津，其产业专业化指数均在0.2~0.3。其中，天津市产业专业化水平最低，为0.216，一方面天津作为北方重要的工业城市，大力发展制造业，制造业在国民经济中占有较高的比重，另一方面天津近几年也在大

力发展服务业，如物流、金融、房地产等，所以整体上形成了产业多样化的局面，天津市产业专业化水平最低与这两方面有关。

10 年间，京津冀城市群整体产业专业化水平有所提高，10 个城市中有 8 个城市产业专业化水平呈上升趋势。张家口、石家庄、天津三市提升水平最高，均提高了 0.1 以上。其中，张家口提升最多，产业专业化指数从 2000 年的 0.202 提高到 2010 年的 0.363，提升了 0.161；能源生产与采掘业的区位商由 1.56 升高到 1.96，建筑业和交通邮政业的区位商均提高到 1.33。承德、保定、沧州、北京、秦皇岛五市 10 年间产业专业化水平有所提高，但增幅较小。唐山、廊坊 10 年间产业专业化水平呈下降趋势。其中，廊坊下降程度最大，产业专业化指数降低 0.133；专业化部门由 4 个下降到 2 个，2010 年专业化部门仅剩能源生产与采掘业和制造业（图 4-5）。

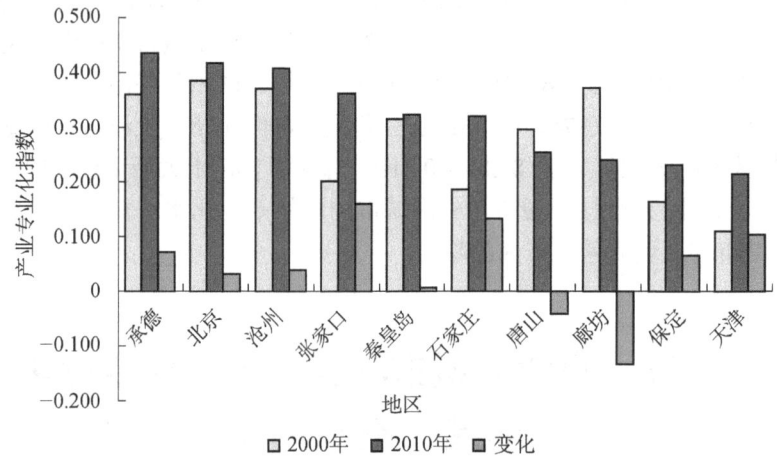

图 4-5 2000 年、2010 年京津冀城市群产业专业化指数及其变化

二、京津冀城市群各城市功能专业化特征与变化

在京津冀城市群内部，北京的功能专业化水平明显高于其他城市。2000 年，北京功能专业化指数为 1.244，2010 年为 1.349，明显高于城市群平均值及其他城市，两个年份京津冀城市群的平均值分别为 0.923、0.911。2010 年，石家庄、沧州、保定三市功能专业化水平相对较高，均超过了 1，表明三城市倾向于集聚管理控制和技术研发部门，管理控制和技术研发功能更强；其余六城市的功能专业化指数均小于 1，其中最低的是唐山市，2010 年功能专业化指数仅为 0.511，说明唐山生产操作功能较管理控制和技术研发功能强（图 4-6）。

从十年变化情况来看，京津冀城市群中各城市的变化差异明显，5 个城市功能专业化水平呈上升趋势,另外 5 个城市呈下降趋势。功能专业化水平呈上升趋势的 5 个城市分别是石家庄、保定、沧州、北京和秦皇岛。石家庄功能专业化水平提升最快,从 2000 年的 0.966 提高到 2010 年的 1.205,增长了 0.239;保定、沧州、北京功能专业化水平程度提升也相对较高,均提升了 0.1 以上;秦皇岛功能专业化水平略有提升,十年间提高了 0.023。功能专业化水平呈下降趋势的 5 个城市分别是唐山、张家口、天津、廊坊、承德。十年间,唐山和张家口功能专业化水平有所下降,但降低幅度较小,降幅均在 0.1 以内;天津和廊坊功能专业化水平下降程度相对较大,分别降低了 0.152 和 0.198;承德功能专业化水平下降程度最大,从 2000 年的 0.965 下降到 2010 年的 0.704,降低了 0.261 (图 4-6)。

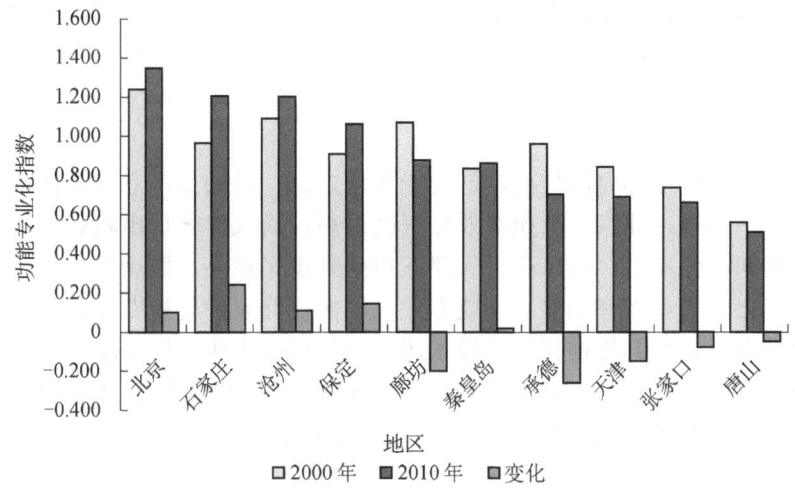

图 4-6 2000 年、2010 年京津冀城市群功能专业化指数及其变化

本 章 小 结

总体而言,十年间十大城市群的产业结构和功能结构均呈现出高级化过程。产业结构方面,能源生产与采掘业、制造业的比重呈下降趋势,而服务业中商业、金融房地产业、科教文卫业的比重呈上升趋势,城市群的产业结构逐步向以服务业为主的第三产业升级。功能结构方面,城市群中生产操作人员的比重下降,而商业服务人员、公共服务人员、技术研发人员的比重呈上升趋势,表明城市群中功能结构正向高级化方向发展。

十大城市群的专业化特征,产业专业化方面,珠三角、中原和京津冀城市群产业专业化程度较高，长三角、山东半岛和海峡西岸城市群产业专业化程度较低，而长江中游和关中城市群专业化程度排名变化较大；功能专业化方面，中原、京津冀和关中城市群功能专业化水平较高，长三角、海峡西岸和珠三角城市群功能专业化水平较低。通过二者相关性检验分析，2000 年 $R^2=0.1030$，2010 年 $R^2=0.2081$，相关系数均小于 0.3，表明十大城市群的产业专业化与功能专业化的相关程度较低。从变化情况来看，十大城市群产业专业化程度大部分呈现加深的趋势，功能专业化程度大部分也呈现增强的趋势。

在十大城市群内部的专业化特征中，从中心城市与外围城市的专业化水平对比来看，总体上外围城市的产业专业化水平要高于中心城市；与之相反，总体上中心城市功能专业化水平高于外围城市且这种格局继续强化。从变化情况来看，产业专业化方面，总体上城市群的外围城市专业化水平增长幅度大于中心城市；而功能专业化方面，总体上城市群的中心城市专业化水平增长幅度大于外围城市。所以，无论是产业专业化还是功能专业化，中心-外围城市间的水平差距均呈增大趋势。

从京津冀城市群内部分析，产业专业化方面，各城市产业专业化水平相对较高，其中承德、北京、沧州专业化程度最高，而天津表现出较强的产业多样化；十年间，张家口、石家庄、天津三市提升水平最高，而唐山、廊坊十年间产业专业化水平呈下降趋势。功能专业化方面，北京的功能专业化水平明显高于其他城市，表明其管理控制和技术研发功能远强于生产操作功能；十年间各城市的变化差异明显，石家庄、保定、沧州、北京和秦皇岛 5 个城市呈上升趋势；而唐山、张家口、天津、廊坊、承德 5 个城市呈下降趋势。

第五章
京津冀城市群汽车产业新型产业分工的发展

本章参考《中国汽车工业统计年鉴1997》《中国汽车工业统计年鉴 2001》《中国汽车工业统计年鉴2005》《中国汽车工业统计年鉴 2009》《中国汽车工业统计年鉴 2013》《2002—2003 跨国公司在中国投资报告》《2012 跨国公司中国报告》及中国工业企业数据库（2001年、2005年、2009年）相关数据，运用区位商、产业地理集中度、ArcGIS 空间统计分析等方法，从整体上研究了中国汽车产业的发展历程、空间分布特征；从行业分工角度，分析了京津冀各汽车行业的发展变化及特征；最后，从功能分工的角度，探讨了京津冀城市群汽车企业的功能结构、专业化环节及其变化特征。研究发现，1996~2012年，中国汽车产业逐步向东南沿海、中部部分地区发展；2001~2009年，北京汽车优势专业化行业一直是汽车整车制造业，天津、河北汽车优势专业化行业则为汽车零部件及配件制造业；相对于2002年，2011年京津冀汽车产业除生产功能有所减弱外，其他功能均呈上升趋势，北京转变为以销售、生产、总部、售后服务功能为主，天津生产功能比较突出，河北则主要体现为生产、销售、研发功能，其他功能环节并无分布。

第一节 汽车产业在我国的发展及空间分布

一、中国汽车产业的发展历程

新中国成立后，中国开始发展汽车产业。1953 年 7 月，第一汽车制造厂在长春兴建，1956 年，第一汽车制造厂生产制造出第一辆"解放牌"载货汽车，后续又制造出了"东风牌"小轿车、"红旗牌"高级轿车，中国的汽车产业开始缓慢发展起来（张玉阳，2005）。随后，在国家政策方针的支持下，部分大城市又陆续建立了一批汽车制造厂、汽车制配厂和汽车改装车厂，到 20 世纪 60 年代，全国汽车产业已经形成 "一大四小"（第一汽车制造厂、南京汽车制造厂、上海汽车制造厂、北京汽车制造厂和济南汽车制造厂）的格局，这一时期是中国汽车产业的起步阶段（张亮亮，2014）。

到了 20 世纪 70 年代，一些地方的汽车产业也逐渐发展起来。1980 年，全国汽车产量达到 22.2 万辆，是 1965 年汽车产量的 5.48 倍，汽车产品多样化，汽车产业体系逐渐完善，但汽车生产规模小，技术水平低[①]。

1978 年改革开放以后，随着社会经济的发展，市场对汽车的需求量增加，中国的汽车产业进入全面发展阶段。到了 80 年代末，汽车产业的发展基本满足了市场需要，市场供需矛盾得以缓解，1992 年，全国汽车总产量首次超过 100 万辆。20 世纪 90 年代以后，国家对汽车产业结构、产业布局及市场贸易等方面进行了全面调整，促进了汽车产量稳步增长，经济规模逐渐扩大，形成了比较完整的产业布局。

21 世纪以来，中国汽车产业高速发展，汽车品种系列增加，逐渐形成了一系列整车和零部件生产组装配套体系。2003 年，全国汽车产量首次达到 400 万辆以上，汽车产业结构和市场结构更趋合理。2008 年，中国汽车产业受到国际金融危机的影响，国际、国内汽车市场严重萎缩，2009 年，国家通过颁布《汽车产业调整和振兴规划》，采取完善汽车企业重组等相关政策措施，进而促进汽车产业持续、健康、稳定发展。随后，汽车产业结构的调整取得了明显成效，2012 年，全国汽车产量达到 1927.2 万辆。

1996~2012 年，中国汽车产业就业人数、汽车产量、工业总产值、工业增加值、利润总额及其比重均呈上升趋势，其中，中国汽车产业就业人数由 1996 年的 195.1 万人增加到 2012 年的 250.8 万人；中国汽车产量由 1996 年的 147.5 万辆增加到 2012 年的 1927.2 万辆，中国汽车产量占全球汽车产量的比重由 2.8%上升到 22.9%；汽车产业工业总产值由 1996 年的 2399.1 亿元提高到 2012 年的 35 774.4 亿元，其占全国工业总产值的比重从 1996 年的 2.4%逐渐提高到 2011 年的 3.9%；汽车产业工业增加值由 1996 年的 576.2 亿元提高到 2012 年的 7940.4 亿元，其占全国工业增加值的比重从 0.9%上升到 1.5%；利润总额由 1996 年的 75.2 亿元大幅度上升到 2012 年的 3166.6 亿元。可见，中国汽车产业的国际地位不断增强，逐渐成为拉动国家经济增长、促进产业结构调整、走新型工业化道路的重要力量。

1. 就业人数

1996~2012 年，中国汽车产业就业人数由 195.1 万人增加到 250.8 万人，

---

① 中国汽车工业——五十年风雨五十年辉煌. http://www.docin.com/p-1339136047.html [2016-8-20]

期间就业人数先降低后逐渐升高，其增长率有一定变化。1996~2001 年，全国汽车产业就业人数由 195.1 万人下降到 150.6 万人，这一时期的增长率由 1.4%迅速下降到-15.4%，2001 年，其就业人数大幅度下降；2001~2007 年，全国汽车产业就业人数由 150.6 万人上升到 204.1 万人，2006 年和 2007 年，增长率分别迅速提高到 11.1%、10.0%，这两年全国汽车产业就业人数大幅度上升；2007~2012 年，除了 2011 年全国汽车产业就业人数增长较快（9.7%）以外，其他几年的增长率均大体相当，为 3.0%左右，全国汽车产业就业人数逐步增加（图 5-1）。

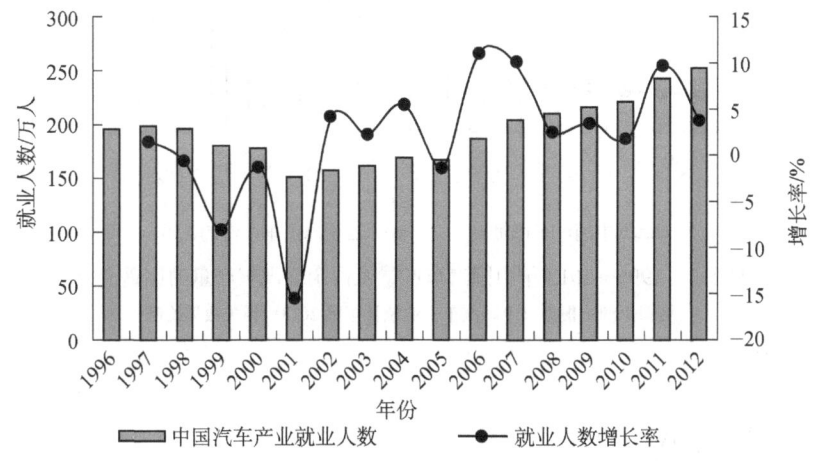

图 5-1　1996~2012 年中国汽车产业就业人数及其增长率变化

资料来源：根据《中国汽车工业统计年鉴 2013》相关数据绘制

2. 汽车产量

1996 年，中国汽车产量共 147.5 万辆，占全球比重仅为 2.8%，2010 年，该比重达到顶峰（23.5%），并大体保持稳定。1996~2001 年，中国汽车产量由 147.5 万辆缓慢上升到 234.2 万辆，中国汽车产量占全球汽车产量的比重平均每年以 0.3 个百分点稳步递增，至 2001 年，中国汽车产量在全球汽车生产国中排名第八，汽车产业各方面的发展还有待增强；2001~2008 年，随着经济的发展、技术的进步，中国汽车产量由 234.2 万辆快速增加到 934.5 万辆，占全球汽车产量的比重平均每年以 1.1 个百分点逐步增加，2006 年，中国汽车产量在全球汽车生产国中排名跃居第三名，2008 年，中国汽车产量首次超过美国，成为世界第二汽车生产大国；2009 年，中国汽车产量突飞猛进，占全球汽车产量的比重相比上年上升了 9.3 个百分点，其比重高达 22.6%，跃居世界第一，并超过了第二名日本和第三名美国的汽车产量之和（图 5-2）；2010 年，中国汽车产业持续快速发展，占全球汽车产量的比重迅速上升到 23.5%，中国汽车产量几乎占到全球汽车产量的 1/4，在世界汽车产业中占据十分重要的地位；至 2012 年年底，中国汽车产量为 1927.2 万辆，占全球比重为 22.9%，与位居第二的美国（12.3%）相差 10.6 个百分点，与位居第三的日本（11.8%）相差 11.1 个百分点（图 5-3）。

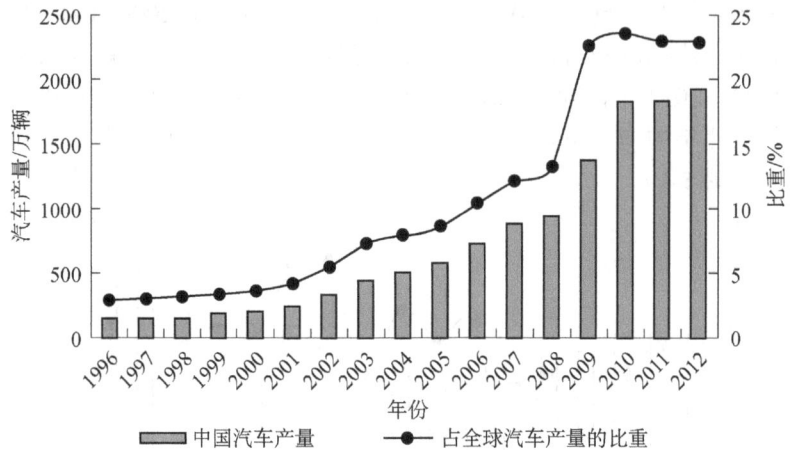

图 5-2　1996～2012 年中国汽车产量及占全球汽车产量的比重变化

资料来源：根据《中国汽车工业统计年鉴 2013》相关数据绘制

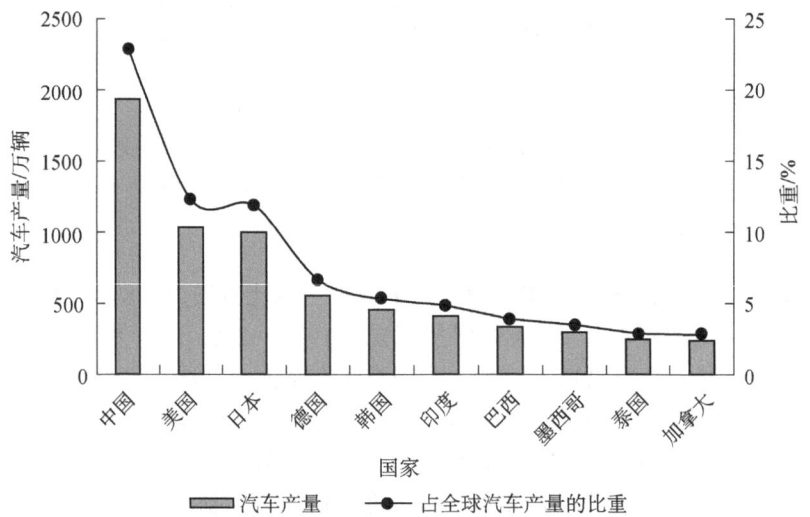

图 5-3　2012 年世界汽车主要生产国的汽车产量及其占全球汽车产量的比重状况

资料来源：根据《中国汽车工业统计年鉴 2013》相关数据绘制

3. 工业总产值

1996～2011 年，中国汽车产业工业总产值由 1996 年的 2399.1 亿元逐渐提高到 2011 年的 33 155.2 亿元，占全国工业总产值的比重由 2.4%升高到 2003 年的 5.9%，然后又降低到 2011 年的 3.9%，并大体保持稳定，其比重共增加了 1.4 个百分点，平均每年以 0.1 个百分点的速度上升。汽车产业工业总产值占全国工业总产值的比重变化可以划分为三个阶段：第一阶段是 1996~2003 年，全国汽车产业工业总产值由 1996 年的 2399.1 亿元增加到 2003 年的 8357.2 亿元，占全国工业总产值的比重有所提高，其比重由 1996 年的 2.4%上升到 2003 年的 5.9%，共上升了 3.5 个百分点；第二阶段是 2003~2008 年，全国汽车产业工业总产值由 2003 年的 8357.2 亿元增加到 2008 年的 18 780.5 亿元，但占全国工业总产值的比重有所降低，其比重由 5.9%降低到 2008 年的 3.7%，共降低了 2.2 个百分点；第三阶段是 2008~2011 年，全国汽车产业工业总产值由 2008 年的 18 780.5 亿元增加到 2011 年的 33 155.2 亿元，占全国工业总产值的比重大体不变，在 4.0%左右（图 5-4）。

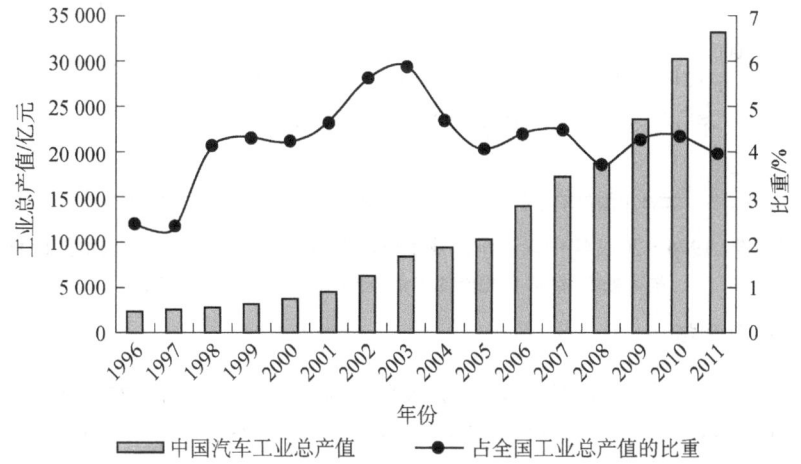

图 5-4　1996~2011 年中国汽车产业工业总产值及其占全国工业总产值比重的变化
资料来源：根据《中国汽车工业统计年鉴 2013》相关数据绘制

4. 工业增加值

1996~2012 年，中国汽车产业工业增加值由 1996 年的 576.2 亿元迅速增加到 2012 年的 7940.4 亿元，占全国工业增加值的比重由 0.9%迅速升高到 2003 年的 1.8%，然后又逐渐降低到 2012 年的 1.5%，并大体保持稳定，整体上，占全国工业增加值的比重增加了 0.6 个百分点，平均每年以 0.04 个百分点的速度上升。汽车产业工业增加值占全国工业增加值的比重变化可以划分为三个阶段：第一阶段是 1996~2003 年，全国汽车产业工业增加值由 1996 年的 576.2 亿元增加到 2003 年的 2153.4 亿元，占全国工业增加值的比重由 1996 年的 0.9%上升到 2003 年的 1.8%，共上升了 0.9 个百分点；第二阶段是 2003~2008 年，全国汽车产业工业增加值由 2003 年的 2153.4 亿元增加到 2008 年的 4104.1 亿元，但占全国工业增加值的比重略有降低，其比重由 1.8%减小到 2008 年的 1.4%，减少了 0.4 个百分点；第三阶段是 2008~2012 年，全国汽车产业工业增加值由 2008 年的 4104.1 亿元增加到 2012 年的 7940.4 亿元，占全国工业增加值的比重大体不变，并在 1.6%附近变化（图 5-5）。

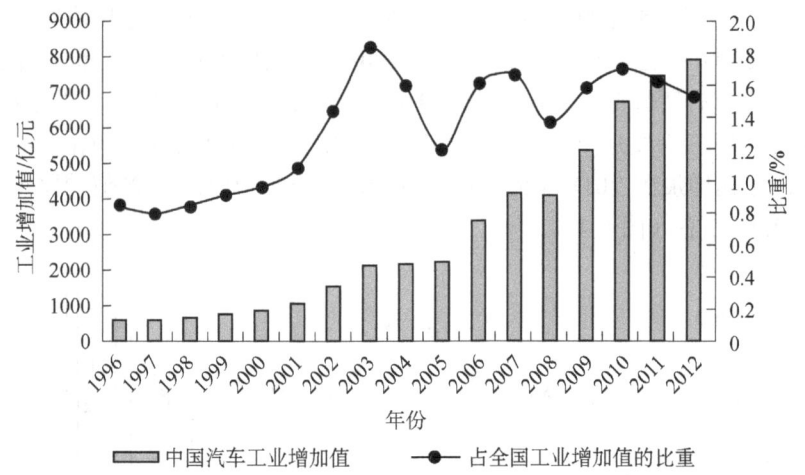

图 5-5　1996~2012 年中国汽车产业工业增加值及其占全国工业增加值的比重
资料来源：根据《中国汽车工业统计年鉴 2013》相关数据绘制

5. 利润总额

1996~2012 年，中国汽车产业利润总额由 1996 年的 75.2 亿元提高到 2012 年的 3166.6 亿元，2012 年的利润总额是 1996 年的 42 倍，利润总额先稳步增加后大幅度增加，期间利润总额增长率出现大幅度变化。1996~2012 年，全国汽车产业利润总额增长率共分为三个阶段：第一阶段是 1996~2000 年，全国汽车产业利润总额由 1996 年的 75.2 亿元增加到 2000 年的 138.1 亿元，利润总额增长率由 1997 年的 2.7%迅速上升到 2000 年的 29.6%，并在 1998 年出现低谷，其增长率为-25.1%，1999 年出现高峰，其增长率为 84.1%，这一时期，汽车产业发展波动较大且比较缓慢；第二阶段是 2000~2005 年，全国汽车产业利润总额由 2000 年的 138.1 亿元逐渐增加到 2005 年的 430.4 亿元，全国汽车产业利润总额增长率由 2000 年的 29.6%迅速下降到 2005 年的-25.2%，2002 年利润总额出现了负增长，其利润增长率为-45.2%，汽车产业利润总额有一定程度的降低，在 2001 年、2003 年全国汽车产业利润总额增长率出现了两个高峰，2003 年，汽车产业利润总额大幅度上升，其利润总额达到 556.8 亿元，使 2003 年的利润总额是 2000 年的 4 倍；第三阶段是

2005~2012 年，全国汽车产业利润总额由 2005 年的 430.4 亿元迅速增加到 2012 年的 3166.6 亿元，其利润增长率由 2005 年的-25.2%上升到 2012 年的 11.4%，在 2006 年、2009 年，全国汽车产业利润总额增长率出现了两个高峰，其利润增长率均达到 70%以上，2006 年、2007 年、2009 年、2010 年，汽车产业利润总额增加比较明显，2008 年的利润增长率为低谷，其利润增长率为-10.1%，全国汽车产业利润总额略有下降，2008 年后，全国汽车产业利润总额呈现持续增加的局面（图 5-6）。

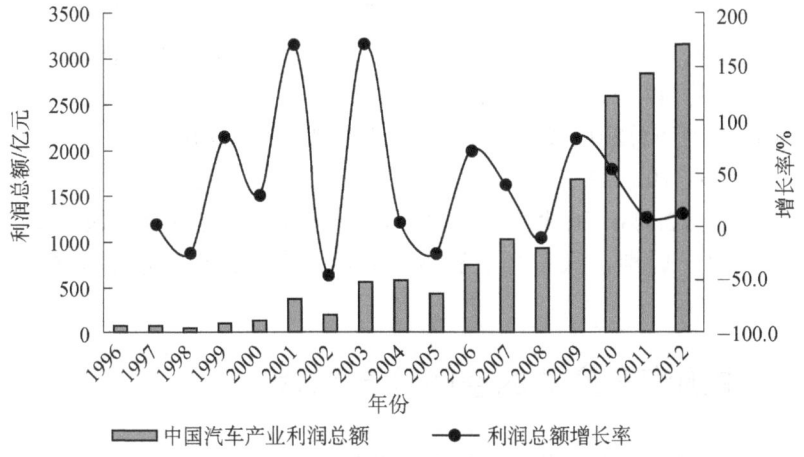

图 5-6　1996~2012 年中国汽车产业利润总额及其增长率变化
资料来源：根据《中国汽车工业统计年鉴 2013》相关数据绘制

因此，至 2011 年，全国汽车产业工业总产值是 1996 年的 13.8 倍；至 2012 年，全国汽车产业就业人数、汽车产量、工业增加值、利润总额分别是 1996 年的 1.3 倍、13.1 倍、13.8 倍、42 倍。1996~2012 年，中国汽车产业的发展大体可以划分为三个阶段。第一阶段，1996~2000 年，中国汽车产业逐步发展。就业人数增长率在-1.0%~1.0%范围内变化，汽车产量增长率由 7.3%上升到 12.9%，工业总产值增长率由 11.2%增加到 15.7%，工业增加值增长率由 3.1%提高到 15.4%，利润总额增长率由 2.7%上升到 29.6%，这一时期，增长率逐步增加，汽车产业具有很大的发展潜力，占全球汽车产量的比重、占全国工业总产值的比重、占全国工业增加值的比重稳步增加，分别由 2.8%、2.4%、0.9%上升到 3.6%、4.2%、1.0%，汽车产业在全国、全球中的地位有待提高。第二阶段，2000~2008 年，全国汽车产业迅速发展，这一时期各个指标的增长率高低起伏。就业人数增长率除 2001 年的-15.4%和 2006 年、2007 年的 11.1%、10.0%以外，其他年份均在-1.5%~5.5%内变化；汽车产量增长率除了 2008 年的 5.2%以外，其他年份均在 10%以上，2002 年高达 39.0%；工业总产值增长率、工业增加值增长率变化呈现出 M 形，高峰分别在 40%、45%附近变化，低谷分别在 8.0%、1.0%附近变化；2001 年、2003 年的利润总额分别是 2000年、2002 年的 2.7 倍，但 2002 年、2005 年、2008 年出现了负增长，这一时期，汽车产业的发展处于波动期，汽车产量占全球比重由 1996 年的 2.8%上升到 2008 年的 13.3%，工业总产值占全国的比重、工业增加值占全国的比重分别保持在 3.7%、1.2%以上，这一时期，汽车产业在全国产业中占有一定的地位。第三阶段，2008～2012 年，这一时期各个指标的增长率稳步发展。就业人数增长率除 2011 年的 9.7%以外，其他年份均在 2%～3%；汽车产量增长率除了 2009 年的 47.6%，其他年份均在 10%以下；工业总产值增长率、工业增加值增长率、利润总额增长率除了 2009 年、2010 年高达 30.0%以上，其他年份的增长率均在 10.0%左右，汽车产量占全球比重由 2008 年的 13.3%逐步上升到 2012 年的 22.9%；工业总产值比重、工业增加值比重分别保持在 3.9%、1.5%以上；这一时期，汽车产业稳步发展，是全国经济发展的重要支柱产业之一。

二、中国汽车产业的空间分布现状

1996 年，从工业总产值看，汽车产业工业总产值占全国比重较大的有上海（16.3%）、吉林（11.2%）、江苏（10.8%）、重庆（10.4%）、湖北（7.2%）、天津（5.9%）、山东（5.4%），占全国汽车产业工业总产值达到 65%以上，其次是广东（4.8%）、北京（4.6%），以上 9 个地区汽车产业工业总产值占全国的比重高达77%，其他地区汽车产业工业总产值比重均在 3%以下；从工业增加值看，上海（19.1%）、吉林（12.6%）、重庆（10.7%）、江苏（10.6%）占全国汽车产业工业增加值比重较大，其次是湖北（7.8%）、天津（5.9%）、山东（5.1%）、北京（4.1%），以上 8 个地区占全国汽车产业工业增加值比重达到 75.0%以上，其他地区均在 3.0%以下；从利润总额看，全国汽车产业利润总额达到 75.2 亿元，上海汽车产业利润总额高达 52.1 亿元，其次是天津、重庆、江苏，其利润总额分别为 8.8 亿元、8.1 亿元、6.7 亿元，其余省份利润总额较低，均在 4 亿元以下，全国相当部分省份的利润总额出现了负数。从工业总产值、工业增加值、利润总额看，1996 年，全国汽车产业主要分布在上海、吉林、江苏、重庆，其次是湖北、天津、山东（图 5-7）。

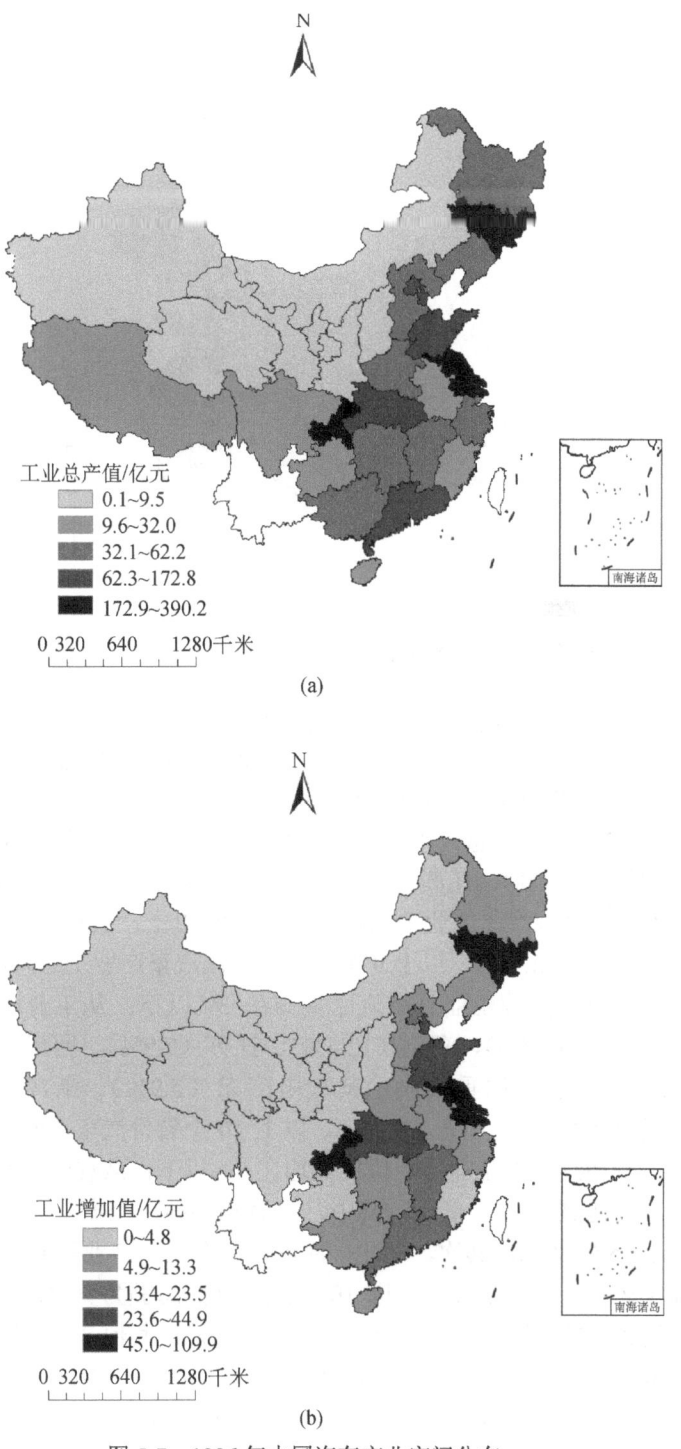

图 5-7　1996 年中国汽车产业空间分布

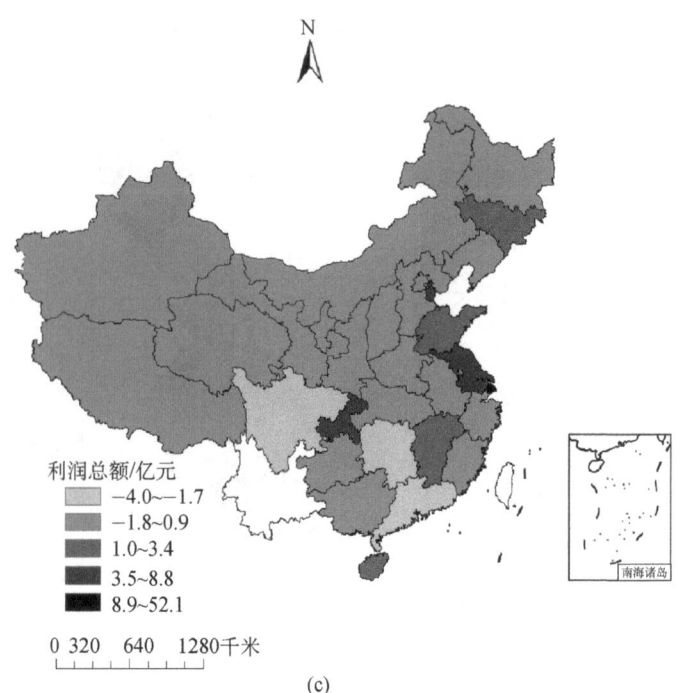

(c)

图 5-7　1996 年中国汽车产业空间分布（续）

资料来源：根据《中国汽车工业统计年鉴 1997》相关数据绘制

图中空白处云南省是缺少数据的区域，本书数据不含港澳台，余同

2000 年，从工业总产值看，上海（15.9%）、吉林（14.2%）、湖北（11.0%）、四川（9.4%）、江苏（7.8%）、广东（6.4%）6 个地区的汽车产业工业总产值较大，占全国汽车产业工业总产值的 60%以上，其次是山东（4.6%）、辽宁（4.0%）、浙江（3.9%），以上 9 个地区占全国汽车产业工业总产值的 80%以上，其他地区汽车产业工业总产值比重均在 3%以下；从工业增加值看，上海（17.5%）、吉林（13.8%）、湖北（12.4%）、江苏（7.9%）、四川（7.8%）占全国汽车产业工业增加值比重较大，其次是广东（5.9%）、浙江（4.4%）、天津（3.3%）、辽宁（3.3%）、山东（3.0%），以上 10 个省份汽车产业工业增加值比重高达 80%，其他地区的工业增加值比重均在 3%以下；从利润总额看，全国汽车产业利润总额达到 138.1 亿元，其中，上海和吉林汽车产业利润总额分别高达 67.0 亿元、35.6 亿元，其次，湖北、江苏、广东汽车产业利润总额分别为 14.7 亿元、11.6 亿元、10.1 亿元，全国 10 个地区利润总额为负数，除山东、北京汽车产业的利润总额分别为-24 亿元、-5.8 亿元以外，其他 8 个地区的利润总额均在-3 亿~0 亿元，山东、北京利润总额与其他地区有一定的差距。从工业总产值、工业增加值、利润总额看，2000 年，全国汽车产业主要分布在上海、吉林、湖北，其次是江苏、四川、广东（图 5-8）。

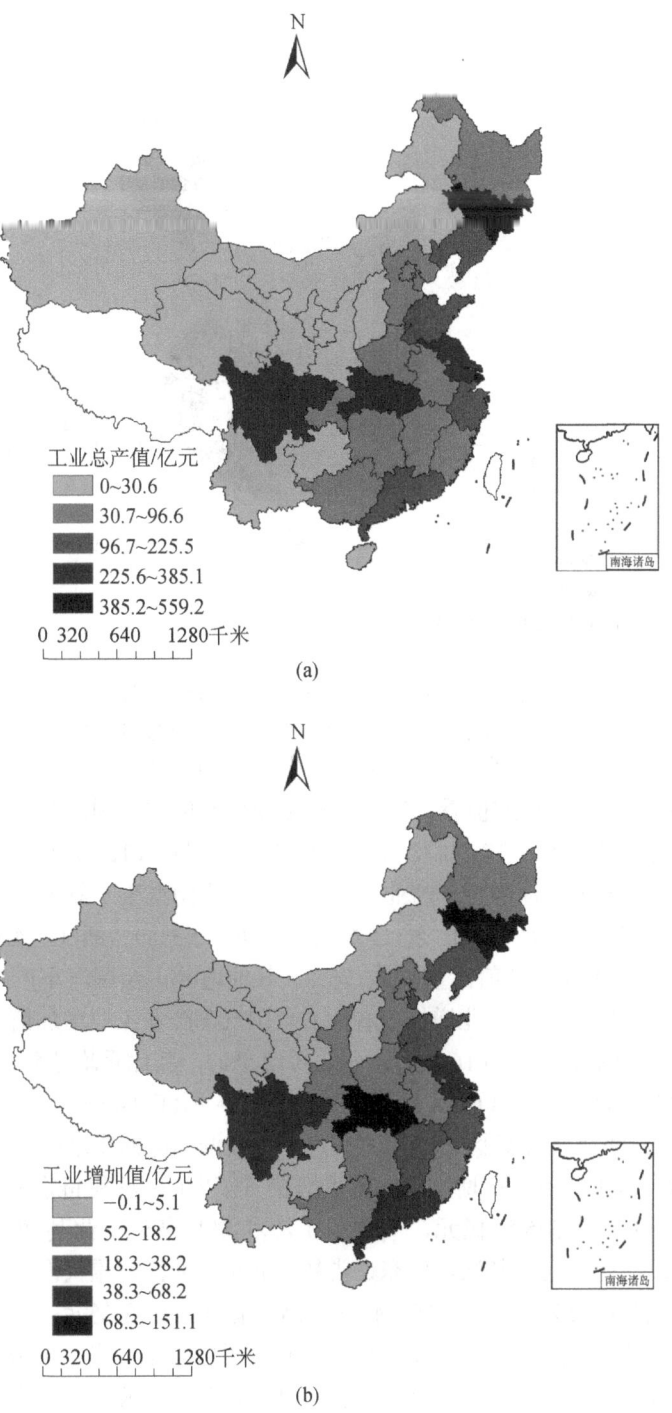

图 5-8 2000 年中国汽车产业空间分布

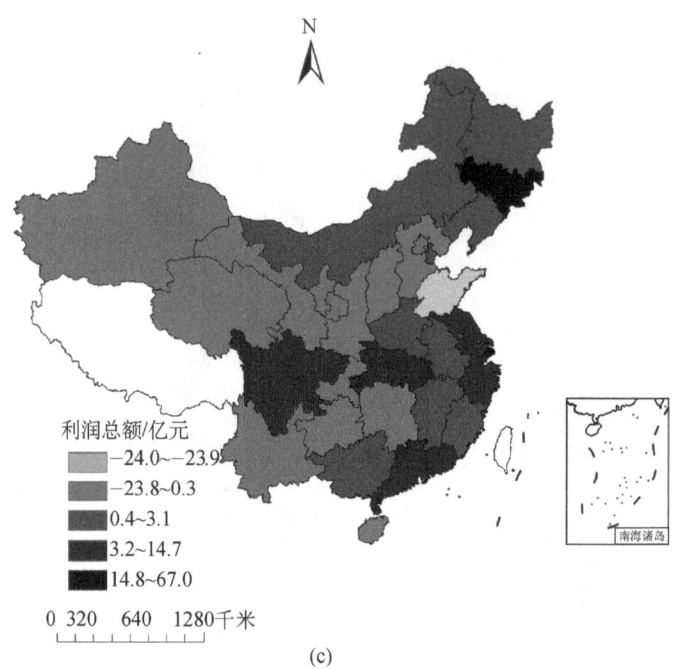

(c)

图 5-8 2000 年中国汽车产业空间分布（续）

资料来源：根据《中国汽车工业统计年鉴 2001》相关数据绘制

图中空白处西藏自治区是缺少数据的区域

2004 年，从工业总产值看，汽车产业工业总产值占全国汽车产业工业总产值比重较大的地区有吉林（17.8%）、上海（12.3%）、湖北（12.1%）、重庆（7.3%）、广东（6.4%），这 5 个地区汽车产业工业总产值占全国汽车产业工业总产值的 50%以上，其次是北京（5.8%）、山东（5.6%）、江苏（5.3%）、浙江（4.1%），以上 9 个地区汽车产业工业总产值比重高达 76%，其他地区占全国汽车产业工业总产值的比重均在 3%以下；从工业增加值看，占全国汽车产业工业增加值比重较高的地区有吉林（17.3%）、上海（16.2%）、湖北（12.5%），其比重均达到 10%以上，其次是广东（7.6%）、重庆（6.1%）、山东（5.4%）、浙江（4.6%）、江苏（4.6%）、北京（4.4%），以上 9 个地区占全国汽车产业工业增加值的比重高达 78%以上，其他地区占全国汽车产业工业增加值的比重均在 3%以下；从利润总额看，全国汽车产业利润总额达到 575.5 亿元，其中，上海和湖北汽车工业利润总额分别高达 166.3 亿元、97.0 亿元，其次，广东、吉林、北京、浙江、重庆汽车产业利润总额分别为 69.8 亿元、52.1 亿元、25.7 亿元、24.7 亿元、19.8 亿元，其他地区汽车产业利润总额均在 10 亿元以下，有 3 个地区的利润总额为负数，在-0.5 亿元左右。从工业总产值、工业增加值、利润总额看，2004 年，全国汽车产业主要分布在吉林、上海、湖北，其次是广东、重庆、山东、北京、江苏（图 5-9）。

第五章 京津冀城市群汽车产业新型产业分工的发展 | 63

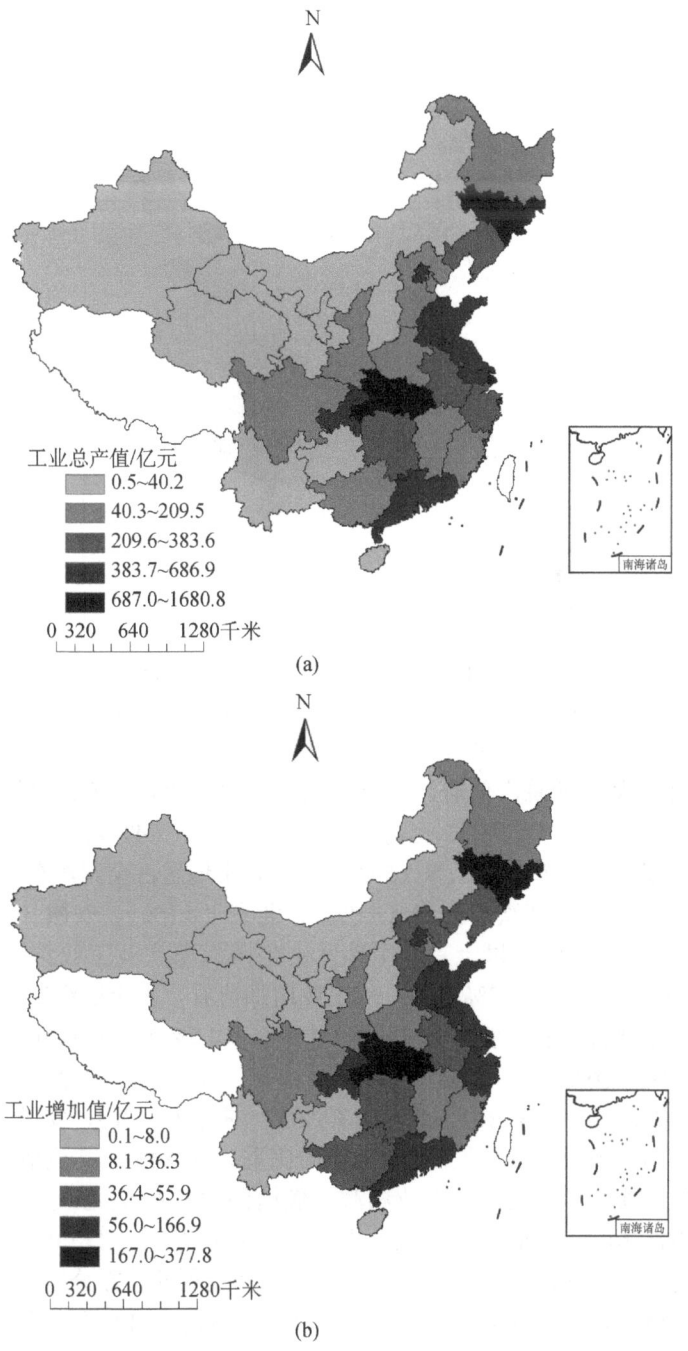

图 5-9 2004 年中国汽车产业空间分布

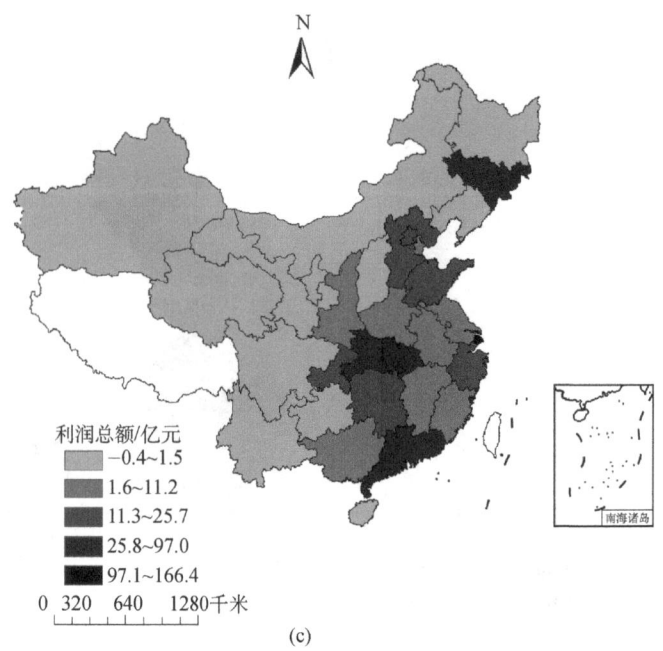

图 5-9 2004 年中国汽车产业空间分布（续）
资料来源：根据《中国汽车工业统计年鉴 2005》相关数据绘制
图中空白处西藏自治区是缺少数据的区域

2008 年，从工业总产值看，占全国汽车产业工业总产值比重较大的地区有广东（11.6%）、吉林（9.7%）、上海（9.0%）、湖北（7.4%）、山东（7.1%）、浙江（6.8%）、重庆（6.7%）、江苏（5.6%），这 8 个地区占全国汽车产业工业总产值比重的 55%以上，其次是天津（4.7%）、北京（4.6%）、安徽（3.5%）、河南（3.2%）、辽宁（3.1%），以上 13 个地区占全国汽车产业工业总产值的比重在 74%以上，其他地区均在 3%以下；从工业增加值看，占全国汽车产业工业增加值比重较大的地区有广东（13.2%）、吉林（10.7%）、上海（8.8%）、湖北（8.0%）、浙江（6.2%）、重庆（5.9%）、山东（5.4%）、天津（5.1%）、江苏（5.0%），其次是辽宁（4.9%）、北京（3.8%）、湖南（3.5%）、安徽（3.5%），以上 13 个地区占全国汽车产业工业增加值的比重达到 84%，其他地区均在 3%以下；从利润总额看，全国汽车产业利润总额达到 923.6 亿元，其中，广东、上海、湖北和吉林汽车产业利润总额分别高达 189.0 亿元、117.0 亿元、96.1 亿元、83.3 亿元，其次，浙江、天津、山东汽车产业利润总额分别为 60.2 亿元、59.2 亿元、54.3 亿元，其他地区汽车产业利润总额均在 40 亿元以下，其中，海南利润总额为-1.8 亿元，其他地区利润总额均大于零。从工业总产值、工业增加值、利润总额看，2008 年，全国汽车产业主要分布在广东、吉林，其次是上海、湖北、浙江、山东、重庆、天津、江苏（图 5-10）。

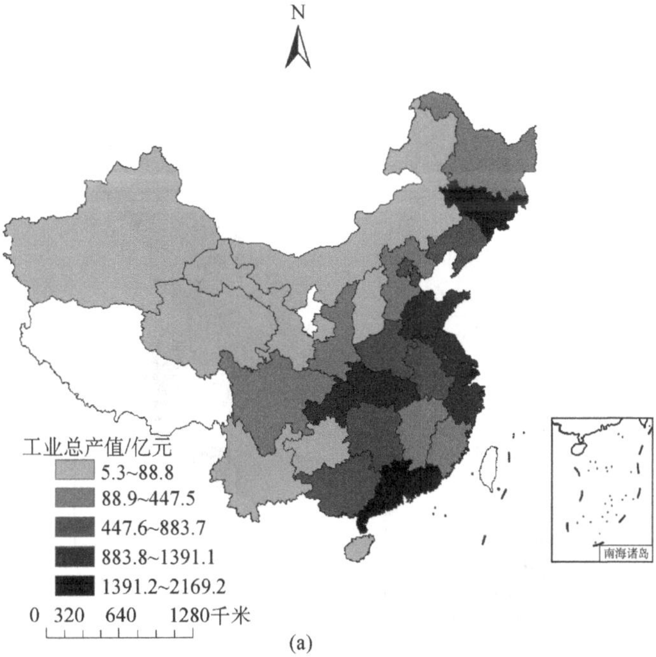

图 5-10　2008 年中国汽车产业空间分布

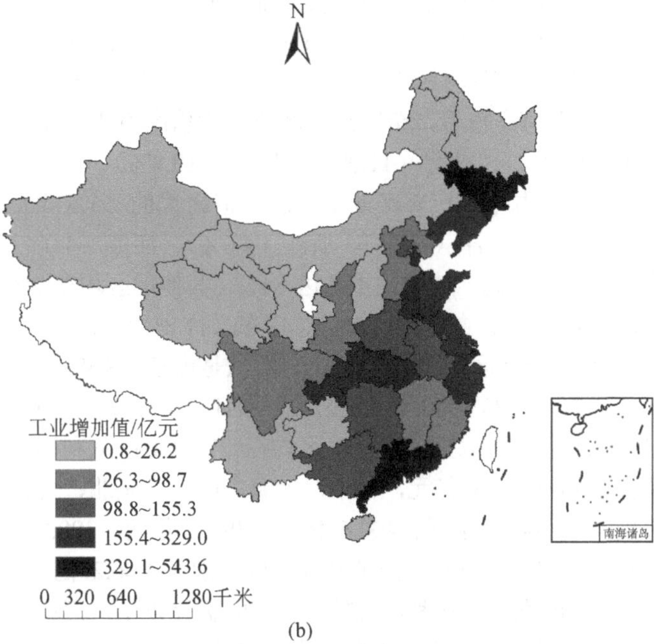

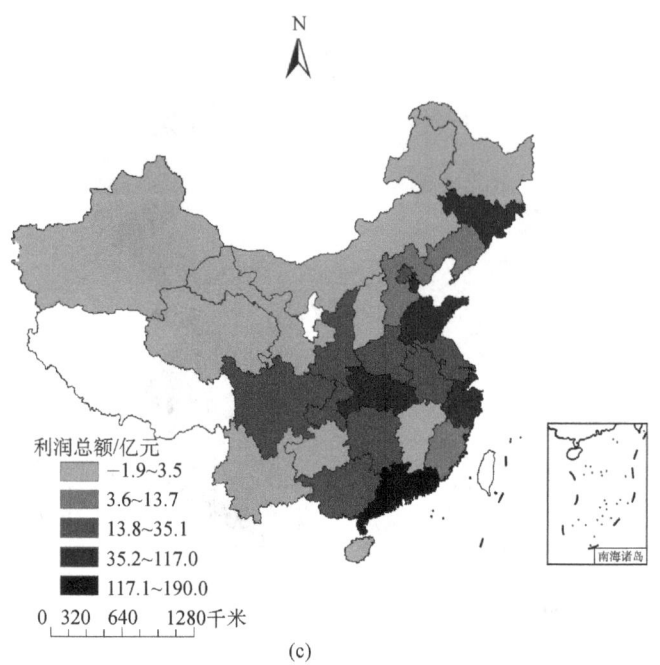

(c)

图 5-10 2008 年中国汽车产业空间分布（续）

资料来源：根据《中国汽车工业统计年鉴 2009》相关数据绘制

图中空白处西藏自治区、宁夏回族自治区是缺少数据的区域

2012 年，从工业总产值看，全国汽车产业工业总产值比重较大的地区是上海（13.9%）、吉林（13.9%）、湖北（11.0%）、广东（10.8%）、山东（8.5%）、北京（5.4%），这 6 个地区占全国汽车产业工业总产值比重的 55%以上，其次是安徽（4.4%）、重庆（4.1%）、天津（4.1%）、浙江（4.0%）、江苏（4.0%），以上 11 个地区占全国汽车产业工业总产值的比重高达 84%，其他地区均在 2%以下；从工业增加值看，上海（14.7%）、吉林（13.2%）、广东（11.8%）占全国汽车产业工业增加值比重较大，这 3 个地区均在 10%以上，其次是山东（8.8%）、北京（6.4%）、湖北（5.8%）、天津（5.3%）、江苏（5.0%）、浙江（4.3%）、重庆（4.1%），以上 10 个地区的比重高达 80%以上，其他地区均在 2%以下；从利润总额看，全国汽车产业利润总额达到 3166.6 亿元，其中，上海、广东、湖北、吉林、北京汽车产业利润总额分别高达 647.5 亿元、400.6 亿元、398.2 亿元、290.8 亿元、265.5 亿元，其次，山东、天津、江苏汽车产业利润总额分别为 206.2 亿元、166.5 亿元、128.2 亿元，其他地区汽车产业利润总额均在 90 亿元以下，但利润总额均大于零（图 5-11）。从工业总产值、工业增加值、利润总额看，2012 年，全国汽车产业主要分布在上海、吉林、广东，其次是湖北、山东、北京、天津、江苏。

1996~2012 年，全国汽车产业空间分布发生了一定变化，汽车产业逐步向东南沿海、中部部分地区发展，从工业总产值、工业增加值看，中国汽车产业

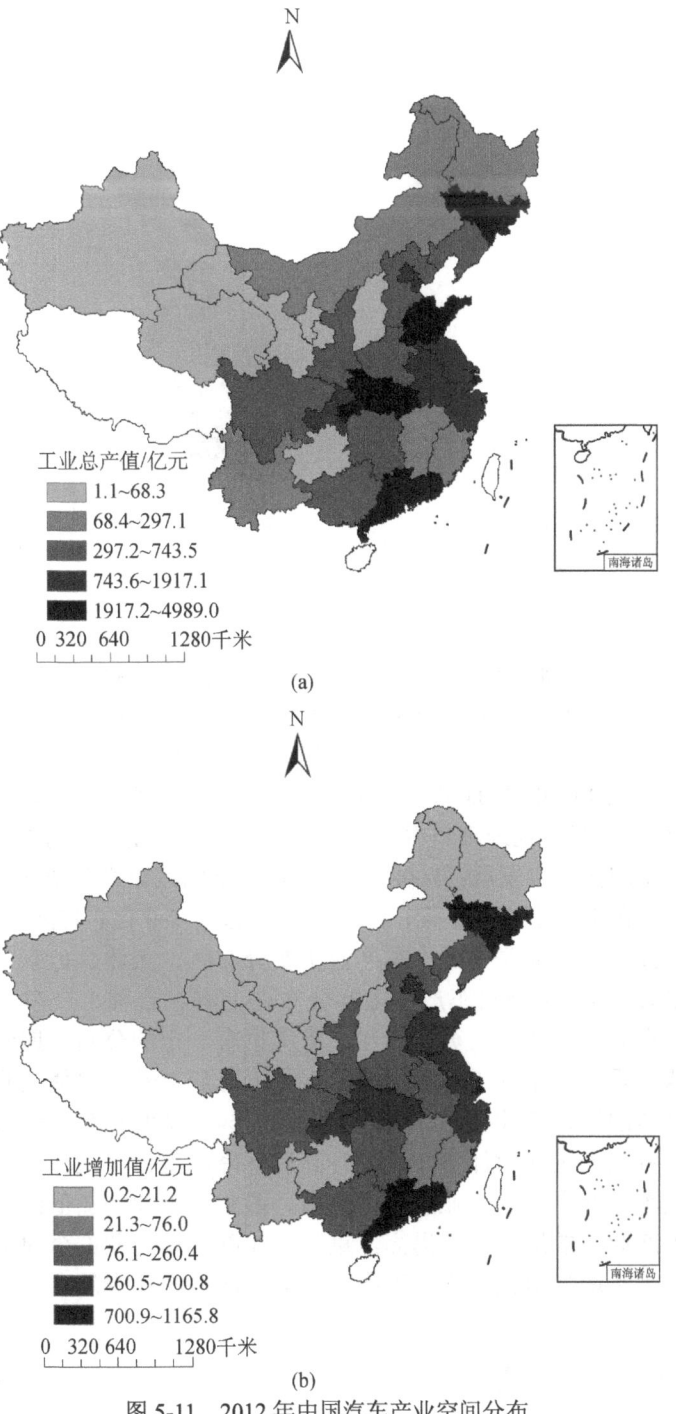

图 5-11　2012 年中国汽车产业空间分布

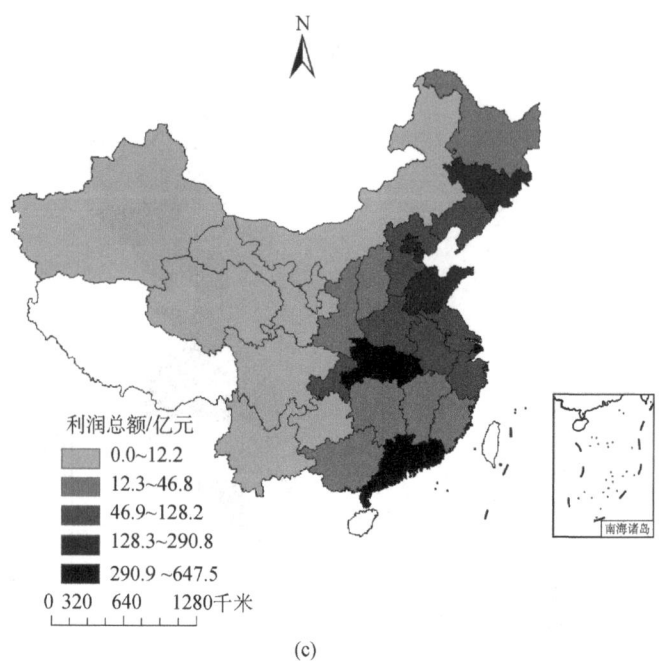

(c)

图 5-11 2012 年中国汽车产业空间分布（续）

资料来源：根据《中国汽车工业统计年鉴 2013》相关数据绘制

图中空白处西藏自治区、海南省是缺少数据的区域

地理集中度[①]除 2008 年是 0.639、0.633 以外，其他年份均在 0.70～0.75。1996～2008 年，全国汽车产业地理集中度逐步下降，汽车产业在空间上逐渐扩散，各个地区的汽车产业逐步发展；2008～2012 年，全国汽车产业地理集中度逐渐上升，汽车产业在空间上逐渐集聚，汽车产业更趋于专业化。1996 年，上海、吉林、重庆、江苏、湖北是中国汽车产业主要分布区，天津、山东、北京是相对分布区。2012 年，中国汽车产业主要分布在上海、吉林、广东，其次，在山东、北京、湖北、天津、江苏、浙江、重庆也有一定的分布。期间上海占全国工业总产值比重、占全国工业增加值比重先下降后上升，整体上略有下降，但上海仍然是全国汽车产业分布的重心地区，吉林、湖北汽车产业占全国工业总产值比重、占全国工业增加值比重先升高后下降，整体上大体不变，山东、广东、北京汽车产业占全国工业总产值比重、占全国工业增加值比重逐渐上升，在全国汽车产业中的地位逐步提高，重庆、江苏汽车产业占全国工业总产值比重、占全国工业增加值比重逐渐下降，在全国汽车产业中的重要性逐步减弱，

---

① 地理集中度：$CR_n = \sum_{i=1}^{n} X_i / \sum_{i=1}^{N} X_i$，地理集中度（$CR_n$）表示在一定地区前 n 位省份的地理集中度，X_i 表示 X 产业在第 i 个省份的工业总产值或者工业增加值，N 表示有数据的全国省份数。数值越大，说明 X 产业在全国的空间分布越不均匀；反之，则说明 X 产业在全国的空间分布越均匀，文中，n 取值 8，X 产业代表汽车产业

河北、浙江等地区汽车产业占全国工业总产值比重、占全国工业增加值比重大体不变,汽车产业稳步发展,四川汽车产业在 2000 年占工业总产值比重和工业增加值比重分别高达 9.4%、7.8%,其他年份比重均在 3%以下(图 5-12)。

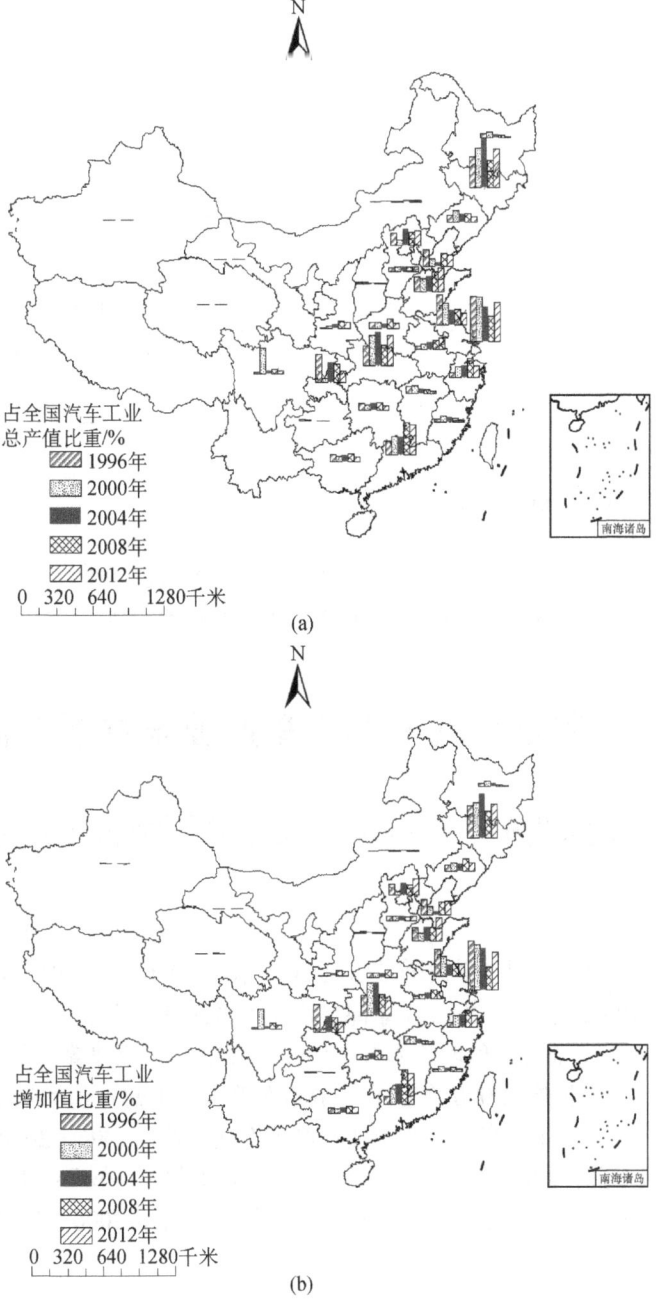

图 5-12 1996~2012 年中国汽车产业空间分布及其变化

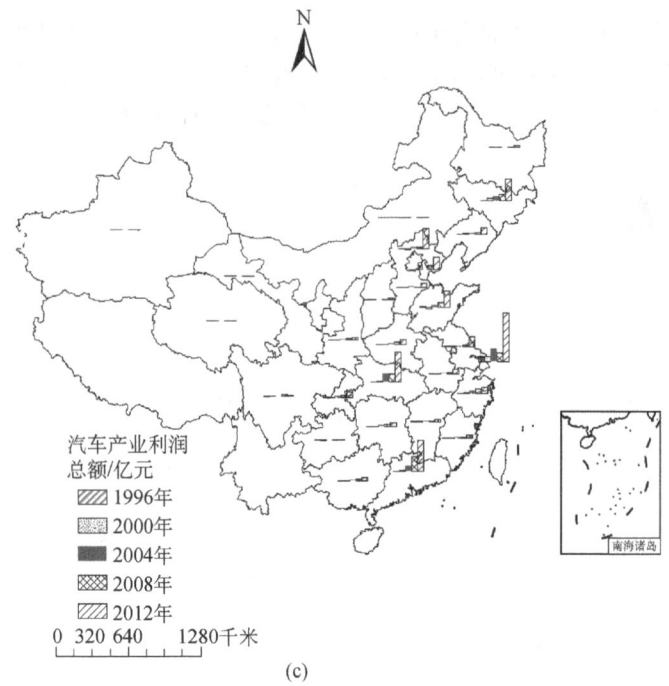

图 5-12　1996~2012 年中国汽车产业空间分布及其变化（续）

资料来源：根据历年《中国汽车工业统计年鉴》相关数据绘制

第二节　京津冀城市群汽车产业发展及空间分布

一、京津冀汽车产业的发展及在全国地位中的变化①

1. 工业总产值

1996~2012 年，京津冀汽车产业工业总产值由 1996 年的 291.2 亿元逐渐增加到 2012 年的 4063.2 亿元，2012 年京津冀汽车产业工业总产值约是 1996 年的 13.9 倍（图 5-13）。从工业总产值增长率看，1996~2012 年，京津冀汽车产业工业总产值增长率先上升后下降，2000 年，京津冀汽车产业工业总产值增长率为-24.8%，相对于 1996 年，京津冀汽车产业工业总产值有所下降，1996~2000 年，京津冀汽车产业发展下降；2004 年、2008 年、2012 年京津冀汽车产业工业总产值分别是 2000 年、2004 年、2008 年的 3.9 倍、2.4 倍、2.0 倍，2000~2012 年，京津冀

---

① 由于本部分数据来源于《中国汽车工业统计年鉴》，只有分省的数据，河北省相关数据包括全部地级市的数据，因此，本部分研究区域为京津冀整个地区

汽车产业迅速发展，其中，2004 年，京津冀汽车产业发展速度最快（图 5-14）。从占全国汽车产业工业总产值比重看，京津冀的变化呈 U 形，2000 年京津冀汽车产业工业总产值有所下降，占全国汽车产业工业总产值比重（6.1%）相对于 1996 年（12.1%）迅速下降了 6 个百分点，平均以每年 1.5 个百分点的速度下降，进而表明，1996~2000 年，京津冀在全国汽车产业中的地位有所下降；2000~2012 年，占全国汽车产业工业总产值比重由 2000 年的 6.1%逐渐上升到 2012 年的 11.4%，约增加了 6 个百分点，期间，2000~2004 年、2004~2008 年京津冀占全国汽车产业工业总产值比重迅速上升，分别上升了 3.1%、2.1%，2008 年（11.1%）和 2012 年（11.4%）京津冀占全国汽车产业比重大体保持一致（图 5-13）。从工业总产值看，1996~2000 年，京津冀在全国汽车产业中的重要性减弱，2000~2012 年，京津冀在全国汽车产业中的比重很快恢复并保持稳定。

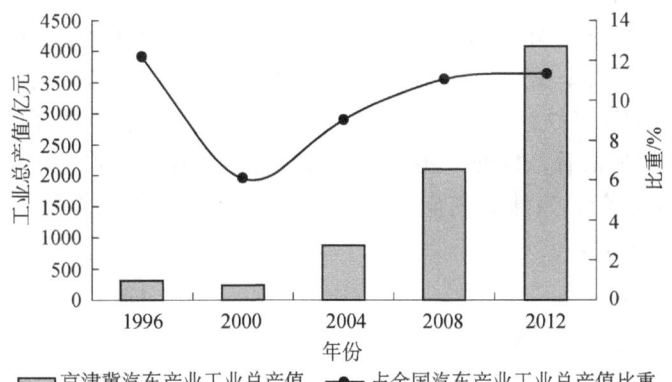

图 5-13　1996~2012 年京津冀汽车产业工业总产值及占全国汽车产业工业总产值比重的变化

资料来源：根据历年《中国汽车工业统计年鉴》相关数据绘制

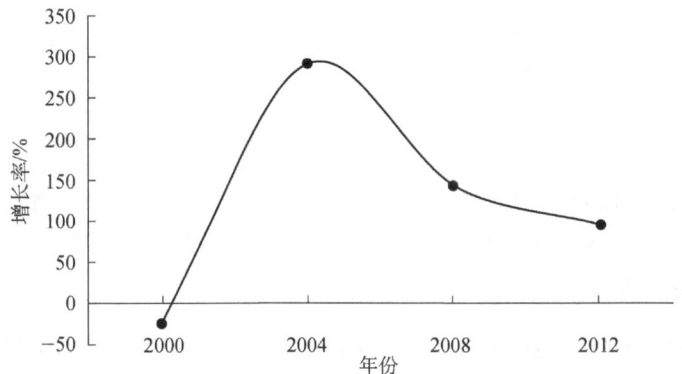

图 5-14　2000~2012 年京津冀汽车产业工业总产值增长率

资料来源：根据历年《中国汽车工业统计年鉴》相关数据绘制

2. 工业增加值

1996~2012年，京津冀汽车产业工业增加值由1996年的68.3亿元增加到2012年的1083.4亿元，2012年京津冀汽车产业工业增加值约是1996年的15.9倍（图5-15）。从工业增加值增长率看，1996~2012年，京津冀汽车产业工业增加值增长率变化先快速上升后略有下降，并保持稳定。2000年京津冀汽车产业工业增加值增长率为-19.1%，1996~2000年，京津冀汽车产业发展下降；2004年、2008年、2012年京津冀汽车产业工业增加值分别是2000年、2004年、2008年的3.1倍、2.5倍、2.5倍，2000~2012年，京津冀汽车产业迅速发展（图5-16）。从占全国汽车产业工业增加值比重看，京津冀占全国汽车产业工业增加值比重变化呈U形，2000年，京津冀占全国汽车产业工业增加值比重（6.4%）比1996年（11.9%）下降了5.5个百分点，平均以每年1.4个百分点的速度下降，1996~2000年，京津冀在全国汽车产业中的地位有所降低；2000~2012年，占全国汽车产业工业增加值比重由2000年的6.4%上升到2012年的13.6%，增加了7.2个百分点，平均每年以0.6个百分点的速度上升（图5-15）。从工业增加值看，1996~2000年，京津冀在全国汽车产业中的比重有所下降，2000~2012年，京津冀在全国汽车产业中的比重很快恢复并有所上升。

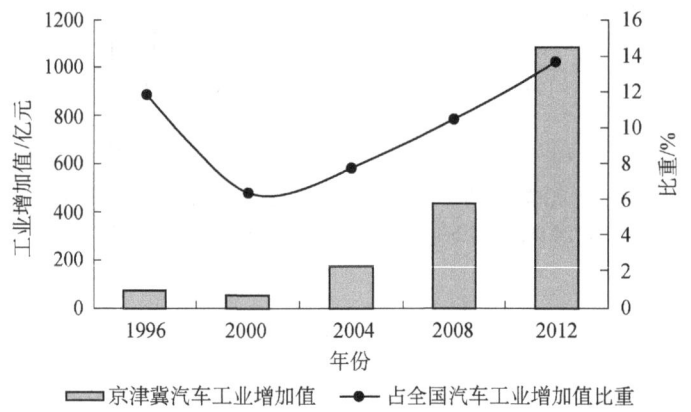

图5-15　1996~2012年京津冀汽车产业工业增加值及占全国汽车产业工业增加值比重的变化
资料来源：根据历年《中国汽车工业统计年鉴》相关数据绘制

3. 利润总额

1996~2012年，京津冀汽车产业利润总额由1996年的10.0亿元逐渐增加到2012年的492.2亿元，2000年，利润总额为-4.6亿元，其他年份均大于零，2012年京津冀汽车产业利润总额约是1996年的49倍（图5-17）。从增长率看，2000~2012年，京津冀汽车产业利润总额增长率变化呈波浪形，2000年京津冀

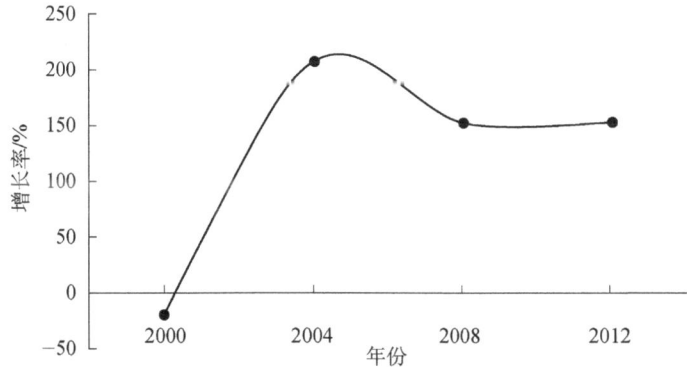

图 5-16　2000~2012 年京津冀汽车产业工业增加值增长率
资料来源：根据历年《中国汽车工业统计年鉴》相关数据绘制

汽车产业利润总额增长率为负数，汽车产业发展减慢；2004 年汽车产业利润总额是 2000 年汽车产业利润总额绝对值的 10.3 倍，2008 年、2012 年京津冀汽车产业利润总额分别是 2004 年、2008 年的 1.9 倍、5.4 倍，2004~2012 年，京津冀汽车产业迅速发展（图 5-18）。

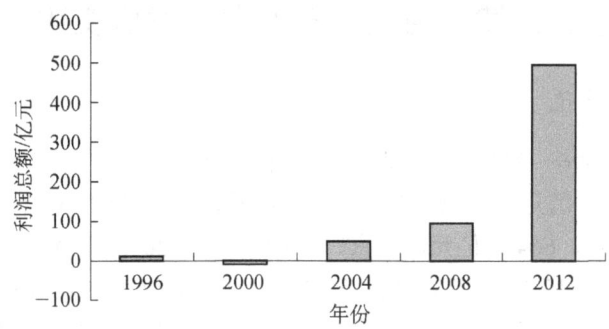

图 5-17　1996~2012 年京津冀汽车产业利润总额
资料来源：根据历年《中国汽车工业统计年鉴》相关数据绘制

因此，从工业总产值、工业增加值看，1996~2012 年，京津冀汽车产业的发展及其在全国地位中的变化大体可以分为两个阶段：第一阶段是 1996~2000 年，2000 年京津冀汽车产业工业总产值、工业增加值增长率均小于零，2000 年相对于 1996 年，京津冀汽车产业发展比较缓慢，这一时期，京津冀占全国汽车产业工业总产值、增加值比重有所降低，分别由 1996 年的 12.1%、11.9%降低到 2000 年的 6.1%、6.4%，京津冀在全国汽车产业中的地位有所下降；第二阶段是 2000~2012 年，工业总产值、工业增加值增长率均是先上升后下降，2004 年达到高峰值，相对于 1996~2000 年，2000~2012 年京津冀汽车产业发展速度有所上升，京津冀汽车产业有一定的发展，这一时期，京津冀占全国汽车产业

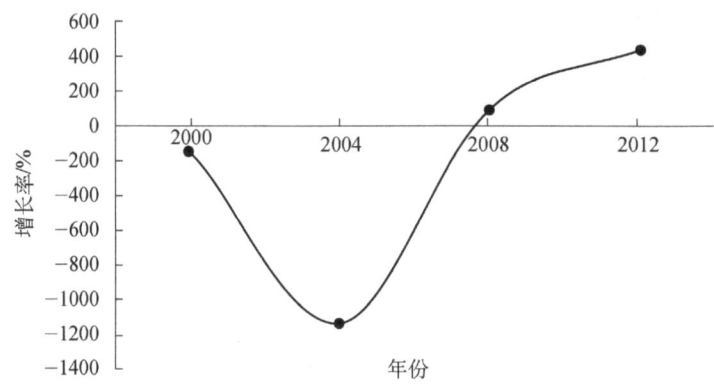

图 5-18 2000~2012 年京津冀汽车产业利润总额增长率
资料来源：根据历年《中国汽车工业统计年鉴》相关数据绘制

工业总产值、工业增加值比重逐渐上升，但与 1996 年相比，占全国汽车产业工业总产值比重有所下降，占全国汽车产业工业增加值比重略有上升，在全国汽车产业中的重要性逐渐增强。

二、北京、天津、河北汽车产业的发展变化[①]

1. 工业总产值

整体上，1996~2012 年，北京、天津、河北汽车产业工业总产值分别由 1996 年的 110.3 亿元、142.6 亿元、38.3 亿元逐渐上升到 2012 年的 1917.1 亿元、1481.2 亿元、664.9 亿元，北京、天津、河北 2012 年汽车产业工业总产值分别是 1996 年的 17.4 倍、10.4 倍、17.4 倍。北京、天津、河北占京津冀汽车产业工业总产值比重由 1996 年的"天津（49.0%）最大、北京（37.9%）次之、河北（13.2%）最小"转变为 2004 年的"北京（63.9%）最大、河北（21.3%）次之、天津（14.8%）最小"，至 2012 年，这种格局逐渐转变为"北京（47.2%）最大、天津（36.5%）次之、河北（16.4%）最小"。

1996~2012 年，北京汽车产业工业总产值先由 1996 年的 110.3 亿元，下降到 2000 年的 69.5 亿元，然后又逐渐上升到 2012 年的 1917.1 亿元；北京占京津冀汽车产业工业总产值比重变化呈 W 形，先由 1996 年的 37.9%下降到 2000 年的 31.7%，然后迅速升高到 2004 年的 63.9%，随后又降到 2008 年的 41.7%，2012 年又略有升高，为 47.2%。天津汽车产业工业总产值先由 1996 年的 142.6 亿元下降到 2000 年的 90.4 亿元，然后又逐渐上升到 2012 年的 1481.2 亿元；占

---

① 由于本部分数据来源于《中国汽车工业统计年鉴》，只有分省的数据，河北省相关数据包括全部地级市的数据，因此，本部分研究区域为京津冀整个地区

京津冀汽车产业工业总产值比重变化呈 V 形，先由 1996 年的 49.0%下降到 2004 年的 14.8%，后逐渐升高到 2012 年的 36.5%，但相对于 1996 年，其比重下降了 12.5 个百分点。河北汽车产业工业总产值由 1996 年的 38.3 亿元逐渐增加到 2012 年的 664.9 亿元；占京津冀汽车产业工业总产值比重变化呈倒 U 形，先由 1996 年的 13.2%上升到 2000 年的 27.0%，然后又逐渐下降到 2012 年的 16.4%，但其比重相对于 1996 年略有升高。从工业总产值看，1996~2012 年，北京在京津冀汽车产业中的地位先上升后下降，整体上呈上升趋势，1996 年、2000 年、2008 年，在京津冀中的地位高于河北、低于天津，2004 年、2012 年在京津冀汽车产业中的地位高于天津、河北；天津在京津冀汽车产业中的地位先下降后上升，整体上呈下降趋势，1996 年、2000 年、2008 年在京津冀汽车产业中的地位高于北京、河北，2004 年在京津冀汽车产业中的地位低于北京、河北，2012 年在京津冀汽车产业中的地位高于河北、低于北京；河北在京津冀汽车产业中的地位先上升后逐渐下降，在京津冀汽车产业中的地位最低。1996~2012 年，北京、天津汽车产业的发展与河北之间的差距先减小后逐渐增大，其中，1996 年，北京、天津汽车产业工业总产值分别是河北的 2.9 倍、3.7 倍；2000 年，河北在京津冀中的地位有所上升，北京、天津汽车产业工业总产值分别是河北的 1.2 倍、1.5 倍；2004 年，北京在京津冀汽车产业中的重要性增强，其工业总产值分别是天津、河北的 4.3 倍、3.0 倍，是天津、河北之和的 1.7 倍；2008 年，北京、天津在京津冀汽车产业中的地位大体相当，北京、天津汽车产业工业总产值分别是河北的 2.6 倍、2.7 倍；2012 年，北京、天津汽车产业工业总产值分别是河北的 2.9 倍、2.2 倍。整体上，京津冀汽车产业分布格局由 1996 年的"天津（49.0%）-北京（37.9%）-河北（13.2%）"逐步转变为 2012 年的"北京（47.2%）-天津（36.5%）-河北（16.4%）"（图 5-19）。

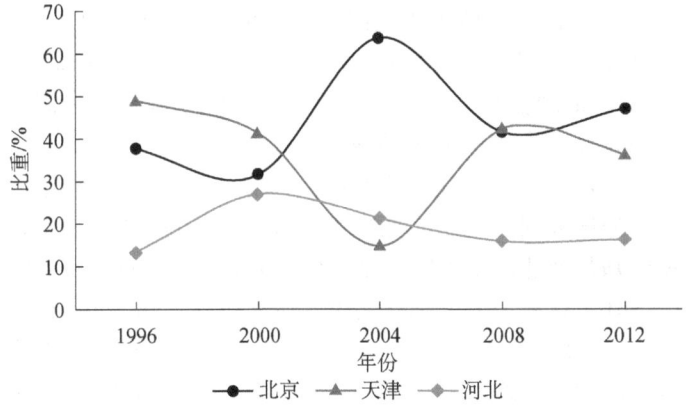

图 5-19　1996~2012 年北京、天津、河北占京津冀汽车产业工业总产值比重及其变化
资料来源：根据历年《中国汽车工业统计年鉴》相关数据绘制

2. 工业增加值

整体上，1996~2012 年，北京、天津、河北汽车产业工业增加值分别由 1996 年的 23.5 亿元、34.2 亿元、10.6 亿元逐渐上升到 2012 年的 506.6 亿元、422.3 亿元、154.6 亿元。北京、天津、河北占京津冀汽车产业工业增加值比重由 1996 年的"天津（50.0%）最大、北京（34.5%）次之、河北（15.5%）最小"转变为 2004 年的"北京（56.6%）最大、河北（26.1%）次之、天津（17.3%）最小"，至 2012 年，这种格局逐渐转变为"北京（46.8%）最大、天津（39.0%）次之、河北（14.3%）最小"。

1996~2012 年，北京汽车产业工业增加值先由 1996 年的 23.5 亿元下降到 2000 年的 10.7 亿元，然后又逐渐上升到 2012 年的 506.6 亿元；占京津冀汽车产业工业增加值比重变化呈 W 形，先由 1996 年的 34.5%下降到 2000 年的 19.4%，然后迅速升高到 2004 年的 56.6%，随后又降到 2008 年的 36.2%，2012 年又略有升高，为 46.8%。天津汽车产业工业增加值先由 1996 年的 34.2 亿元下降到 2000 年的 28.1 亿元，然后又逐渐上升到 2012 年的 422.3 亿元；占京津冀汽车产业工业增加值比重先由 1996 年的 50.0%下降到 2004 年的 17.3%，后逐渐升高到 2008 年的 48.4%，2012 年又略有下降。河北汽车产业工业增加值由 1996 年的 10.6 亿元逐渐增加到 2012 年的 154.6 亿元；占京津冀汽车产业工业增加值比重变化呈倒 U 形，先由 1996 年的 15.5%上升到 2000 年的 29.7%，然后又逐渐下降到 2012 年的 14.3%，其比重相对于 1996 年略有下降。从工业增加值看，1996~2012 年，北京在京津冀汽车产业中的地位变化呈不规则的 W 形，1996 年、2008 年，在京津冀汽车产业中的地位高于河北、低于天津；2000 年，在京津冀中的地位最低，2004 年、2012 年，在京津冀中的地位最高。天津在京津冀汽车产业中的地位先大体不变后有所下降，然后又有波动变化，1996 年、2000 年、2008 年在京津冀汽车产业中的地位最高；2004 年最低；2012 年，其地位高于河北、低于北京。河北在京津冀汽车产业中的地位先升高后逐渐下降，除 2000 年在京津冀中的地位高于北京、低于天津，2004 年高于天津、低于北京以外，其他年份在京津冀汽车产业中的地位均最低。1996~2012 年，北京、天津汽车产业的发展与河北之间的差距先减小后增大，其中，1996 年，北京、天津汽车产业工业增加值分别是河北的 2.2 倍、3.2 倍；2000 年，北京、天津汽车产业工业增加值分别是河北的 0.7 倍、1.7 倍；2004 年，北京在京津冀汽车产业中的重要性增强，其工业增加值分别是天津、河北的 3.2 倍、2.2 倍，是天津、河北之和的 1.3 倍；2008 年，北京、天津在京津冀汽车产业中的地位大体相当，北京、天津汽车产业工业增加值分别是河北的 2.4 倍、3.1 倍；2012 年，北京、天津汽车产业工业增加值分别是河北的 3.2 倍、2.7 倍。整体上，京津冀汽车产业分布格局由 1996 年的"天津（50.0%）-北京（34.5%）-河北（15.5%）"逐步转变到2012年的"北京（46.8%）-天津（39.0%）-河北（14.3%）"（图5-20）。

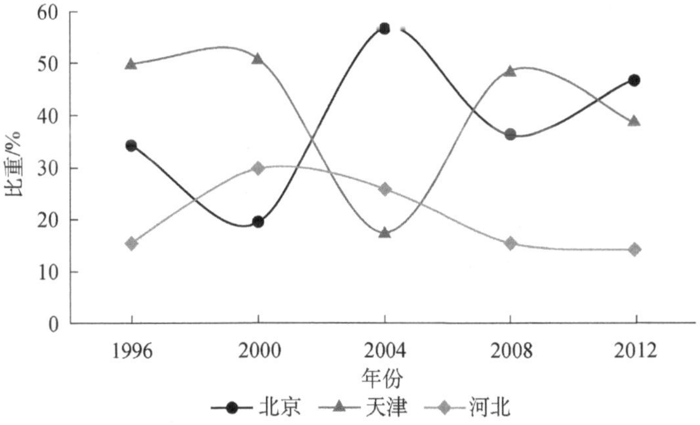

图 5-20　1996～2012 年北京、天津、河北占京津冀汽车产业工业增加值比重及其变化
资料来源：根据历年《中国汽车工业统计年鉴》相关数据绘制

因此，从工业总产值、工业增加值看，1996～2012 年，北京、天津、河北在京津冀汽车产业中的重要性由 1996 年的"天津（49.0%、50.0%）-北京（37.9%、34.5%）-河北（13.2%、15.5%）"逐步转变为 2012 年的"北京（47.2%、46.8%）-天津（36.5%、39.0%）-河北（16.4%、14.3%）"。其中，北京在京津冀汽车产业中的地位变化大体呈 W 形，2000 年占京津冀汽车产业工业总产值比重、占京津冀汽车产业工业增加值比重达到最低点，分别为 31.7%、19.4%，2004 年占京津冀汽车产业工业总产值比重、占京津冀汽车产业工业增加值比重达到最高点，分别为 63.9%、56.6%；天津在京津冀汽车产业中的地位变化大体呈 V 形，1996 年，占京津冀汽车产业工业总产值比重、占京津冀汽车产业工业增加值比重达到最高值，分别为 49.0%、50.0%，2004 年，占京津冀汽车产业工业总产值比重、占京津冀汽车产业工业增加值比重达到最低值，分别为 14.8%、17.3%；河北在京津冀汽车产业中的地位变化大体呈倒 U 形，1996 年，占京津冀汽车产业工业总产值比重、占京津冀汽车产业工业增加值比重达到最低点，分别为 13.2%、15.5%，2000 年，占京津冀汽车产业工业总产值比重、占京津冀汽车产业工业增加值比重达到最高点，分别为 27.0%、29.7%。

三、京津冀城市群汽车产业专业化行业及其变化

根据 2002 年我国国民经济行业分类标准，汽车产业共分为汽车整车制造业、改装汽车制造业、汽车车身、挂车制造业、汽车零部件及配件制造业、汽车修理业及电车制造业 6 个行业。2005 年，仅北京和天津有电车制造业，2009

年，仅天津有电车制造业，因此，关于电车制造业只对 2005 年北京和天津、2009 年天津地区进行分析。

整体上，2001 年，京津冀城市群主要以汽车零部件及配件制造业（就业人数、工业总产值占京津冀汽车产业比重分别为 42.6%、33.7%）、汽车整车制造业（32.3%、41.0%）为主；2005 年，在京津冀汽车行业中，汽车零部件及配件制造业（52.1%、33.8%）、汽车整车制造业（30.9%、59.7%）仍然占据重要地位；2009 年，汽车零部件及配件制造业（60.9%、39.8%）在京津冀汽车产业中的比重明显提高，汽车整车制造业（28.7%、56.4%）所占的比重有所下降（图5-21、图 5-22）。

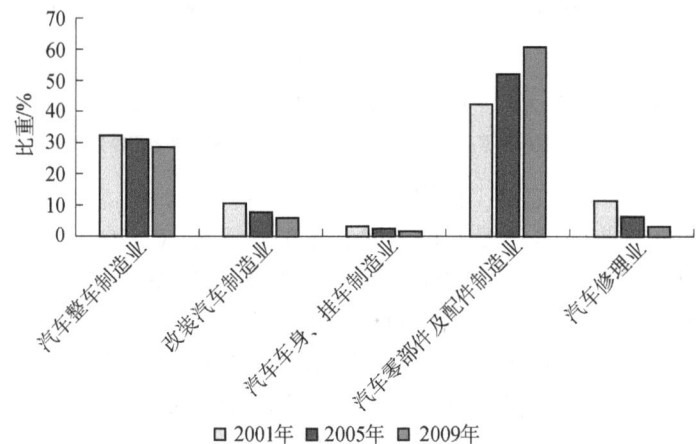

图 5-21　2001 年、2005 年、2009 年京津冀城市群汽车行业就业人数比重及其变化
资料来源：中国工业企业数据库（2001 年、2005 年、2009 年）

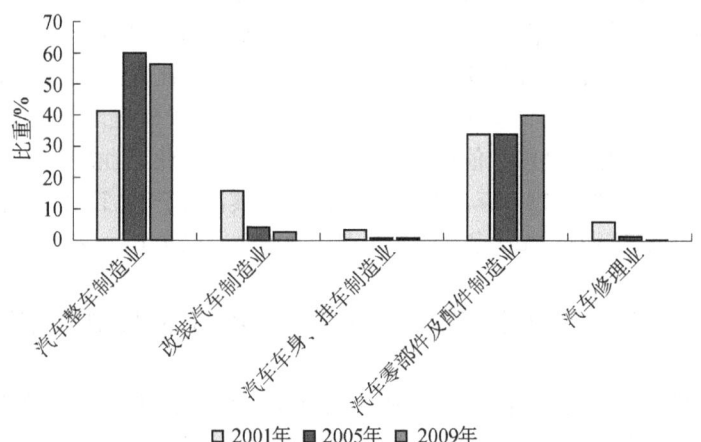

图 5-22　2001 年、2005 年、2009 年京津冀城市群汽车行业工业总产值比重及其变化
资料来源：中国工业企业数据库（2001 年、2005 年、2009 年）

1. 北京

2001 年，北京汽车整车制造业（就业人数、工业总产值占北京汽车产业比重分别为 35.1%、53.6%）、汽车零部件及配件制造业（33.7%、17.7%）在北京汽车行业中占有主导地位；2005 年，汽车整车制造业（42.4%、64.0%）、汽车零部件及配件制造业（37.7%、31.2%）所占比重均呈上升趋势；2009 年，汽车整车制造业（42.8%、67.0%）、汽车零部件及配件制造业（44.8%、30.8%）在北京汽车行业中仍然占有重要地位（图 5-23～图 5-25）。2001 年，北京市汽车产业专业化行业为汽车修理业、改装汽车制造业、汽车整车制造业，其中，汽车修理行业（就业人数区位商为 1.4、工业总产值区位商为 1.6）专业化程度最高；2005年、2009 年，改装汽车制造业不再是专业化行业，汽车修理业、汽车整车制造业仍然是专业化行业，其中，2005 年汽车修理业（1.9、1.6）和 2009 年汽车修理业（2.2、1.6）专业化水平较高。从就业人数看，2001～2009 年，汽车整车制造业、汽车修理业专业化水平提高，其中，提高幅度较大的是汽车修理业，区位商增加0.8，改装汽车制造业，汽车车身、挂车制造业专业化水平呈下降趋势，改装汽车制造业下降幅度较大，区位商减小 0.3；从工业总产值看，除汽车零部件及配件制造业专业化水平上升以外，其他行业专业化水平均呈下降趋势，其中，汽车车身、挂车制造业下降幅度最大，区位商由 1.5 下降到 0.2（表 5-1～表 5-3）。

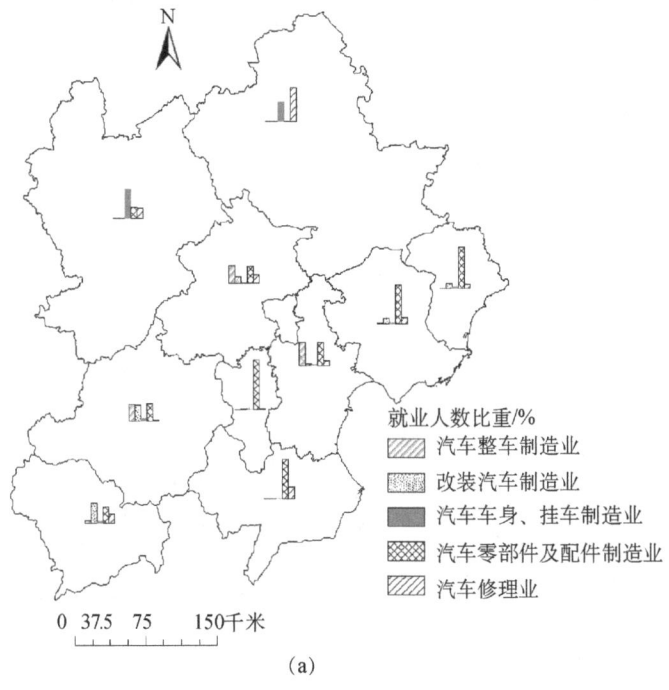

图 5-23　2001 年京津冀城市群各汽车行业分布状况

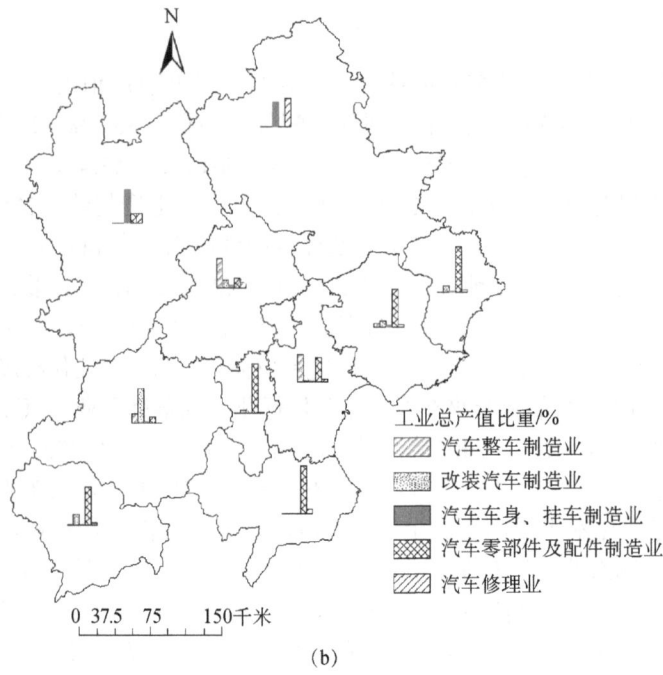

(b)

图 5-23　2001 年京津冀城市群各汽车行业分布状况（续）

资料来源：中国工业企业数据库（2001 年）

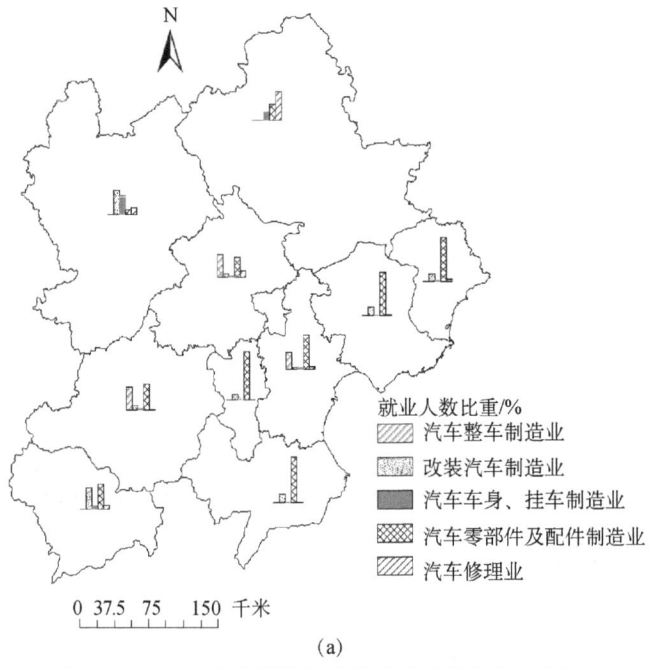

(a)

图 5-24　2005 年京津冀城市群各汽车行业分布状况

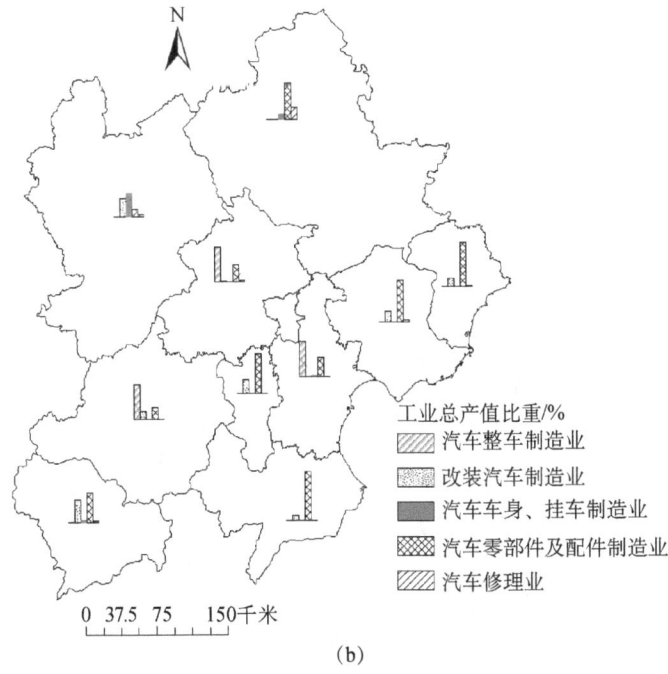

(b)

图 5-24 2005 年京津冀城市群各汽车行业分布状况（续）

资料来源：中国工业企业数据库（2005 年）

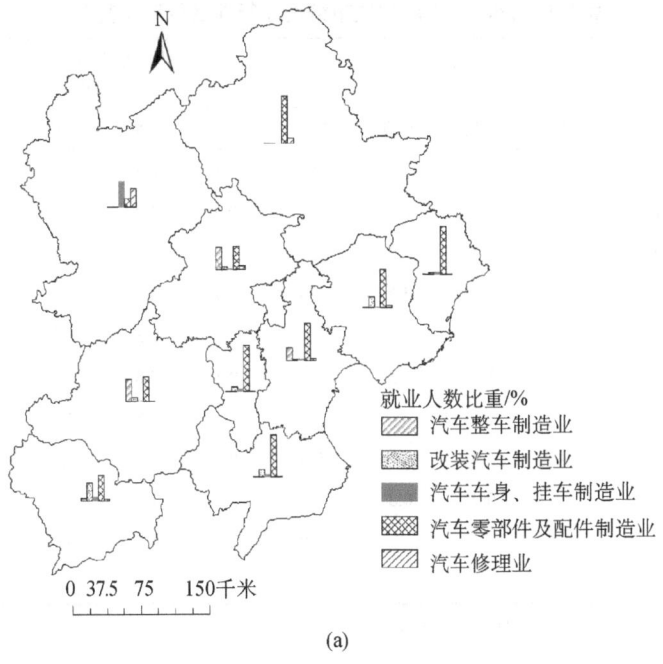

(a)

图 5-25 2009 年京津冀城市群汽车行业分布状况

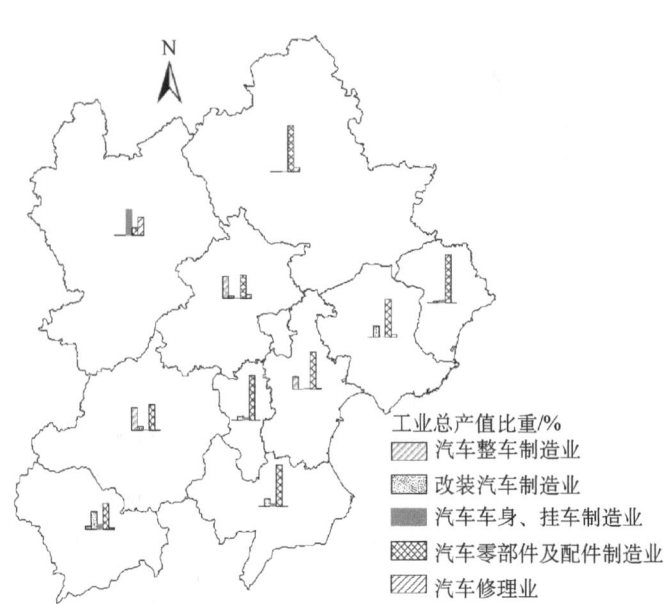

(b)

图 5-25　2009 年京津冀城市群汽车行业分布状况（续）

资料来源：中国工业企业数据库（2009 年）

表 5-1　2001 年京津冀城市群汽车行业区位商及其变化

地区	汽车整车		改装汽车		汽车车身、挂车		汽车零部件及配件		汽车修理	
	人数	产值	人数	产值	人数	产值	人数	产值	人数	产值
北京	1.1	1.3	1.2	0.9	0.5	1.5	0.8	0.5	1.4	1.6
天津	1.4	1.2	0.2	0.1	0.3	0.3	1.0	1.3	0.7	0.7
河北	0.4	0.2	1.7	2.3	2.6	1.0	1.2	1.4	0.8	0.4
保定	1.0	0.4	2.9	4.2	1.3	0.9	0.8	0.4	0.1	0.0
廊坊			0.2	0.4			2.3	2.7	0.1	0.2
石家庄	0.1	0.0	3.9	1.3	1.3	0.5	0.8	2.1	1.7	0.7
沧州							1.8	2.7	2.0	1.5
秦皇岛			1.0	0.7	0.9	0.4	1.9	2.5	0.6	0.6
唐山	0.0	0.2	0.9	0.8	0.5	0.9	1.8	2.1	1.0	0.7
张家口					17.9	17.3	0.5	0.6	1.8	3.1
承德					11.0	12.7			5.6	9.0

资料来源：中国工业企业数据库（2001 年）

注：人数指"就业人数"；产值指"工业总产值"

表 5-2 2005 年京津冀城市群汽车行业区位商及其变化

地区	汽车整车		改装汽车		汽车车身、挂车		汽车零部件及配件		汽车修理		电车制造	
	人数	产值	人数	产值	人数	产值	人数	产值	人数	产值	人数	产值
北京	1.4	1.1	0.8	0.5	0.7	0.4	0.7	0.9	1.9	1.6	0.5	0.5
天津	1.0	1.1	0.3	0.1	0.7	1.5	1.2	1.0	0.5	0.3	2.6	2.3
河北	0.5	0.6	2.1	4.3	1.7	1.9	1.2	1.2	0.4	0.5		
保定	1.4	1.1	1.0	3.2	0.6	0.6	0.9	0.6	0.0	0.0		
廊坊			1.3	6.2			1.7	2.2				
石家庄			5.1	9.3	2.7	6.8	0.9	1.6	1.1	1.5		
沧州			1.9	2.1			1.6	2.7		0.1		
秦皇岛			1.7	3.6	0.6	1.2	1.6	2.4	0.6	1.6		
唐山			2.1	4.6			1.6	2.3	0.4	2.5		
张家口			5.8	8.1	15.5	78.6	0.1	0.4	1.9	3.6		
承德					7.5	16.8	0.6	2.0	8.2	16.0		

资料来源：中国工业企业数据库（2005 年）

注：人数指"就业人数"；产值指"工业总产值"

表 5-3 2009 年京津冀城市群汽车行业区位商及其变化

地区	汽车整车		改装汽车		汽车车身、挂车		汽车零部件及配件		汽车修理		电车制造	
	人数	产值	人数	产值	人数	产值	人数	产值	人数	产值	人数	产值
北京	1.5	1.2	0.9	0.5	0.4	0.2	0.7	0.8	2.2	1.6		
天津	0.9	0.9	0.1	0.1	0.8	0.5	1.2	1.2	0.5	0.3	3.0	2.8
河北	0.7	0.7	2.0	4.0	1.7	3.9	1.1	1.2	0.4	0.8		
保定	1.5	1.2	1.3	2.3			0.8	0.7				
廊坊			1.4	4.1	2.7	12.1	1.4	2.0				
石家庄	0.2	0.0	6.1	14.5	5.0	23.8	1.1	1.8	0.9	1.8		
沧州			2.6	4.8	2.7	4.9	1.3	2.1	0.2	2.7		
秦皇岛			0.5	1.3	2.6	5.7	1.5	2.3				
唐山			3.7	10.0			1.2	1.8	1.6	6.0		
张家口					30.8	63.0	0.2	0.7	11.6	46.6		
承德							1.5	2.4	3.1	9.0		

资料来源：中国工业企业数据库（2009 年）

注：人数指"就业人数"；产值指"工业总产值"

2. 天津

2001 年，汽车整车制造业（就业人数、工业总产值占天津汽车产业比重分别为 45.1%、50.1%）、汽车零部件及配件制造业（44.2%、43.9%）在天津汽车产业中占有重要的地位，二者几乎垄断了天津汽车产业；2005 年，天津汽车整车制造业（30.4%、64.3%）、汽车零部件及配件制造业（62.5%、31.2%）在汽车产业中仍然占有主导地位；2009 年，汽车零部件及配件制造业（71.9%、47.9%）、汽车整车制造业（24.5%、51.3%）在天津汽车产业中的垄断作用进一步加强（图 5-23～图 5-25）。从区位商看，2001 年，天津汽车专业化产业为汽车整车制造业、汽车零部件及配件制造业，其各项指标区位商在 1.0～1.5；2005 年，天津专业化行业为汽车整车制造业、汽车零部件及配件制造业、电车制造业，从工业总产值看，汽车车身、挂车制造业也是天津汽车专业化行业，其中，电车制造业（2.6、2.3）的专业化水平最高；2009 年，汽车整车制造业不再是专业化行业，汽车零部件及配件制造业仍然是天津汽车专业化行业，电车制造业（3.0、2.8）专业化水平有所提高并保持最高水平。2001～2009 年，从就业人数看，天津专业化水平提高的汽车行业为汽车车身、挂车制造业、汽车零部件及配件制造业、电车制造业，其中，汽车车身、挂车制造业上升幅度最大，区位商增加 0.5，其他三个行业的专业化水平均呈下降趋势，汽车整车制造业专业化水平下降 0.5，下降幅度比较大；从工业总产值看，在天津汽车行业中，专业化水平提高的行业为汽车车身、挂车制造业及电车制造业，其中，电车制造业上升幅度较大，区位商由 2.3 提高到 2.8，其他四个行业专业化水平均呈下降趋势，其中，汽车修理业专业化水平下降幅度较大，区位商降低了 0.4（表 5-1～表 5-3）。

3. 河北[①]

整体上，2001 年，河北汽车零部件及配件制造业（就业人数、工业总产值占河北汽车产业比重为 52.9%、47.5%）、改装汽车制造业（17.7%、36.9%）在汽车行业中占有重要地位；2005 年，汽车零部件及配件制造业（60.8%、41.8%）、汽车整车制造业（16.4%、37.7%）、改装汽车制造业（16.3%、18.6%）在河北汽车行业中占有重要地位；2009 年，河北汽车零部件及配件制造业（64.4%、46.0%）、汽车整车制造业（20.5%、40.5%）垄断性进一步加强，改装汽车制造业（11.1%、10.1%）所占比重有所下降。2001 年、2005 年、2009 年，河北汽车专业化行业一直为改装汽车制造业、汽车车身、挂车制造业、汽

---

① 此处河北指的是列入京津冀城市群范围内的河北省的 8 个地级市

车零部件及配件制造业，其指标区位商均在 1.0～4.3。2001～2009 年，从就业人数看，专业化水平提高汽车行业为改装汽车制造业、汽车整车制造业，两个行业的区位商均提高 0.3，其他三个行业呈下降的趋势，其中，汽车车身、挂车制造业区位商由 2.6 下降了 1.7，下降幅度较大；从工业总产值看，除汽车零部件及配件制造业区位商由 1.4 下降到 1.2 以外，其他行业专业化水平均呈上升的趋势，其中，汽车车身、挂车制造业专业化水平提高的幅度最大，区位商增加了 2.9（表 5-1～表 5-3）。

2001 年，保定(占河北汽车产业就业人数、工业总产值比重分别为 35.1%、47.1%)、廊坊（15.5%、16.2%）、唐山（14.2%、13.3%）、石家庄（11.2%、9.4%）在河北汽车产业中占有重要地位，三者所占比重之和分别为 76.0%、86.0。从就业人数看，张家口（9.3%）、秦皇岛（7.8%）、沧州（5.1%）所占比重在 5%～10%，其他城市所占比重均在 5%以下；但从工业总产值看，所占比重在 5%～10%的仅有秦皇岛（8.9%）。2005 年，保定(38.4%、58.8%)、廊坊（17.4%、11.9%）、石家庄（12.4%、10.8%）占河北汽车产业就业人数比重位居前三列，三者汽车产业就业人数、工业总产值所占比重之和分别高达 68.2%、81.5。从就业人数看，分布在唐山（10.4%）、秦皇岛（8.9%）、张家口（6.6%）；从工业总产值看，分布在秦皇岛（7.3%）、唐山（5.9%）。2009 年，河北汽车产业主要分布在保定（45.4%、61.8%）、廊坊（15.9%、12.6%），两者所占比重分别达到 61.3%、74.4%。从就业人数看，秦皇岛（9.5%）、沧州（9.1%）、石家庄（8.9%）、唐山（8.5%）也有一定的分布；从工业总产值看，沧州（7.7%）、石家庄（6.9%）、唐山（6.0%）是河北汽车产业的主要分布区。2001～2009 年，河北省汽车产业形成了以保定、廊坊为主要分布区，石家庄、秦皇岛、唐山为次要分布区的分布格局。

1）保定

2001 年，河北保定改装汽车制造业（就业人数、工业总产值占保定汽车产业比重分别为 30.3%、66.5%）在汽车行业中所占比重最大，其次是汽车整车制造业（31.2%、18.0%）；2005 年，改装汽车制造业（8.0%、13.8%）比重大幅度下降，汽车整车制造业（42.6%、64.1%）、汽车零部件及配件制造业（47.9%、21.7%）迅速上升，并占据主导地位；2009 年，汽车整车制造业（44.1%、65.4%）、汽车零部件及配件制造业（48.6%、28.6%）所占比重较大（图 5-23～图 5-25）。从就业人数看，2001 年，保定专业化行业为改装汽车制造业，汽车车身、挂车制造业，汽车整车制造业，改装汽车制造业专业化程度较高，其区位商为 2.9；但从工业总产值看，其汽车专业化行业仅有改装汽车制造业且专业化水平很高，区位商为 4.2。2005 年、2009 年，专业化行业变为汽车整车制造业、改装汽车制造业，汽车整车制造专业化程度较高。2001～2009 年，保定专业化水平提高的行业为汽车整车制造业，从就业人数、工业总产值两方面看，区位商分别增加 0.5、0.8；专业化水平下降幅度比较明显的行业为改装汽车制造业，其区位商分别下降 1.6、1.9，汽车车身、挂车制造业专业化水平也呈下降趋势（表 5-1～表 5-3）。

2）石家庄

2001 年、2005 年、2009 年，石家庄改装汽车制造业、汽车零部件及配件制造业在汽车行业中一直保持主导地位，除 2001 年，改装汽车制造业工业总产值占石家庄汽车行业比重为 20.4%以外，其他年份比重均在 35%以上（图 5-23～图 5-25）。从就业人数看，2001 年，石家庄专业化行业为改装汽车制造业、汽车修理业，其中，改装汽车制造业专业化水平较高，区位商为 3.9；2005 年，专业化行业变为改装汽车制造业，汽车车身、挂车制造业，汽车修理业，改装汽车制造业的专业化水平很高，区位商为 5.1；2009 年，汽车修理业不再是专业化行业，改装汽车制造业的专业化水平仍然最大，其区位商增加到 6.1；2001～2009 年，石家庄专业化水平提高的行业为改装汽车制造业及汽车车身、挂车制造业和汽车整车制造业，其中，汽车车身、挂车制造业专业化水平上升幅度较大，区位商增加 3.7，其他行业专业化水平均呈下降趋势，下降幅度比较明显的行业为汽车修理业，区位商下降 0.8。从工业总产值看，2001 年，石家庄汽车专业化行业为改装汽车制造业、汽车零部件及配件制造业，其中，汽车零部件及配件制造业专业化水平较高，其区位商为 2.1，2005 年、2009 年，新增了汽车车身、挂车制造业及汽车修理业，2005 年，改装汽车制造业专业化水平较高，其区位商为 9.3；2009 年，专业化水平较高的行业为汽车车身、挂车制造业，其区位商高达 23.8；2001～2009 年，石家庄专业化水平上升的行业为改装汽车制造业，汽车车身、挂车制造业，以及汽车修理业，其中，专业化水平提高比较明显的行业为汽车车身、挂车制造业，区位商由 0.5 增加到 23.8，其他行业专业化水平均呈下降趋势，汽车零部件及配件制造业由 2.1 下降到 1.1，下降幅度比较明显（表 5-1～表 5-3）。

3）秦皇岛

2001 年、2005 年、2009 年，汽车零部件及配件制造业在秦皇岛汽车产业所占比重一直保持最大，其就业人数、工业总产值占秦皇岛汽车行业的比重均在 79%以上，几乎垄断了秦皇岛的汽车产业，2001～2009 年，其比重呈上升趋势，就业人数、工业总产值比重分别由 79.5%、84.4%上升到 92.8%、92.3%（图 5-23～图 5-25）。从就业人数看，2001 年，秦皇岛专业化行业为改装汽车制造业、汽车零部件及配件制造业，其中，汽车零部件及配件制造业专业化水平较高，区位商为 1.9；2005 年，专业化行业仍然为汽车零部件及配件制造业、改装汽车制造业，其中，改装汽车制造业的专业化水平较高；2009 年，新增了汽车车身、挂车制造业，且其专业化水平较高，改装汽车制造业已不再是专业化行业，汽车零部件及配件制造业仍然是专业化行业。2001～2009 年，秦皇岛专业化水平提高的行业为汽车车身、挂车制造业，区位商由 0.9 增加到 2.6，其他行业专业化水平均呈下降趋势，下降幅度比较明显的行业为改装汽车制造业，区位商下降 0.5。从工业总产值看，2001 年，秦皇岛汽车专业化行业为汽车零部件及配件制造业，区位商为 2.5；2005 年、2009 年，新增了改装汽车制造业，汽车车身、挂车制造业，汽车修理业，其中，2005 年，改装汽车制造业专业化水平最高，区位商为 3.6，2009 年，专业化水平比较高的汽车行业为汽车车身、挂车制造业，区位商高达 5.7。2001～2009 年，专业化水平提高的汽车行业为汽车车身、挂车制造业，其中，汽车车身、挂车制造业区位商由 0.4 增加到 5.7，专业化水平下降的汽车行业为汽车零部件及配件制造业，但降低幅度较小，仅降低 0.2（表 5-1～表 5-3）。

4）唐山

2001 年、2005 年、2009 年，汽车零部件及配件制造业在唐山汽车行业所占比重一直保持最大，其就业人数、工业总产值占唐山汽车行业比重均在 70%以上，尤其是 2005 年，汽车零部件及配件制造业占唐山汽车行业就业人数、工业总产值比重分别高达 81.3%、76.3%（图 5-23～图 5-25）。从就业人数看，2001年，唐山专业化行业为汽车零部件及配件制造业、汽车修理业，其中，汽车零部件及配件制造业专业化水平较高，区位商为 1.8；2005 年，汽车修理业不再是专业化行业，其专业化行业变为改装汽车制造业、汽车零部件及配件制造业，改装汽车制造业的专业化水平最高，区位商为 2.1；2009 年，专业化行业为改装汽车制造业、汽车零部件及配件制造业、汽车修理业，改装汽车制造业的专业化水平最高，区位商为 3.7。从工业总产值看，2001 年，汽车修理业不是专业化行业，其专业化行业仅有汽车零部件及配件制造业，区位商为 2.1；2005 年，专业化行业新增了改装汽车制造业、汽车修理业，改装汽车制造业专业化水平较高，其区位商为 4.6；2009 年，专业化行业为改装汽车制造业、汽车零部件及配件制造业、汽车修理业，改装汽车制造业的专业化水平最高，区位商为 10.0。2001～2009 年，唐山专业化水平提高的行业为改装汽车制造业、汽车修理业，其中，改装汽车制造业提高的幅度较大，区位商分别由 0.9、0.8 增加到 3.7、10.0；其他行业专业化水平均呈下降趋势，下降幅度比较大的行业为汽车零部件及配件制造业，其区位商分别下降 0.6、0.3（表 5-1～表 5-3）。

5）河北省其他地级市

此外，由于河北省廊坊市、沧州市、张家口市、承德市只有部分汽车行业的相关样本数据，仅对现有数据进行简单分析。2001年、2005年、2009年，廊坊市汽车零部件及配件制造业在汽车行业所占比重均在85%以上（图5-23～图5-25）。2001年，汽车零部件及配件制造业是廊坊和衡水的汽车专业化行业，其中，廊坊市汽车零部件及配件制造业就业人数、工业总产值区位商分别为2.3、2.7；2009年，廊坊的汽车专业化行业新增了汽车车身、挂车制造业，且其专业化水平最高，廊坊市就业人数、工业总产值区位商分别为2.7、12.1（表5-1～表5-3）。2001～2009年，汽车零部件及配件制造业在沧州市汽车行业所占比重高达75%以上，并呈上升趋势；2001年，汽车专业化行业为汽车修理业（就业人数区位商为2.0，工业总产值区位商为1.5）、汽车零部件及配件制造业（1.8、2.7）；2005年，汽车专业化行业为改装汽车制造业（1.9、2.1）、汽车零部件及配件制造业（1.6、2.7）；2009年，汽车专业化行业转变为改装汽车制造业（2.6、4.8）、汽车车身、挂车制造业（2.7、4.9）、汽车零部件及配件制造业（1.3、2.1）（表5-1～表5-3）。张家口汽车车身、挂车制造业就业人数、工业总产值占张家口汽车行业比重由2001年的58.0%、62.8%下降到2009年的49.4%、47.6%，汽车修理业由2001年的20.5%、18.5%上升到2009年的35.6%、24.4%（图5-23～图5-25），汽车车身、挂车制造业区位商由17.9、17.3上升到30.8、63.0，汽车修理业区位商由1.8、3.1大幅度提高到11.6、46.6（表5-1～表5-3）。2001年、2005年承德汽车修理业所占比重最大，除2005年工业总产值比重仅为23.4%以外，2001年就业人数、工业总产值比重及2005年就业人数比重均在50%以上；2009年转变为汽车零部件及配件制造业比重最大，就业人数、工业总产值比重分别为90.6%、95.3%。2001年，承德市汽车专业化行业为汽车车身、挂车制造业（就业人数区位商为11.0，工业总产值区位商为12.7）、汽车修理业（5.6、9.0）；2005年，汽车专业化行业仍然为汽车车身、挂车制造业（7.5、16.8）、汽车修理业（8.2、16.0）；2009年，汽车专业化行业仅为汽车修理业（3.1、9.0）（表5-1～表5-3）。

综合比重和区位商，2001～2009年，北京汽车优势专业化行业是汽车整车制造业，天津汽车优势专业化行业为汽车零部件及配件制造业，整体上，河北省汽车优势专业化行业为汽车零部件及配件制造业。汽车零部件及配件制造业是廊坊、沧州、秦皇岛、唐山的汽车优势专业化行业；保定、石家庄汽车优势专业化行业为改装汽车制造业；张家口汽车优势专业化行业在汽车车身、挂车制造业的基础上，新增了汽车修理业；2001年，承德汽车优势专业化行业为汽车车身、挂车制造业和汽车修理业，2009年，其优势专业化行业仅有汽车修理业（图5-26）。

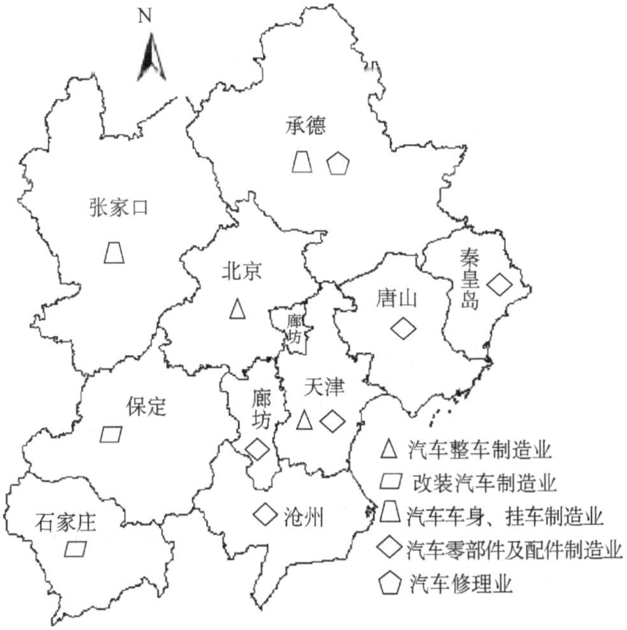

第五章 京津冀城市群汽车产业新型产业分工的发展

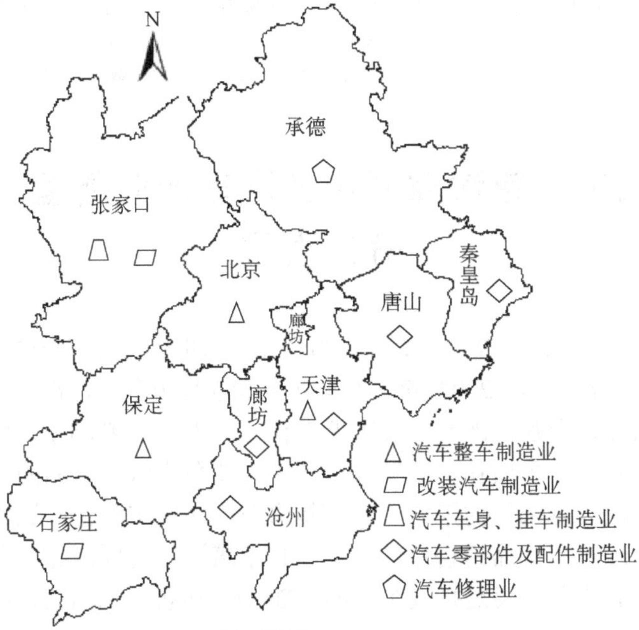

图 5-26　2001 年、2005 年、2009 年京津冀城市群汽车产业行业分工状况

(c) 2009年

图 5-26　2001 年、2005 年、2009 年京津冀城市群汽车产业行业分工状况（续）
资料来源：中国工业企业数据库（2001 年、2005 年、2009 年）
选择标准为：就业人数比重及工业总产值比重均超过平均比重（20%）；就业人数和工业总产值区位商均大于1

第三节　京津冀城市群汽车产业新型产业分工发展

基于 2002～2003 年及 2012 年跨国公司中国报告，对汽车企业相关数据进行录入和整理（表5-4）。2002 年，汽车企业功能环节分为总部、研发、生产、销售、售后服务、金融、物流七大功能环节，2011 年，新增了采购、信息服务环节。总部负责在华主要业务的管理，研发主要负责汽车产品的研究与开发，采购主要涉及汽车零部件的采购，物流指汽车产品或零部件的运输、仓储，售后服务主要处理汽车产品销售后的维修、技术培训等问题，金融负责汽车企业融资贷款，信息服务主要是指汽车音响、DVD、导航系统相关方面。由于采购环节在京津冀没有分布，对京津冀汽车企业功能环节进行分析时，暂不分析该环节。对汽车企业及其分支机构进行统计时，重复的合资企业仅统计一次，主要业务不属于汽车行业的分支机构不进行统计；对于有多个功能的汽车企业分支机构进行统计时，分功能环节统计时分别统计，但算比重时作为分母的汽车企业分支机构数量不重复计算。

表 5-1　全球 500 强中在华汽车企业名单

年份	汽车企业名称
2002	**福特汽车**、**戴姆勒-克莱斯勒**、**丰田汽车**、**宝马**、**三菱汽车**、**电装**、**沃尔沃**、**大众**、**通用电器**、**现代汽车**、**德尔福汽车系统**、江森自控、本田汽车、标致、马自达汽车、五十铃汽车、菲亚特
2011	**福特汽车**、**戴姆勒-克莱斯勒**、**丰田汽车**、**宝马**、**三菱汽车**、**电装**、**沃尔沃**、**现代汽车**、**江森自控**、**本田汽车**、**标致**、**铃木汽车**、**上汽集团**、**一汽集团**、**长安汽车**、**博世集团**、**爱信精机**、**玛格纳**、**日产汽车**、**雷诺**、**大众**、马自达汽车、通用电器、东风汽车、塔塔汽车、大陆

资料来源：《2002—2003 跨国公司在中国投资报告》《2012 跨国公司中国报告》及企业官方网站资料

注：图中加粗的汽车企业表示在京津冀城市群有分布

一、京津冀城市群汽车企业功能环节发展状况

　　2002 年，全球 500 强共有汽车企业 26 家，在中国设立分支机构的企业有 17 家，分支机构达到 103 个，在京津冀城市群设立分支机构的有 11 家汽车企业，分支机构达到 42 个。生产环节最多，达到 27 个，销售、总部、售后服务环节较少，分别有 7 个、4 个、4 个，研发、金融、物流环节分别仅有 2 个、1 个、1 个。2011 年，全球 500 强共有汽车企业 27 家，在中国设立分支机构的企业增至 26 家，分支机构达到 343 个，在京津冀城市群设立分支机构的汽车企业增加到 21 家，分支机构为 73 个。生产环节仍然最多，增加到 31 个，销售、售后服务环节较多，分别为 20 个、13 个，总部、金融、研发环节较少，分别有 9 个、7 个、6 个，信息服务环节和物流环节数量相同，仅有 3 个。2002～2011 年，京津冀城市群汽车企业各功能环节数量均有所增长，从增加数量看，销售环节增加最多，共增加了 13 个，其次是售后服务、金融、总部，分别新增了 9 个、6 个、5 个，研发、生产、物流环节仅增加了 2～4 个，新增的信息服务环节数量也达到了 3 个；从增长率看，金融环节增长幅度最高，数量是 2002 年的 7 倍；其次是售后服务、研发、物流、销售、总部，数量为 2002 年的 2～3 倍，生产部门增长幅度最小，其增长率为 14.8%。需要说明的是，功能机构本身具有差异性，1 个企业的生产、销售环节不只有 1 个，而 1 个企业的总部只有 1 个，有些企业没有金融、信息服务环节（图 5-27）。

　　从在全国汽车企业功能环节中的地位看，2002 年，京津冀城市群汽车企业各环节占全国的比重均在 20%以上。其中，全国汽车企业唯一的 1 个物流环节分布在京津冀城市群，总部也主要分布在京津冀城市群，其占全国汽车企业总部比重高达 80%；其次是金融、生产环节，所占比重分别为 50%、45%；售后服务、研发环节所占比重在 33%～37%；销售环节比重最低，仅有 22.6%。相比于 2002 年，2011 年，京津冀城市群汽车企业各功能环节数量均

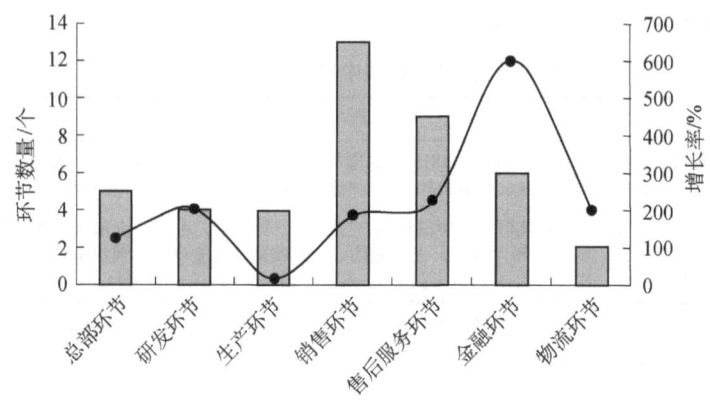

图 5-27　2002～2011 年京津冀城市群汽车企业各功能环节数量变化及增长率

资料来源：根据《2002—2003 跨国公司在中国投资报告》《2012 跨国公司中国报告》及企业官方网站资料整理绘制

呈上升趋势，但在全国的地位有所下降，除总部、金融环节所占比重分别达到 50.0%、43.8%，研发环节仅占 10.2%以外，其他环节所占比重均在 15%～25%，按比重从高到低排序依次为：售后服务、物流、销售、生产环节（图5-28）。

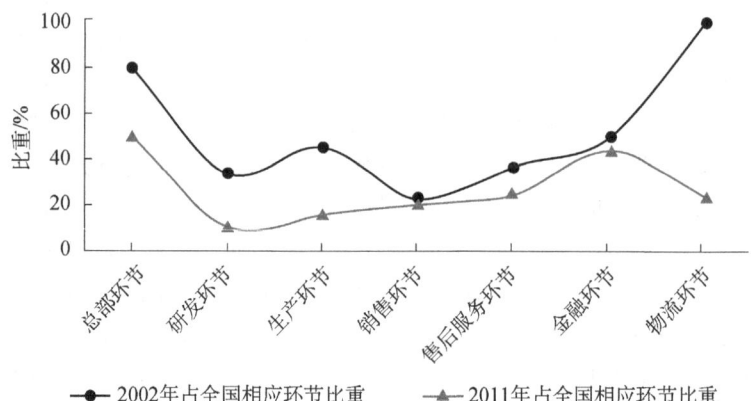

图 5-28　2002 年、2011 年京津冀城市群汽车企业各功能环节占全国比重状况

资料来源：根据《2002—2003 跨国公司在中国投资报告》《2012 跨国公司中国报告》及企业官方网站资料整理绘制

2002～2011 年，尽管京津冀城市群汽车企业各功能环节在全国的地位有所下降，但仍居于重要地位。对廉价劳动力、接近交通枢纽、零配件供应地要求较多的生产和物流环节下降幅度最大；虽然京津冀城市群汽车企业总部、研发环节数量有一定的增加，但该环节在全国其他地区有很大程度的增长，使得两者所占比重有所下降；由于京津冀城市群市场需求较大、销售网

络比较完善、交通运输便利,其销售环节及售后服务环节下降幅度相对较小;同时,大量的金融机构汇集在京津冀城市群,且这些汽车企业比较重视金融职能,积极发展金融业务,其金融职能相对比较稳定。因此,2002年,全国汽车企业功能环节在京津冀城市群的分布主要是物流、总部、金融、生产环节,至2011年,京津冀城市群总部、金融环节表现突出,逐渐成为全国汽车企业金融、管理核心,各功能环节在全国汽车企业功能环节中均占有举足轻重的地位。

二、京、津、冀汽车企业功能环节发展状况

2002年,汽车企业功能环节在京津冀城市群内部分布也有差异,其环节主要分布在北京、天津,河北地区没有涉及。其中,京津冀城市群唯一的1个金融环节分布在北京;北京拥有的总部数量多于天津,北京有3个,天津有1个;北京拥有的售后服务环节数量也多于天津,北京有3个,天津有1个。与以上规律相反的是,京津冀城市群唯一的1个物流环节分布在天津;天津拥有的生产环节数量明显多于北京,天津有23个,北京仅有4个;天津拥有的销售环节比北京多1个,天津有4个,北京有3个。此外,天津与北京所拥有的研发环节数量一致,均只有1个(图5-29)。

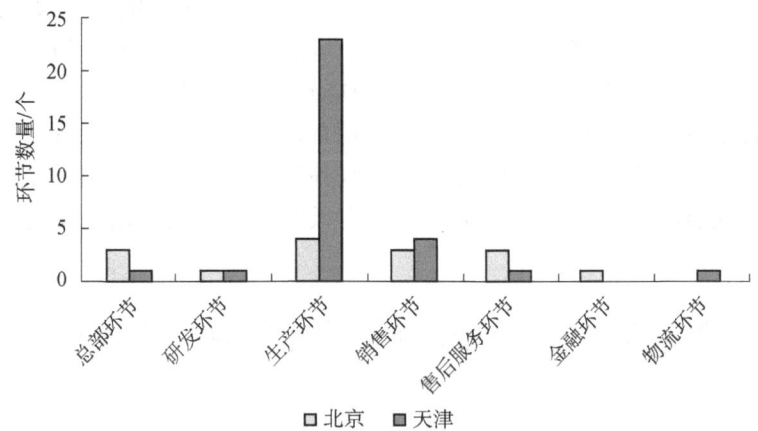

图5-29 2002年京津冀城市群汽车企业功能环节在北京、天津的分布状况
资料来源:根据《2002—2003跨国公司在中国投资报告》及企业官方网站资料整理绘制

2011年,京、津汽车企业各功能环节均有所增长,且河北唐山也有所涉及。其中,京津冀拥有的9个总部、7个金融环节均分布在北京;北京拥有的销售环节数量多于天津、唐山,北京有14个,天津有5个,唐山仅有1个;北京拥有的售后服务环节也多于天津,北京有9个,天津有3个;北京

拥有的物流环节比天津多 1 个，北京有 2 个，天津有 1 个；但天津生产环节多于北京、唐山，天津有 18 个，北京有 10 个，唐山仅有 3 个；天津、北京、唐山研发环节数量差别不大，天津有 3 个，北京有 2 个，唐山有 1 个（图 5-30）。

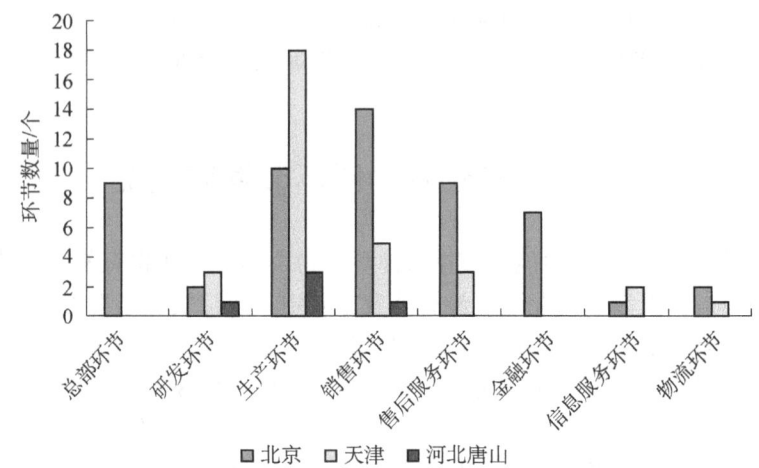

图 5-30　2011 年京津冀城市群汽车企业功能环节在北京、天津、河北唐山的分布状况
资料来源：根据《2012 跨国公司中国报告》及企业官方网站资料整理绘制

因此，至 2011 年，京津冀城市群汽车企业功能分工明显，各功能环节趋于集聚化。由于各功能环节对周边环境、劳动力、科技水平、地租水平要求不一致，再加上集聚效应，多数企业功能环节趋于集聚化分布：总部、金融、售后服务环节主要集中在商务成本较高，集管理功能、服务功能与交往功能于一体的北京；生产、研发、信息服务环节主要集中在基础设施完善、产业政策优惠的天津，物流和销售环节由天津转向市场广阔、交通网络完善的北京。

三、京津冀城市群汽车企业功能结构、专业化环节及其变化

整体上，2002 年，在京津冀城市群汽车企业功能环节中，生产环节所占比重最高，高达 64.3%，其次是销售环节，比重为 16.7%，总部、售后服务环节比重一致，均为 9.5%，其他环节比重均在 5% 以下。2011 年，京津冀城市群除生产环节所占比重下降了 21.8% 外，其他环节均呈上升趋势，其中，销售、金融、售后服务环节上升比较明显，增加幅度在 7%～11%（图 5-31）。从区位商（大于 1）看，2002 年，京津冀城市群功能专业化环节按水平高低依次为物流、总

部、金融、生产，物流环节区位商达到 2.5，2011 年新增售后服务、信息服务环节，生产环节已不再是专业化环节，其中，总部区位商为 2.3，功能专业化水平最高。2002～2011 年，京津冀城市群功能专业化水平除物流、研发、生产环节下降外，其他环节均呈上升趋势，其中，下降比较明显的环节为物流环节，区位商下降了 1.4，上升比较明显的环节为金融环节，区位商上升了 0.9，其他环节区位商均在 0.2～0.4 变化（表 5-5）。因此，2002 年，京津冀城市群汽车企业功能环节主要以生产、销售环节为主，兼顾总部、售后服务等其他环节，各环节协调发展，其中，生产、总部为专业化环节；至 2011 年，转变为以生产、销售环节为主，兼顾售后服务、总部、金融、研发等环节均衡发展，其中售后服务、总部、金融环节是专业化环节。

2002 年，京、津汽车企业数量分别为 9 个、8 个，分支机构分别达到 13 个、29 个，河北地区没有。北京生产环节在北京整个汽车企业功能环节中所占比重最高，为 30.8%；总部、销售和售后服务环节比重一致，均为 23.1%；研发、金融环节所占比重较低，两者均占 7.7%；物流环节在北京没有分布。天津汽车企业功能环节主要集中于生产环节，所占比重达到 79.3%；除销售环节比重为 13.8% 以外，其他环节所占比重均为 3.4%；金融环节则没有分布（图 5-32）。从区位商（大于 1）看，北京的功能环节共 5 个，按水平高低依次为金融、总部、售后服务、研发、销售，金融环节区位商为 3.2；天津功能专业化环节有 2 个，分别为物流、生产环节，其区位商分别为 1.4、1.2（表 5-5）。

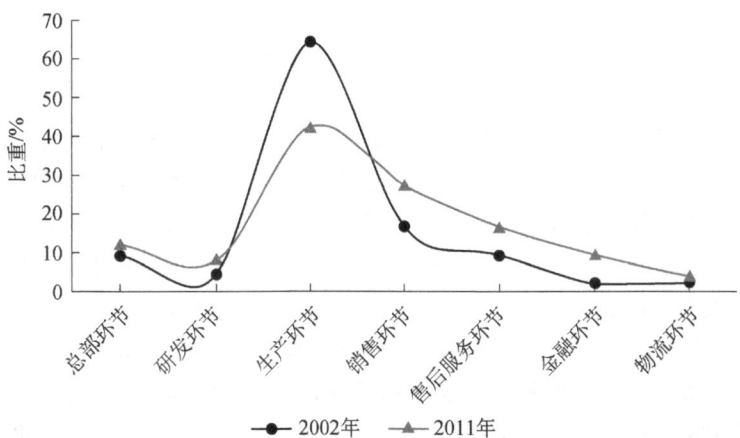

图 5-31　2002 年、2011 年京津冀城市群汽车企业功能环节比重变化

资料来源：根据《2002—2003 跨国公司在中国投资报告》《2012 跨国公司中国报告》及企业官方网站资料整理绘制

表 5-5　2002 年、2011 年京津冀城市群汽车企业功能环节区位商及其变化

环节	京津冀			北京			天津			唐山
	2002 年	2011 年	变化	2002 年	2011 年	变化	2002 年	2011 年	变化	2011 年
总部	2.0	2.3	0.3	2.4	1.7	-0.7	0.4	0.0	-0.4	
研发	0.8	0.5	-0.3	1.6	0.6	-1.0	0.7	1.4	0.7	4.1
生产	1.1	0.7	-0.4	0.5	0.5	0.0	1.2	1.6	0.4	2.4
销售	0.6	0.9	0.3	1.4	1.2	-0.2	0.8	0.7	-0.1	1.2
售后服务	0.9	1.1	0.2	2.4	1.3	-1.1	0.4	0.7	0.3	
金融	1.2	2.1	0.9	3.2	1.7	-1.5				
信息服务		1.1			0.6			1.8		
物流	2.5	1.1	-1.4	0.0	1.1	1.1	1.4	0.9	-0.5	

资料来源：根据《2002—2003 跨国公司在中国投资报告》《2012 跨国公司中国报告》及企业官方网站资料整理绘制

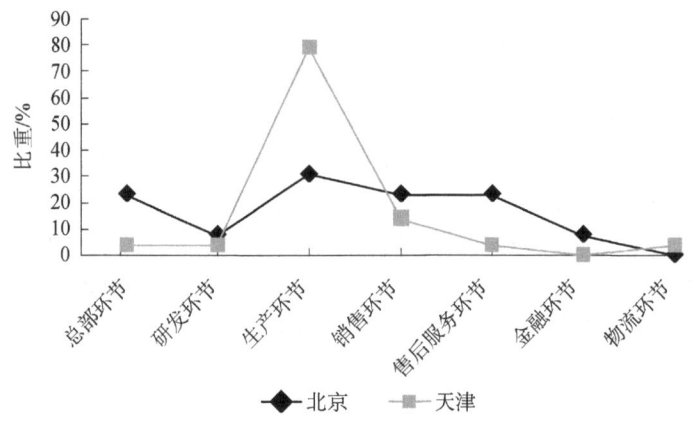

图 5-32　2002 年北京、天津汽车企业各功能环节比重
资料来源：根据《2002—2003 跨国公司在中国投资报告》及企业官方网站资料整理绘制

2011 年，京、津、冀汽车企业数量分别达到 18 个、8 个、2 个，分支机构分别为 43 个、27 个、3 个。北京汽车企业功能环节上升比较明显的是销售、金融、物流环节，其比重较 2002 年分别上升了 9.5%、8.6%、4.7%，生产环节所占比重下降幅度最大，下降了 7.5%，其他环节比重变化均在 2%~4%，其中，所占比重大于 10% 的环节按大小依次为：销售、生产、总部、售后服务、金融，其他环节所占比重均在 5% 以下。天津汽车企业功能环节中，售后服务、研发环节所占比重上升比较明显，较 2002 年均上升了 7.7%，信息服务环节比重约上升了 7.4%，生产环节比重降低最多，下降了 12.6%，但所占比重仍然保持最大，高达 66.7%，其他环节变化相对较小，企业功能环节按所占比重大小排序依次为生产、销售、研发、售后服务环节，物流环节则占比较低，总部、金融环节在天津没有分布。在河北唐山设立的机构均包含生产环节，其次是

售后服务环节，所占比重为 64.3%，研发、销售环节比重均为 33.3%（图 5-33）。从区位商（大于 1）看，北京功能专业化环节仍然为 5 个，2011 年按水平高低依次为总部、金融、售后服务、销售、物流，总部和金融环节区位商较高，均为 1.7，与 2002 年相比，2011 年新增了物流环节，减少了研发环节；天津功能环节增至 3 个，按水平高低依次为信息服务、生产、研发，其区位商在 1.4~1.8，与 2002 年相比，新增了研发、信息服务环节，减少了物流环节；唐山仅有的研发、生产、销售环节区位商均大于 1，其中，研发环节区位商高达 4.1，专业化水平较高（表 5-5）。

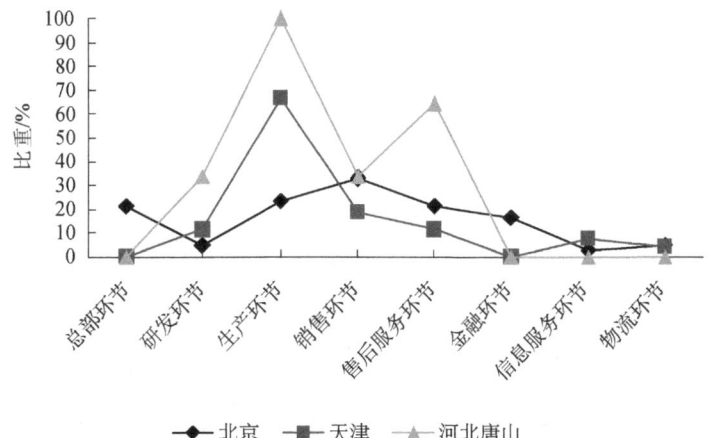

图 5-33　2011 年北京、天津、河北唐山汽车企业各功能环节比重
资料来源：根据《2012 跨国公司中国报告》及企业官方网站资料整理绘制

基于功能环节数量比重及区位商两方面的综合分析，2002 年，京津冀城市群以生产环节为主，其次是销售环节，生产环节是京津冀城市群的优势专业化环节；北京汽车以生产环节为主，兼顾销售和售后服务环节，同时还是全国汽车企业的管理核心，除生产环节外，总部、销售、售后服务环节均是优势专业化环节；天津汽车企业主要集中在生产和销售环节，其他功能环节较少涉及，其中，生产环节为优势专业化环节；汽车企业功能环节在河北地区还尚未涉及。至 2011 年，京津冀城市群形成了以生产、销售环节为主，其次是售后服务环节，其他环节均衡发展的格局，其中售后服务环节是优势专业化环节；北京形成了一套完整的汽车企业功能环节，主要以销售、生产环节为主，但生产环节不是优势专业化环节，其他环节如总部、售后服务均衡发展；天津则主要集中在生产环节，其次是销售、研发、售后服务环节，其他环节较少涉及，所涉及环节仅生产环节为优势专业化环节；而河北唐山则集中发展生产、销售、研发环节，其他环节并无分布，且三个环节均为优势专业化环节（图 5-34）。

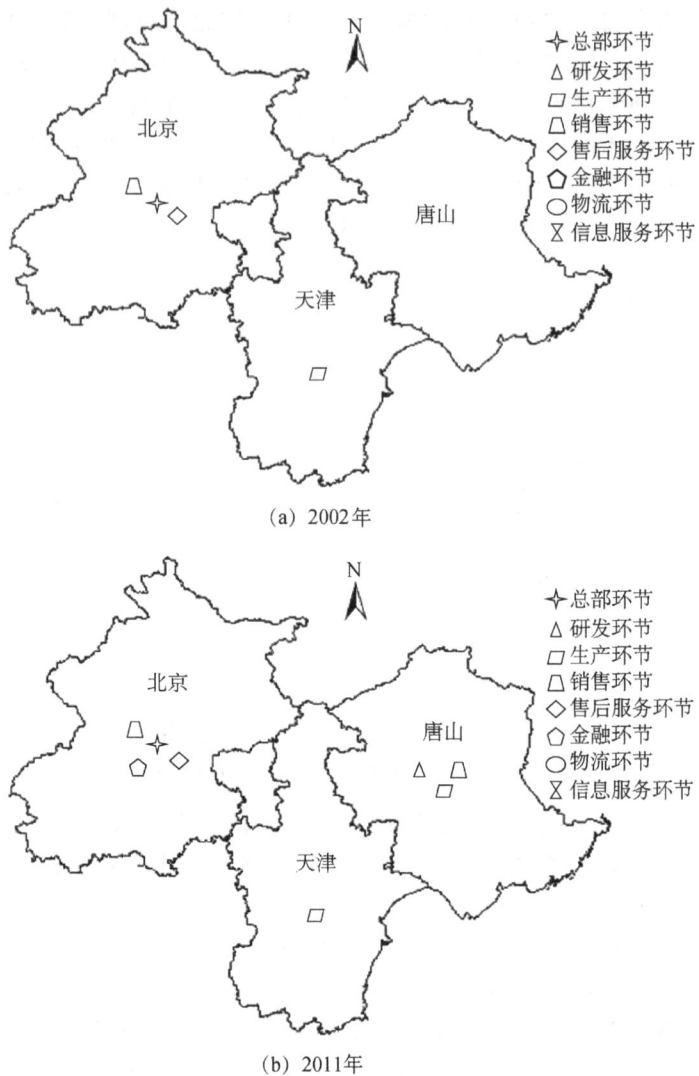

图 5-34　2002 年、2011 年京津冀城市群汽车企业优势专业化功能环节

资料来源：根据《2002—2003 跨国公司在中国投资报告》《2012 跨国公司中国报告》及企业官方网站资料整理绘制

选择标准：功能环节数量比重超过平均比重（12.5%）；功能环节区位商大于 1；京津冀城市群中河北地区只有唐山有相关企业分布，故其他城市未在图上画出

总之，2002~2011 年，京津冀城市群汽车企业功能环节在全国的重要性有所下降，但仍然具有一定的地位。2002 年，全国汽车企业功能环节在京津冀城市群的分布主要有物流、总部、金融、生产环节；2011 年，主要为总部和金融，且两者专业化水平均有所提高。2002 年，京津冀金融、总部、售后服务环节主要分布在北京，物流、生产、销售环节则主要分布在天津，北京、天津的研发环节大体相当；至 2011 年，京津冀城市群汽车企业功能环节在北京的分布转变为金融、总部、销售、售后服务和物流环节，天津则主要以生产、信息服务、研发环节为主，唐山仅有生产、销售、研发环节，且所占比重较小，其他环节尚未涉及。

本 章 小 结

整体上，1996~2012 年，全国汽车产业发展迅速，但这一时期变化高低起伏，呈波浪形，并逐渐在东北地区、沿海地区、中部比较发达的地区集聚。1996~2012 年，京津冀城市群汽车产业在全国所占比重先下降后上升，并趋于稳定。在京津冀城市群内部，汽车产业的分布由 1996 年的"天津最大、北京次之、河北最小"逐渐转变为 2012 年的"北京最大、天津次之、河北最小"的局面。

从行业分工看，2001~2009 年，北京汽车产业的专业化行业一直为汽车整车制造业，河北汽车产业的优势专业化行业为汽车零部件及配件制造业，天津汽车产业的优势专业化行业由 2001 年的汽车整车制造业、汽车零部件及配件制造业转变为 2009 年的汽车零部件及配件制造业。从功能分工看，2002 年，京津冀城市群生产功能突出；北京以生产功能为主，其次是总部、销售、售后服务功能，天津生产功能高度集中，其他功能环节较少涉及，汽车企业功能环节在河北地区还尚未涉及。至 2011 年，京津冀城市群售后服务功能比较突出；北京转变为以销售、生产功能为主，其次是总部、售后服务功能；天津汽车企业生产功能比较突出，其次是销售功能，其他功能环节较少涉及；而河北唐山主要体现在生产、销售、研发功能，其他功能环节并无分布。

第六章
京津冀城市群电子信息制造业新型产业分工的发展

本章利用《中国电子信息产业统计年鉴》（2003～2013）[①]、《2002—2003跨国公司在中国投资报告》、《2012 跨国公司中国报告》及 2001 年、2005 年、2009 年的中国工业企业数据库相关数据，运用区位商、产业地理集中度、ArcGIS 空间统计分析等方法，从整体上研究了中国电子信息制造业的发展历程、空间分布特征；从行业分工角度，分析了京津冀城市群电子信息制造业的发展变化及专业化行业；最后，从功能分工角度，探讨了京津冀城市群电子信息制造业企业的功能结构、专业化环节及变化特征。研究发现，2003～2012年，中国电子信息制造业一直分布在东南沿海地区；至 2009 年，北京电子信息制造业优势专业化行业转变为通信设备制造业，天津、河北电子信息制造业优势专业化行业则为电子元器件制造业；京津冀电子信息制造业优势专业化环节由 2002 年的总部、软件和生产环节，转变为 2011 年的总部和信息服务环节，2011 年，北京电子信息制造业的总部、软件和信息服务功能比较突出，天津以生产、售后服务和研发功能为主，河北则以销售功能为主。

第一节 电子信息制造业在我国的发展及空间分布

一、中国电子信息制造业的发展历程

1949 年新中国成立后，在计划经济体制下，中国电子信息制造业发展模式

[①] 2005 年后，《中国电子信息产业统计年鉴》分为"综合篇"及"软件篇"，本章中 2005 年及以后相关数据均取自"综合篇"。

为"政府主导，军工为主"，其产品主要用于军事，并建立了相对完善的电子工业体系（牟锐，2010）。但这一时期，由于电子信息制造业的发展环境相对比较封闭，我国电子信息制造业与世界市场脱轨，与发达国家之间的距离拉大（冯明，2014）。

1978 年改革开放以后，中国电子信息制造业转变为以军用和民用产品结合的形式发展。随着社会经济的发展，国内对电子产品的需求增加，国家对电子信息产业进行了一系列调整，包括调整产业结构、改善工业布局、引进先进技术等。1989 年，我国电子信息制造业的企业数量、工业总产值、利润总额等大幅度增加，这一时期是电子信息的起步阶段。20 世纪 90 年代，我国开始对电子信息制造业进行市场经济改革，对一些电子信息制造业企业进行股份制管理，而且，这一阶段，我国电子信息制造业开始与计算机技术相结合（陈宗财，2010），不仅电子信息制造业得到良好的发展，与电子信息相关的一些分支行业也逐渐发展起来，这一时期是我国电子信息制造业的快速发展阶段。

21 世纪至今，随着信息化、全球化时代的到来，国家批准了一系列信息技术工程，逐渐开始注重自主创新、自主研发产品，使我国电子信息制造业逐步由粗放的经营模式向技术和效益集约的发展模式转变（丽娜，2013），进一步提高电子信息制造业在国民经济中的地位，增强了我国电子信息制造业的国际竞争力。这一时期，电子信息制造业已成为我国经济发展的重要支柱产业。

1996～2012 年，中国电子信息制造业企业数量、就业人数、工业总产值、利润总额及其比重均迅速增加。其中，中国电子信息制造业企业数量由 1996 年的 1.3 万个增加到 2012 年的 1.7 万个，就业人数由 1996 年的 281.7 万人迅速增加到 2012 年的 1001.1 万人，工业总产值由 1996 年的 0.4 万亿元迅速增加到 2012 年的 8.4 万亿元，利润总额由 1996 年的 0.01 万亿元大幅度上升到 2012 年的 0.35 万亿元，中国电子信息制造业迅速发展，在国民经济发展中占有重要的地位，是促进国家经济发展的重要引擎。

1. 企业数量

1996～2013 年，中国电子信息制造业的企业数量由 1.3 万个增加到 1.8 万个，期间，企业数量波动较大，企业数量增长率波动比较大。1996～2013 年，中国电子信息制造业企业数量增长率大体可以分为三个阶段：第一个阶段是 1996～1998 年，全国电子信息制造业企业数量由 1.3 万个下降到 0.6 万个，企业数量增长率由-4.9%迅速下降到-48.5%，其增长率小于零，出现了负增长，1998 年，企业数量大幅度减少；第二阶段是 1998～2010 年，全国电子信息制造业企业数量由 0.6 万个迅速上升到 2.1 万个，企业数量增长率由-48.5%迅速上升到 5.5%，期间，除了 2007 年增长率小于零以外，其他年份增长率均大于零，并且出现了两个高峰值，分别是 2005 年的 29.0%和 2009 年的 20.5%，2005 年和

2009年，全国电子信息制造业企业数量增加比较明显；第三阶段是2010~2013年，全国电子信息制造业企业数量由2.1万个减少到1.8万个，企业数量增长率由5.5%上升到8.3%，2011年，企业数量增长率为-28.3%，2011年企业数量明显减少，2012~2013年，企业数量逐渐增加（图6-1）。

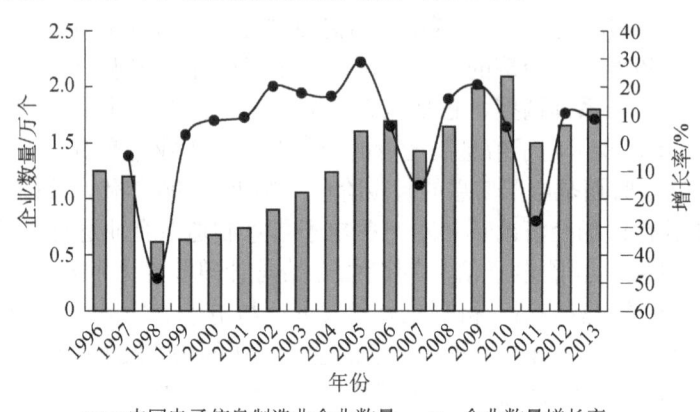

图6-1　1996~2013年中国电子信息制造业企业数量及其增长率变化
资料来源：根据《中国电子信息产业统计年鉴（综合篇）2013》相关数据绘制

2. 就业人数

1996~2012年，中国电子信息制造业就业人数由281.7万人迅速增加到1001.1万人，就业人数先大体保持稳定后逐渐增加，其增长率有一定的变化。1996~1999年，全国电子信息制造业就业人数由281.7万人下降到258.1万人，这一时期的增长率由1.8%迅速下降到1998年的-8.6%，然后调整到1999年的-1.5%，其增长率小于零，出现了负增长，1998年、1999年，就业人数大幅度下降；1999~2005年，全国电子信息制造业就业人数由258.1万人迅速上升到550.6万人，就业增长率由-1.5%上升到25.1%，期间，增长率均大于零，并且出现了两个高峰值，分别是2004年的23.4%和2005年的25.1%，2004年和2005年，全国电子信息制造业就业人数增加比较明显；2005~2009年，全国电子信息制造业就业人数由550.6万人增加到754.9万人，就业增长率由25.1%迅速下降到-0.6%，2005年就业人数出现了负增长；2009~2012年，全国电子信息制造业由754.9万人迅速增加到1001.1万人，其增长率由-0.6%增加到6.5%，2010年，就业增长率出现了高峰值（16.6%），2010年，就业人数大幅度增加（图6-2）。

3. 工业总产值

1996~2013年，中国电子信息制造业工业总产值由0.4万亿元逐渐增加到9.3万亿元，工业总产值增长率均大于零，其增长率先逐渐升高后迅速下降，并

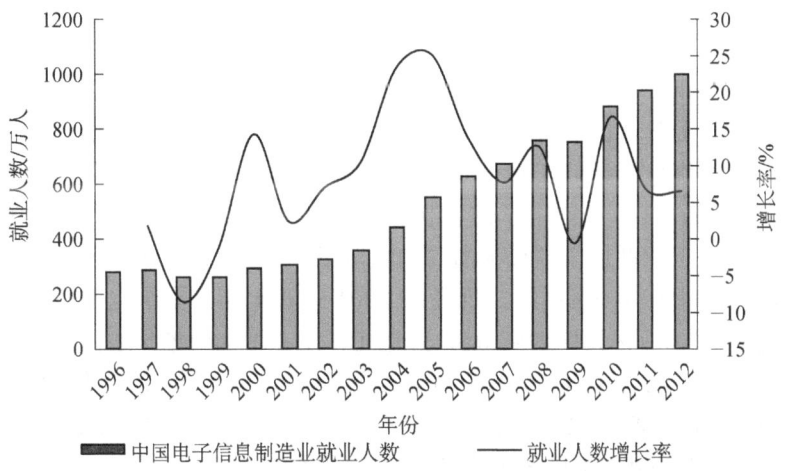

图 6-2 1996～2012 年中国电子信息制造业就业人数及其增长率变化
资料来源：根据《中国电子信息产业统计年鉴（综合篇）2012》相关数据绘制

有一定的变化。1996～2013 年，中国电子信息制造业工业总产值增长率大体可以分为三个阶段：第一个阶段是 1996～2004 年，全国电子信息制造业工业总产值由 0.4 万亿元逐渐增加到 2.5 万亿元，工业总产值增长率由 28.7%增加到 37.4%，1998 年和 2001 年出现了两个低谷值，其增长率分别为 17.9%和 19.6%；第二阶段是 2004～2009 年，全国电子信息制造业工业总产值由 2.5 万亿元增加到 5.1 万亿元，工业总产值增长率由 37.4%迅速下降到 2.4%，平均每年以 0.1 个百分点的速度下降；第三阶段是 2009～2013 年，全国电子信息制造业工业总产值由 5.1 万亿元迅速增加到 9.3 万亿元，工业总产值增长率由 2.4%增加到 10.4%，2010 年，工业总产值增长率出现了高峰值，其增长率高达 25.5%，2010 年工业总产值明显增加（图 6-3）。

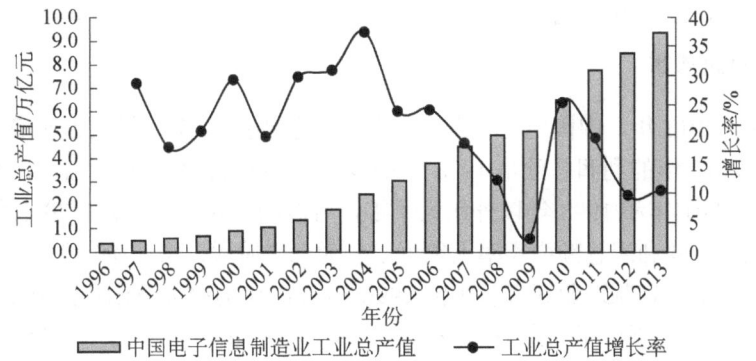

图 6-3 1996～2013 年中国电子信息制造业工业总产值及其增长率变化
资料来源：根据《中国电子信息产业统计年鉴（综合篇）2013》相关数据绘制

4. 工业增加值①

1996~2009 年，中国电子信息制造业工业增加值由 0.08 万亿元逐渐增加到 1.20 万亿元，工业增加值增长率均大于零，变化呈不规则的 M 形。1996~2009 年，中国电子信息制造业工业增加值增长率大体可以分为三个阶段：第一个阶段是 1996~2001 年，全国电子信息制造业工业增加值由 0.08 万亿元逐渐增加到 0.24 万亿元，工业增加值增长率由 24.0%降低到 10.5%，2000 年出现了一个高峰值，其增长率为 41.3%；第二阶段是 2001~2004 年，全国电子信息制造业工业总产值由 0.24 万亿元增加到 0.52 万亿元，工业增加值增长率由 10.5%迅速增加到 46.6%，平均每年以 12.0 个百分点的速度上升；第三阶段是 2004~2009 年，全国电子信息制造业工业增加值由 0.52 万亿元迅速增加到 1.20 万亿元，工业增加值增长率由 46.6%迅速下降到 5.3%（图 6-4）。

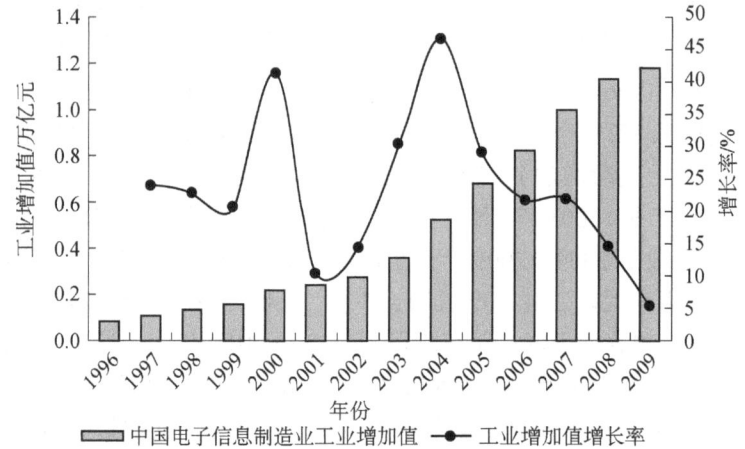

图 6-4　1996~2009 年中国电子信息制造业工业增加值及其增长率变化
资料来源：根据《中国电子信息产业统计年鉴（综合篇）》（1949~2009）相关数据绘制

5. 利润总额

1996~2013 年，中国电子信息制造业利润总额由 0.01 万亿元迅速增加到 0.42 万亿元，2013 年的利润总额是 1996 年的 42 倍，利润总额大幅度增加，利润总额增长率除 2001 年和 1998 年以外均大于零，且波动比较大。1996~2013 年，中国电子信息制造业利润总额增长率大致可以分为三个阶段：第一阶段是 1996~2001 年，全国电子信息制造业利润总额由 1996 年的 0.01 万亿元逐渐增加到 2001 年的 0.05 万亿元，全国电子信息制造业利润总额增长率由 72.5%迅速下降到-7.3%，1998 年出现了相对低值，利润增长率为-0.8%，1998 年利润总额出现负增长，

---

① 《中国电子信息产业统计年鉴》有关中国电子信息制造业工业增加值数据只统计到 2009 年

2000年出现了高峰值,其利润增长率为60.8%,2000年,利润总额相对于1999年大幅度增加;第二阶段是2001~2009年,全国电子信息制造业利润总额由2001年的0.05万亿元逐渐增加到2009年的0.18万亿元,其利润总额增长率由-7.3%上升到5.2%,在2004年、2006年全国电子信息制造业利润总额增长率出现了两个高峰值,分别为44.3%和28.9%,2004年和2006年电子信息制造业利润总额增加比较明显;第三阶段是2009~2013年,全国电子信息制造业利润总额由0.18万亿元增加到0.42万亿元,其利润总额增长率由5.2%增加到18.4%,2010年,利润总额增长率高达57.7%,电子信息制造业利润总额迅速增加(图6-5)。

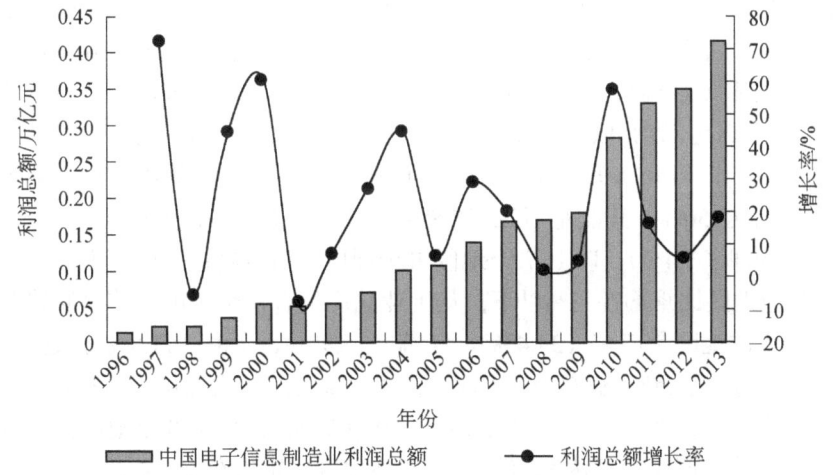

图6-5　1996~2013年中国电子信息制造业利润总额及其增长率变化
资料来源:根据《中国电子信息产业统计年鉴(综合篇)2013》相关数据绘制

  1996~2013年,中国电子信息制造业稳步发展,至2013年,企业数量、工业总产值、利润总额分别是1996年的1.4倍、23.3倍、42倍。这一时期,中国电子信息制造业的发展大体可以划分为三个阶段:第一阶段是1996~1999年,中国电子信息制造业缓慢发展,企业数量、就业人数、工业总产值、利润总额增长率先下降后略有上升,工业增加值增长率有所下降,其中,企业数量增长率由1997年的-4.9%上升到1999年的2.8%,就业人数增长率由1997年的1.8%下降到1999年的-1.5%,工业总产值增长率由1997年的28.7%下降到1999年的20.8%,利润总额增长率由1997年的72.5%下降到1999年的44.9%,工业增加值增长率由24.0%下降到20.6%;第二阶段是1999~2006年,企业数量、就业人数、工业总产值增长率比较稳定,且增长率分别在2.8%、2.3%(1999年除外)、19.6%以上,但利润总额、工业增加值增长率起伏较大,2000年,增长率高峰值分别高达60.8%、41.3%,2001年,分别低至-7.3%、10.5%;第三阶段是2006~2013年,企业数量、就业人数、工业总产值、利润总额增长率波动性比较大，相对低值分别为-28.3%（2011 年）、-0.6%（2009 年）、2.4%（2009 年）、5.2%（2009 年），峰值分别高达 20.5%（2009 年）、16.6%（2010 年）、25.5%（2010 年）、57.7%（2010 年），2010 年电子信息制造业快速发展，2011~2013 年，中国电子信息制造业的发展趋于稳定。

二、中国电子信息制造业的空间分布及其变化

2003 年，从企业数量看，占全国电子信息制造业企业数量比重较高的地区是广东（24.2%）、江苏（15.4%）、浙江（14.1%），这 3 个地区占全国电子信息制造业企业数量比重的 50%以上，其次是上海（8.2%）、山东（6.1%）、北京（3.8%）、天津（3.7%）、福建（3.6%），以上 8 个地区占全国电子信息制造业企业数量比重高达 78%以上，其他地区均在 3%以下；从就业人数看，广东（37.8%）、江苏（14.5%）2 个地区占全国电子信息制造业就业人数比重较高，二者比重高达 50%，其次是浙江（7.8%）、上海（6.6%）、山东（5.0%）、福建（4.7%）、天津（3.4%），以上 7 个地区占全国电子信息制造业就业人数比重接近80%，其他地区比重均在 3%以下；从工业总产值看，全国电子信息制造业总产值比重较大的地区是广东（34.4%）、江苏（15.9%）、上海（11.8%），这 3 个地区占全国电子信息制造业总产值比重的 60%以上，其次是山东（6.4%）、福建（5.7%）、浙江（5.4%）、北京（5.2%）、天津（5.2%），以上 8 个地区占全国电子信息制造业总产值比重高达 90%以上，其他地区比重均在 2%以下；从工业增加值看，广东（25.9%）、江苏（18.4%）2 个地区占全国电子信息制造业工业增加值比重均在 15%以上，其次是福建（10.9%）、上海（10.1%）、浙江（7.0%）、天津（7.0%）、山东（6.2%）、北京（3.4%），这 8 个地区占全国电子信息制造业工业增加值比重高达 88%以上，其他地区均在 2%以下；从利润总额看，全国电子信息制造业利润总额达到 695.9 亿元，其中，广东电子信息制造业利润总额高达 220.9 亿元，其次，江苏、福建、上海、浙江、北京、山东电子信息制造业利润总额分别为 91.0 亿元、64.7 亿元、59.6 亿元、55.9 亿元、54.5 亿元、40.9 亿元，其他地区电子信息制造业利润总额均在 30 亿元以下。从就业人数、企业数量、工业总产值、工业增加值、利润总额看，2003 年全国电子信息制造业主要分布在广东、江苏，其次是上海、山东、浙江、福建、北京、天津（图 6-6）。

2008 年，从企业数量看，全国电子信息制造业企业数量比重较高的地区是广东（27.8%）、江苏（17.2%）、浙江（14.8%），占全国电子信息制造业企业数量的比重均在 10%以上，其次是山东（6.6%）、上海（6.3%）、北京（4.1%）、福建（3.6%），以上 7 个地区占全国电子信息制造业企业数量比重在 77%以上，其他地区均在 3%以下；从就业人数看，广东（40.2%）、江苏（21.7%）2 个地区

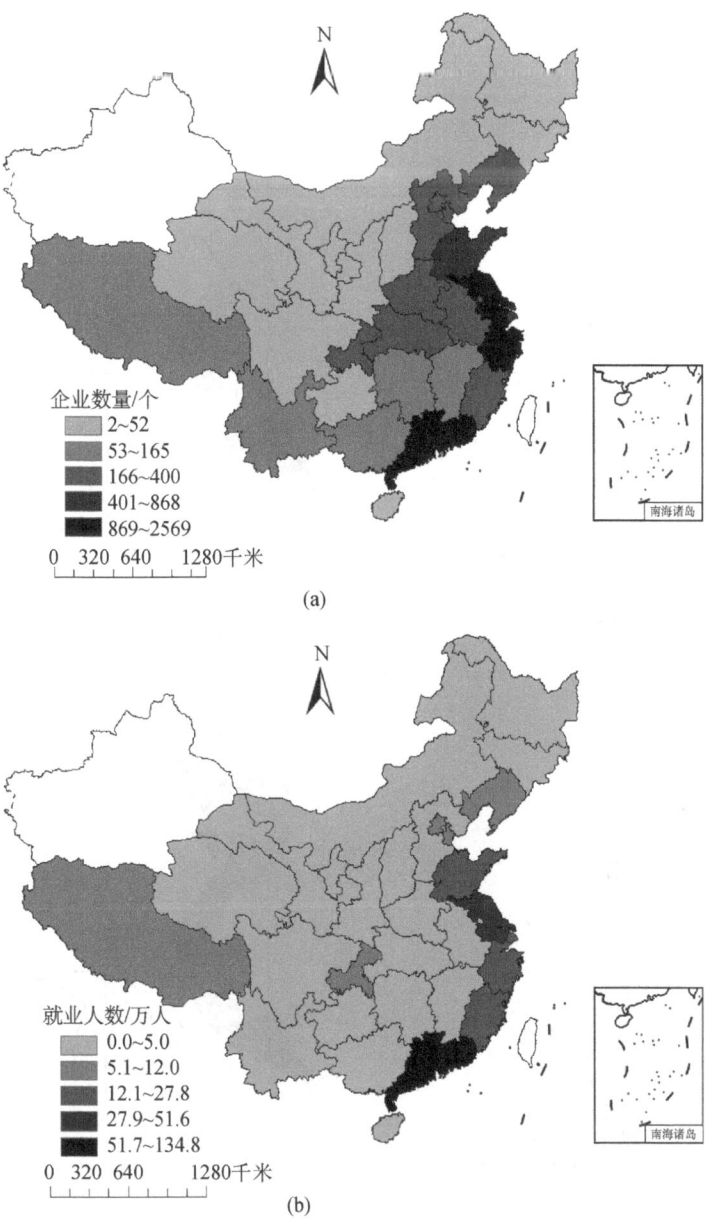

图 6-6 2003 年中国电子信息制造业空间分布

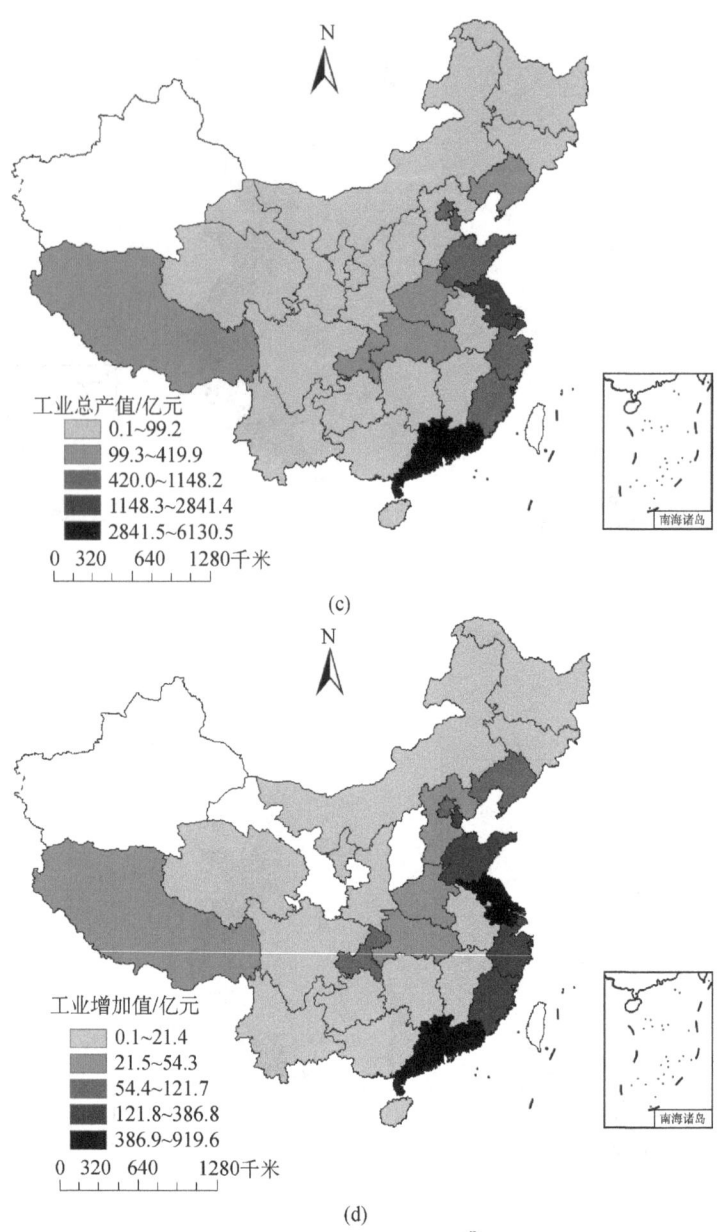

图 6-6 2003 年中国电子信息制造业空间分布（续）

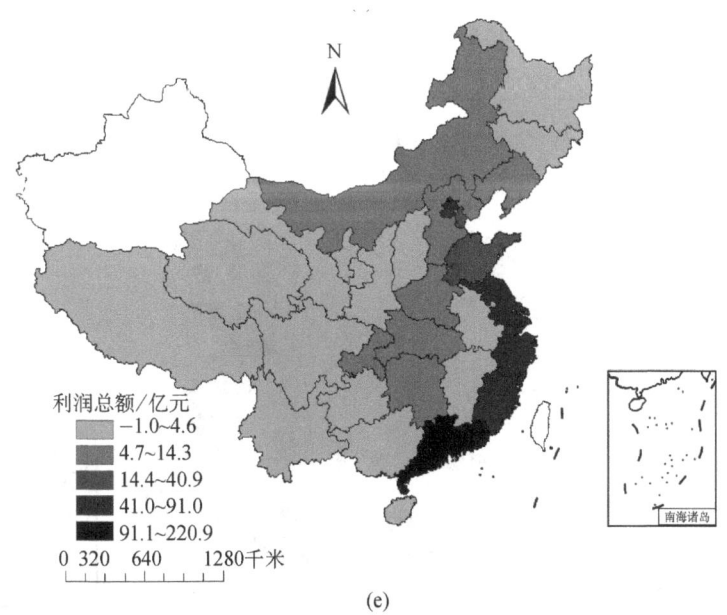

图 6-6 2003 年中国电子信息制造业空间分布（续）
资料来源：根据《中国电子信息产业统计年鉴 2003》相关数据绘制
图中空白处新疆维吾尔自治区、甘肃省、山西省是缺少数据的区域

占全国电子信息制造业就业人数比重较高，二者就业人数比重之和在 60%以上，其次是浙江（7.4%）、上海（6.4%）、山东（5.0%）、福建（3.5%），以上 6 个地区占全国电子信息制造业就业人数比重高达 80%以上，其他地区均在 2%以下；从工业总产值看，全国电子信息制造业总产值比重较大的地区是广东（33.1%）、江苏（22.1%）、上海（11.2%），这 3 个地区占全国电子信息制造业总产值的 65%以上，其次是山东（7.1%）、浙江（5.2%）、北京（4.9%）、福建（3.7%）、天津（3.5%），以上 8 个地区占全国电子信息制造业总产值比重的 85%以上，其他地区均在 2%以下；从工业增加值看，广东（33.1%）、江苏（23.2%）占全国电子信息制造业工业增加值比重均在 20%以上，其次是上海（9.4%）、山东（7.6%）、浙江（5.6%）、北京（4.3%）、福建（3.6%）、天津（3.3%），以上 8 个地区占全国电子信息制造业工业增加值比重达到 90%以上，其他地区均在 2%以下；从利润总额看，全国电子信息制造业利润总额达到 1703.1 亿元，其中，江苏和广东电子信息制造业利润总额分别高达 474.4 亿元和 424.2 亿元，其次，浙江、山东、上海、北京、福建、四川、天津、河南、辽宁电子信息制造业利润总额分别为 143.8 亿元、138.5 亿元、95.7 亿元、82.0 亿元、61.2 亿元、52.4 亿元、46.6 亿元、39.2 亿元、38.3 亿元，其他地区电子信息制造业利润总额均在 30 亿元以下。从就业人数、工业总产值、工业增加值、企业数量、利润总额看，2008 年全国电子信息制造业主要分布在广东、江苏，

其次是上海、山东、浙江、北京、福建、天津（图6-7）。

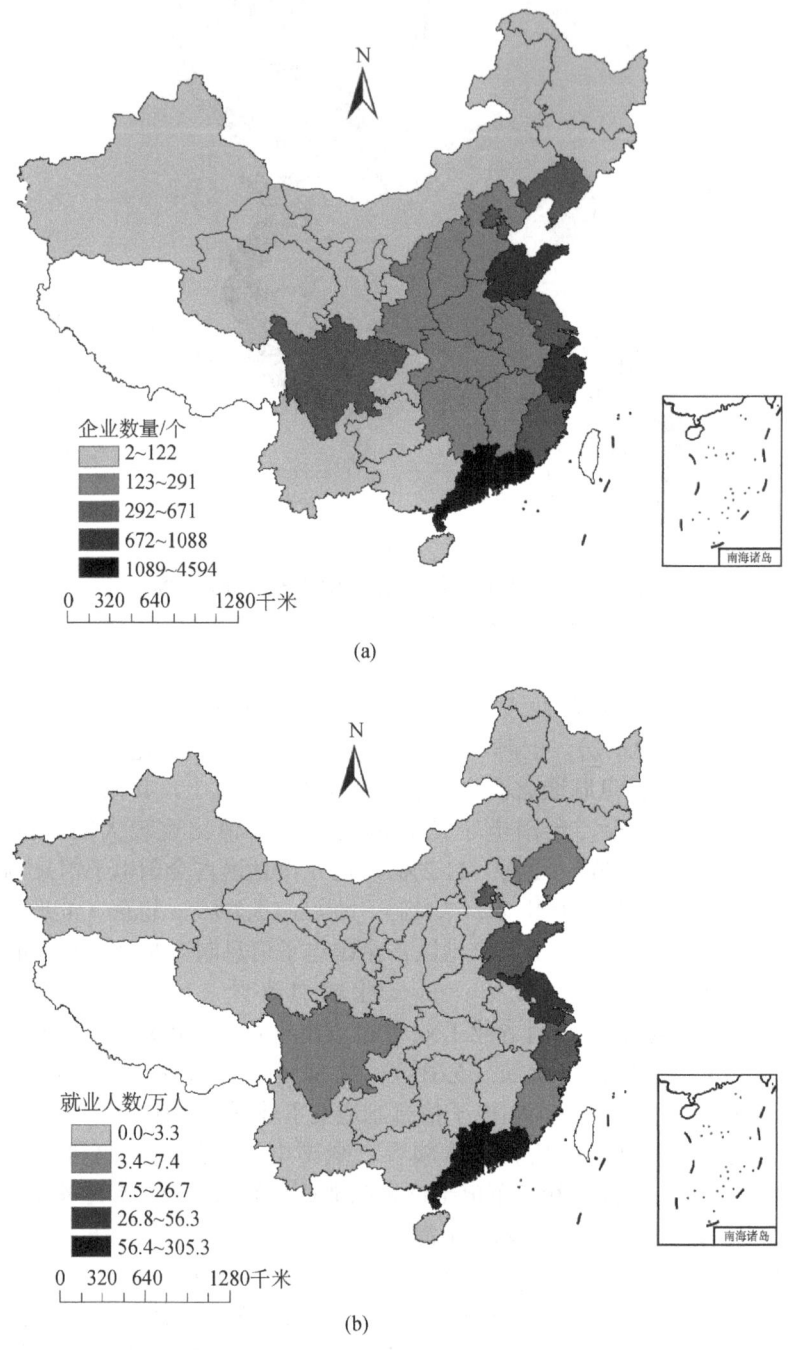

图6-7 2008年中国电子信息制造业空间分布

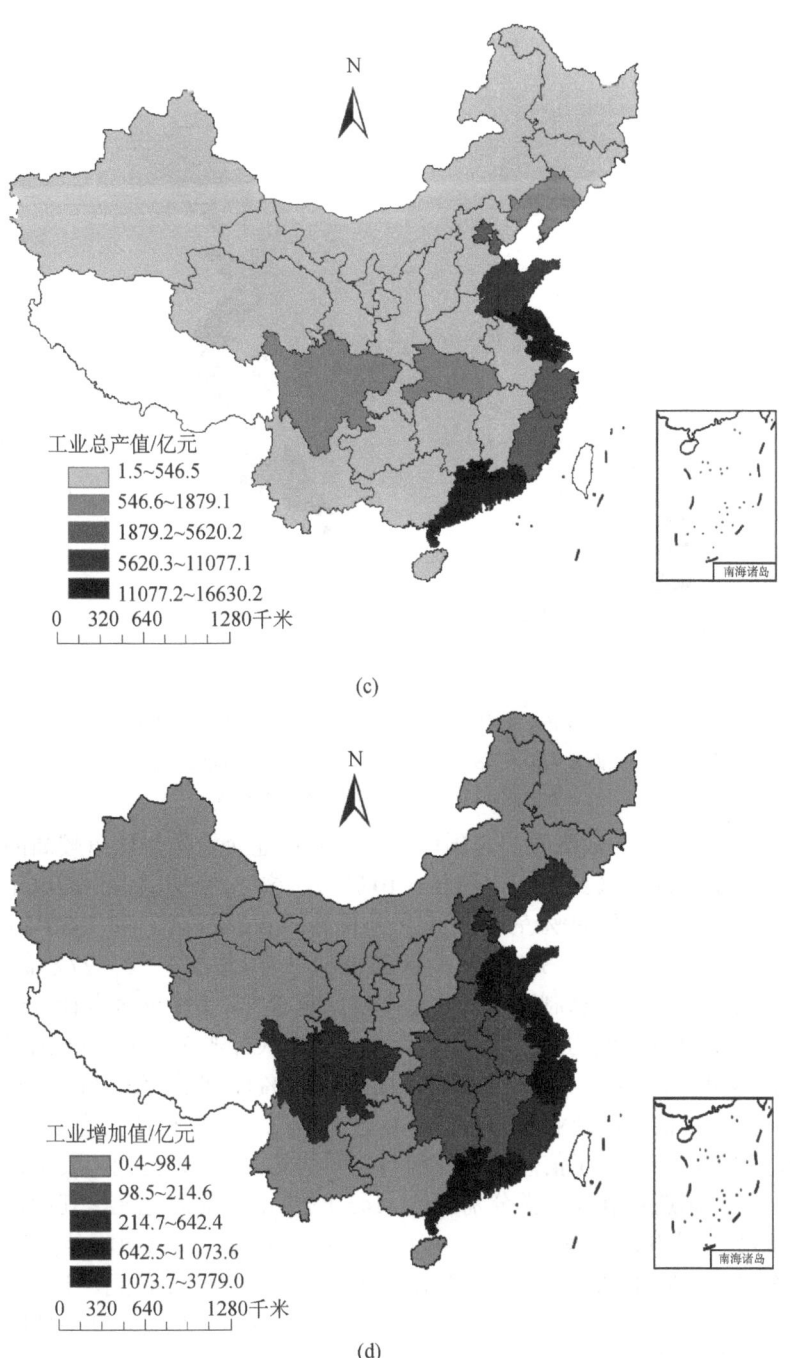

图 6-7　2008 年中国电子信息制造业空间分布（续）

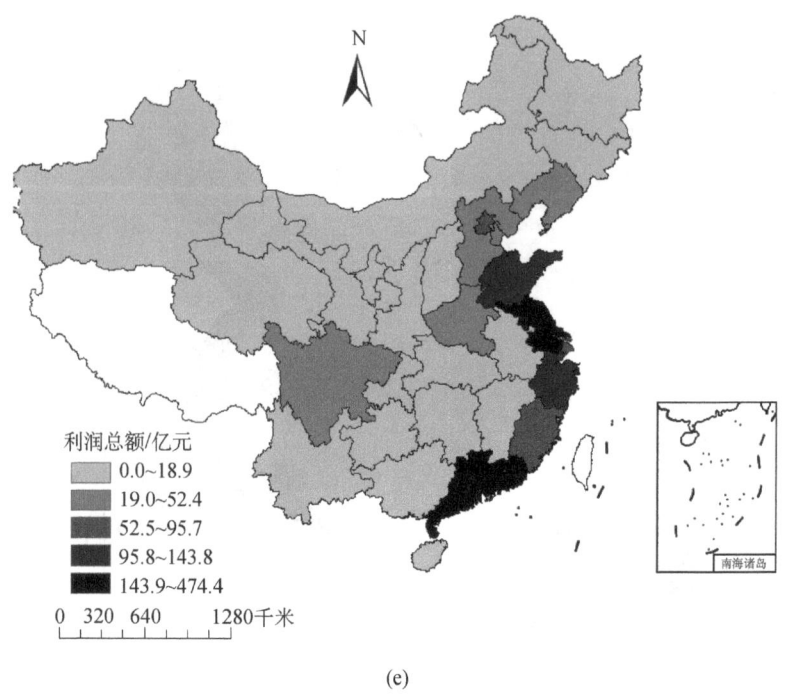

(e)

图 6-7 2008 年中国电子信息制造业空间分布（续）

资料来源：根据《中国电子信息产业统计年鉴（综合篇）2008》相关数据绘制

图中空白处西藏自治区是缺少数据的区域

2013 年，从企业数量看，全国电子信息制造业企业数量比重较高的地区是广东（27.5%）、江苏（21.5%）、浙江（10.7%），这 3 个地区占全国电子信息制造业企业数量比重的 60%左右，其次是山东（6.2%）、上海（4.0%）、福建（3.2%），其他地区均在 3%以下；从工业总产值看，广东（27.8%）、江苏（24.2%）占全国电子信息制造业工业总产值比重较大，2 个地区合计占全国电子信息制造业工业总产值的 52%以上，其次是上海（6.5%）、山东（6.2%）、浙江（3.9%）、四川（3.7%）、天津（3.6%）、福建（3.5%）、北京（3.0%），以上 9 个地区占全国电子信息制造业总产值比重高达 90%以上，其他地区均在 3%以下；从利润总额看，全国电子信息制造业利润总额达到 4152.1 亿元，其中，广东、江苏电子信息制造业利润总额分别高达 1145.1 亿元、936.6 亿元，其次，山东、浙江、天津、四川、江西、福建、上海、北京、河南、安徽电子信息制造业利润总额分别为 353.4 亿元、271.6 亿元、174.7 亿元、166.6 亿元、148.1 亿元、134.2 亿元、124.4 亿元、116.3 亿元、105.8 亿元、103.9 亿元，其他地区电子信息制造业利润总额均在 100 亿元以下。从企业数量、工业总产值、利润总额看，2013 年，全国电子信息制造业主要分布在广东、江苏，其次是上海、山东、浙江、四川、天津、福建、北京（图 6-8）。

第六章　京津冀城市群电子信息制造业新型产业分工的发展 | 113

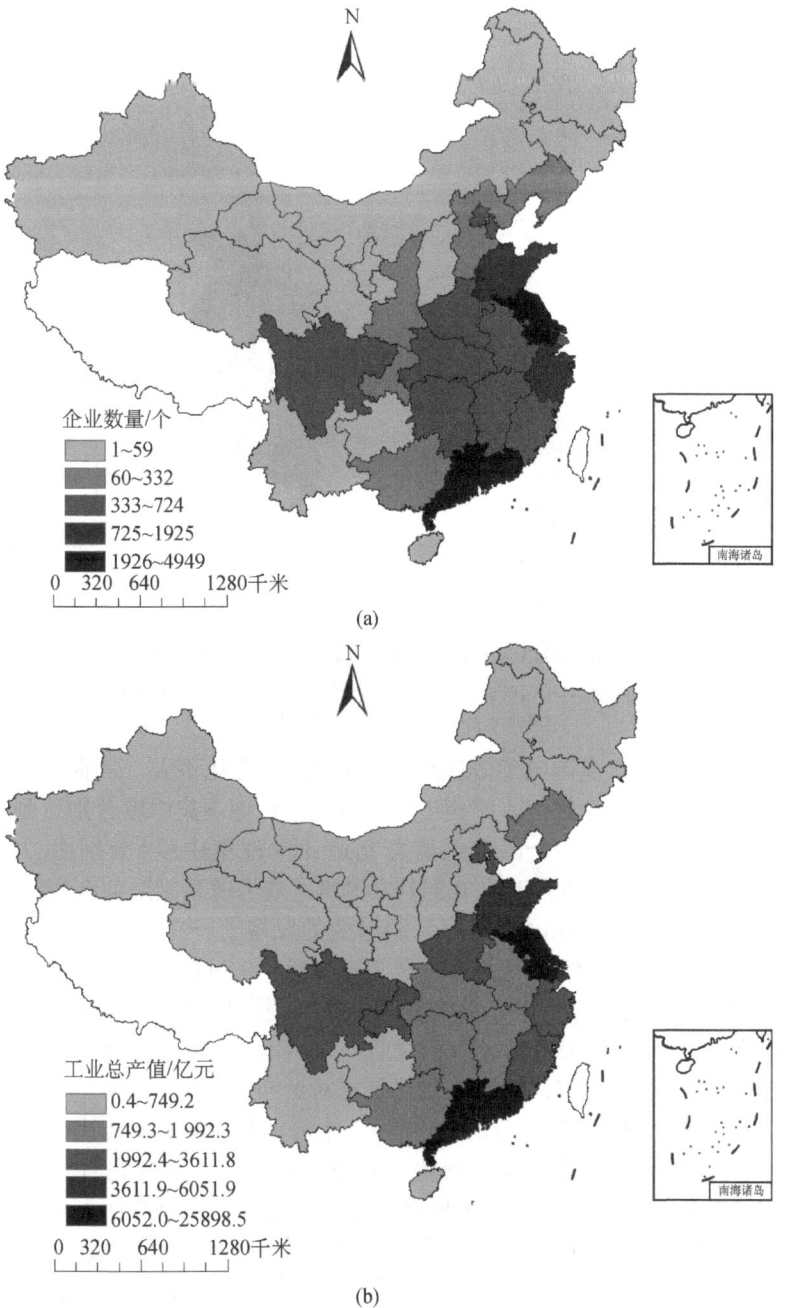

图 6-8　2013 年中国电子信息制造业空间分布

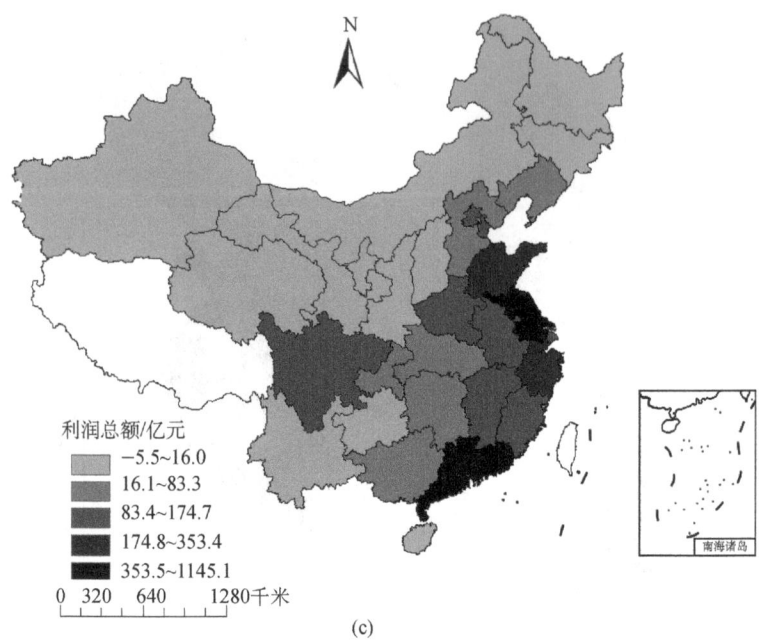

(c)

图 6-8　2013 年中国电子信息制造业空间分布（续）

资料来源：根据《中国电子信息产业统计年鉴（综合篇）2013》相关数据绘制

图中空白处西藏自治区是缺少数据的区域

2003～2013 年，全国电子信息制造业在空间上变化不大，从企业数量、工业总产值看，2008 年是个拐点，中国电子信息制造业地理集中度分别达到 0.841、0.908，2003～2008 年，全国电子信息制造业地理集中度①分别由 2003 年的 0.781、0.836 上升到 2008 年的 0.841、0.908，电子信息制造业在空间上逐渐集聚，进而表明全国各个地区电子信息制造业的发展有一定的差距。2008～2013 年，电子信息制造业地理集中度分别由 2008 年的 0.841、0.908 下降到 2013 年的 0.791、0.794，电子信息制造业在空间分布上逐渐扩散，一些地区电子信息制造业逐步发展起来。2003 年，广东、江苏、浙江、上海是中国电子信息制造业主要分布区，山东、北京、天津、福建是相对分布区；2013 年，中国电子信息制造业仍然主要分布在广东、江苏、浙江、上海，与 2003 年相比，中国电子信息制造业的主要分布区没有发生变化，此外，在山东、福建也有一定的分布。相对于 2003 年，广东占全国电子信息制造业企业数量比重有所上升，但占全国电子信息制造业总产值比重有所下降；江苏占全国电子信息制造业企业数量比重、占全国电子信息制造业总产值比重均呈上升趋势；上海、北京、天津占全

---

① 地理集中度：$CR_n = \sum_{i=2}^{n} X_i / \sum_{i=1}^{N} X_i$，地理集中度（$CR_n$）表示在一定地区前 n 位省份的地理集中度，X_i 表示 X 产业在第 i 个省份的企业数量或工业总产值，N 表示有数据的全国省份数。数值越大，说明 X 产业在全国的空间分布越不均匀；反之，则说明 X 产业在全国的空间分布越均匀，文中 n 取值 8，X 产业代表电子信息制造业

国电子信息制造业企业数量比重、占全国电子信息制造业总产值比重均呈下降趋势，上海、北京、天津电子信息制造业在全国的地位有所下降（图6-9）。

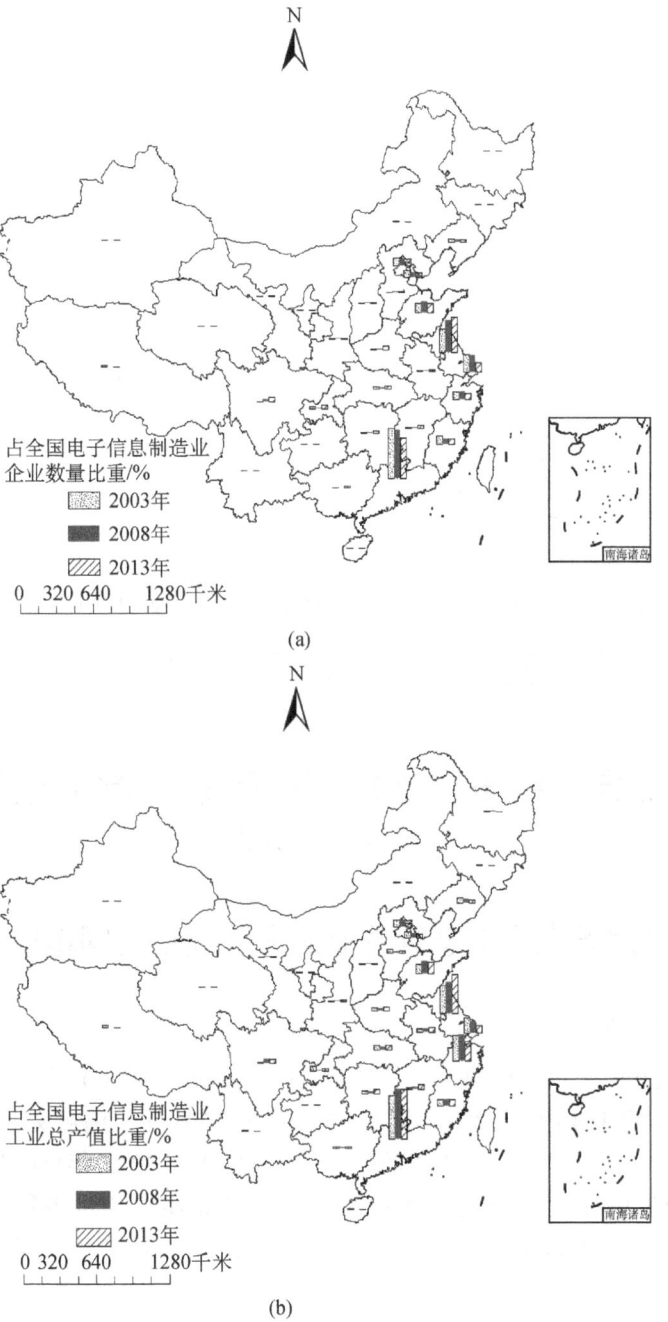

图 6-9 2003～2013 年中国电子信息制造业空间分布及其变化

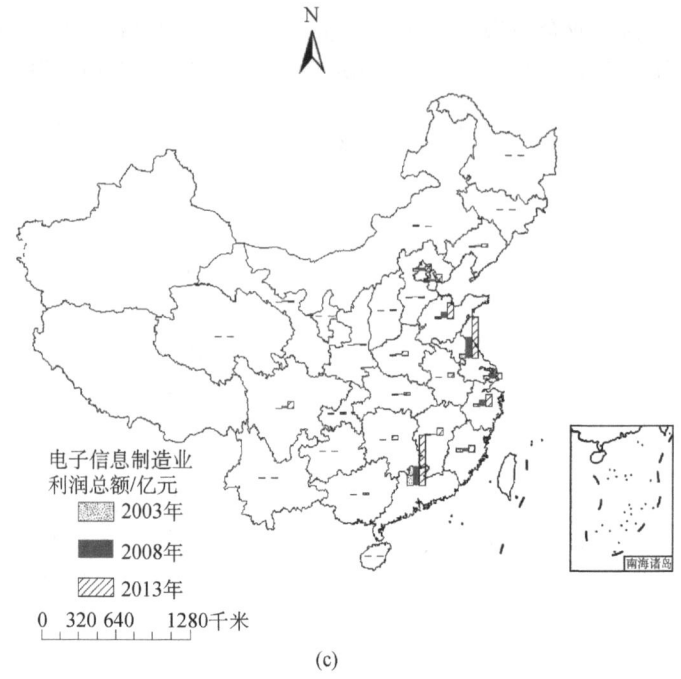

(c)

图 6-9 2003~2013 年中国电子信息制造业空间分布及其变化（续）

资料来源：根据《中国电子信息产业统计年鉴 2003》《中国电子信息产业统计年鉴（综合篇）2008》《中国电子信息产业统计年鉴（综合篇）2013》相关数据绘制

第二节 京津冀城市群电子信息制造业发展及空间分布

一、京津冀电子信息制造业的发展及在全国地位中的变化[①]

1. 企业数量

2003~2013 年，京津冀电子信息制造业企业数量由 2003 年的 1065 个先增加到 2006 年的 1546 个，然后下降到 2007 年的 1231 个，随后又上升到 2009 年的 1451 个，最后下降到 2013 年的 1073 个，整体上 2013 年京津冀电子信息制造业企业数量相对于 2003 年仅增加了 8 个（图 6-10）。从企业数量增长率看，2003~2013 年，京津冀电子信息制造业企业数量增长率变化呈波动越来越小的

---

① 由于本部分数据来源于《中国电子信息产业统计年鉴》，只有分省的数据，河北省相关数据包括全部地级市的数据，因此，本部分研究区域为京津冀整个地区

波浪形，其变化大体分为三个阶段：第一阶段是 2003~2007 年，其增长率先由 2004 年的 6.5%上升到 2005 年的 31.6%，然后又逐渐下降到 2007 年的-20.4%，除了 2007 年外，这一时期，京津冀电子信息制造业均有所发展，2005 年发展速度最快；第二阶段是 2007~2011 年，其增长率变化先由 2007 年的-20.4%上升到 2009 年的 11.9%，然后又逐渐下降到 2011 年的-35.2%，除了 2010 年、2011 年京津冀电子信息制造业企业数量增长率小于零以外，其他年份增长率均为正数，2009 年，京津冀电子信息制造业发展速度最快，2010 年、2011 年，京津冀电子信息制造业发展相对比较缓慢；第三阶段是 2011~2013 年，增长率变化由 2011 年的-35.2%增加到 2013 年的 4.0%，2012 年、2013 年，京津冀电子信息制造业相对于 2011 年有所发展（图 6-11）。从占全国电子信息制造业企业数量比重看，京津冀的比重逐渐下降，由 2003 年的 10.1%逐渐下降到 2013 年的 6.0%，共下降了 4.1 个百分点，平均以每年 0.4 个百分点的速度下降（图 6-10）。这一时期，京津冀在全国电子信息制造业中的比重逐渐下降，需要进一步提高京津冀在全国电子信息制造业中的重要性。

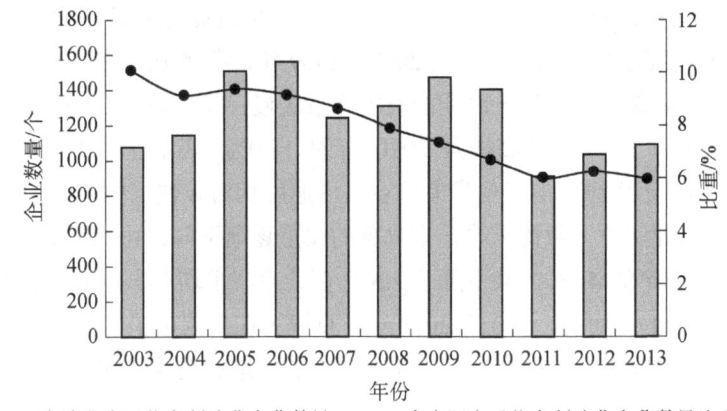

图 6-10　2003~2013 年京津冀电子信息制造业企业数量及其占全国比重的变化

资料来源：根据历年《中国电子信息产业统计年鉴》相关数据绘制

2. 就业人数

2003~2012 年，京津冀电子信息制造业就业人数变化呈 N 形，由 2003 年的 25.9 万人先增加到 2006 年的 37.0 万人，然后下降到 2009 年的 35.1 万人，随后又上升到 2012 年的 46.8 万人，整体上 2012 年京津冀电子信息制造业就业人数相对于 2003 年增加了 20.9 万人（图 6-12）。从就业人数增长率看，2003~2012 年，除 2007~2009 年、2011 年京津冀电子信息制造业企业就业人数增长率为负数以外，其他年份的增长率均大于零，且增长率变化呈不规则的波浪形，

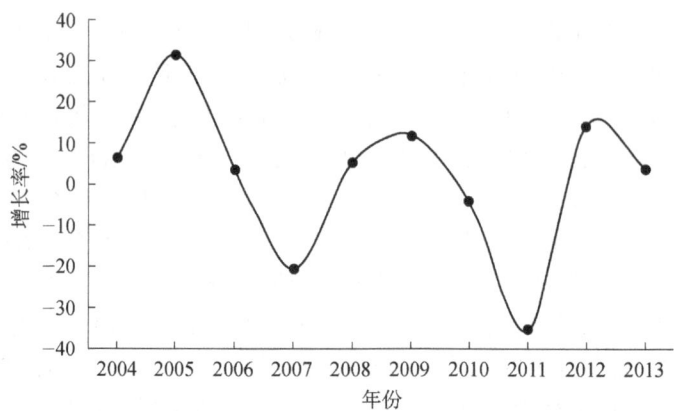

图 6-11 2004~2013 年京津冀电子信息制造业企业数量增长率及其变化

资料来源：根据历年《中国电子信息产业统计年鉴》相关数据绘制

其变化大体分为三个阶段：第一阶段是 2003~2007 年，其增长率变化先由 2004 年的 4.6%上升到 2006 年的 17.1%，然后又逐渐下降到 2007 年的-2.2%，除了 2007 年以外，这一时期，京津冀电子信息制造业均有所发展，2005 年、2006 年发展速度较快；第二阶段是 2007~2009 年，其增长率在-1%~-3%变化，京津冀电子信息制造业在这一时期的发展比较缓慢；第三阶段是 2009~2012 年，其增长率变化呈 N 形，其高峰为 2010 年的 16.0%，低谷为 2011 年的-0.4%，2010 年、2012 年京津冀电子信息制造业发展速度相对较快（图 6-13）。从占全国电子信息制造业就业人数比重看，京津冀的比重逐渐下降，由 2003 年的 7.3%逐渐下降到 2012 年的 4.7%，共下降了 2.6 个百分点，平均以每年 0.3 个百分点的速度下降（图 6-12）。可见，2003~2012 年，京津冀在全国电子信息制造业中的重要性逐渐减弱，需要进一步提高京津冀在全国电子信息制造业中的地位。

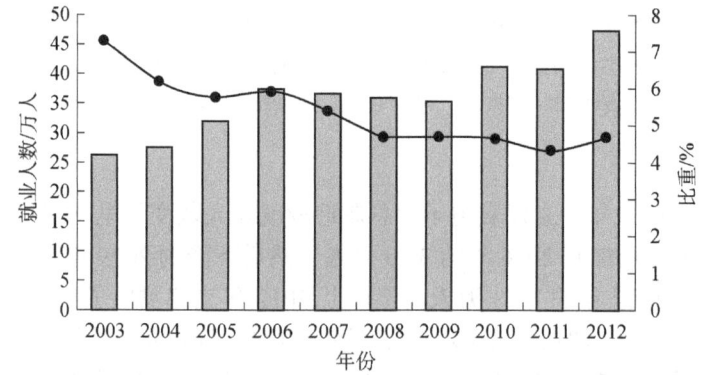

图 6-12 2003~2012 年京津冀电子信息制造业就业人数及其占全国比重的变化

资料来源：根据历年《中国电子信息产业统计年鉴》相关数据绘制

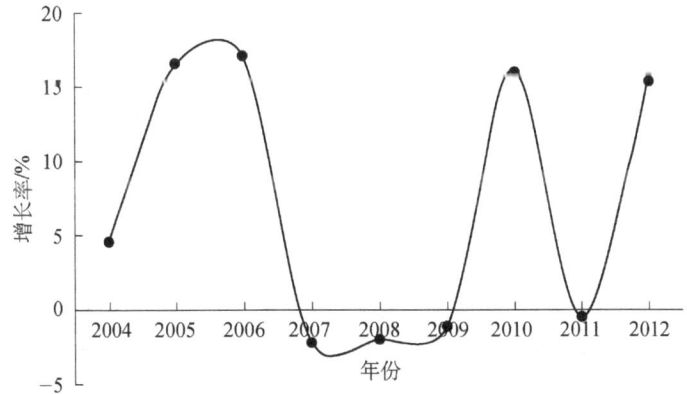

图 6-13　2004～2012 年京津冀电子信息制造业就业人数增长率及其变化
资料来源：根据历年《中国电子信息产业统计年鉴》相关数据绘制

3. 工业总产值

2003～2013 年，京津冀电子信息制造业工业总产值变化呈 N 形，先由 2003 年的 1947.7 亿元增加到 2007 年的 4996.5 亿元，然后下降到 2009 年的 4022.4 亿元，随后又上升到 2013 年的 6855.6 亿元，整体上 2013 年京津冀电子信息制造业工业总产值相对于 2003 年增加了 4907.9 亿元（图 6-14）。从增长率看，2003～2013 年，除 2008 年、2009 年京津冀电子信息制造业工业总产值增长率为负数以外，其他年份的增长率均大于零，其增长率变化大体分为两个阶段：第一阶段是 2003～2009 年，其增长率由 2004 年的 37.5%逐渐下降到 2009 年的-10.6%，共下降了 48.1 个百分点，平均以每年 8.0 个百分点的速度下降，这一时期，京津冀电子信息制造业发展速度减缓乃至负增长；第二阶段是 2009～2013 年，京津冀电子信息制造业工业总产值增长率变化呈 N 形，先由 2009 年的-10.6%逐渐上升到 2010 年的 16.2%，然后又下降到 2011 年的 3.9%，随后又逐渐上升到 2013 年的 20.8%，其中，2010 年、2012 年、2013 年京津冀电子信息制造业的发展速度相对较快（图 6-15）。从占全国电子信息制造业工业总产值比重看，京津冀的比重先上升后逐渐下降并趋于稳定，先由 2003 年的 10.9%逐渐上升到 2006 年的 12.2%，然后又下降到 2013 年的 7.4%，整体上 2003～2013 年，京津冀占全国电子信息制造业工业总产值比重共下降了 3.5 个百分点，平均以每年 0.4 个百分点的速度下降（图 6-14）。2003～2006 年京津冀在全国电子信息制造业中的比重逐渐上升，2006～2013 年京津冀在全国电子信息制造业中的重要性有所减弱，2003～2013 年整体上京津冀在全国电子信息制造业中的比重有所下降，在全国电子信息制造业中的重要性需要进一步增强。

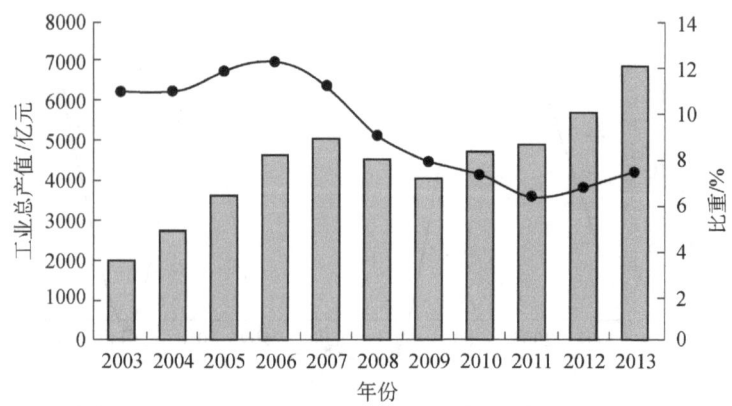

图 6-14　2003~2013 年京津冀电子信息制造业工业总产值及其占全国比重的变化

资料来源：根据历年《中国电子信息产业统计年鉴》相关数据绘制

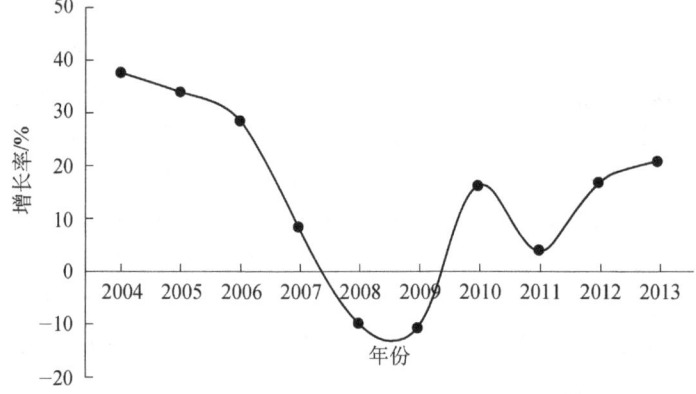

图 6-15　2004~2013 年京津冀电子信息制造业工业总产值增长率及其变化

资料来源：根据历年《中国电子信息产业统计年鉴》相关数据绘制

4. 工业增加值[①]

2003~2008 年，京津冀电子信息制造业工业增加值由 2003 年的 412.3 亿元增加到 2006 年的 941.2 亿元，并大体保持稳定，整体上 2006 年京津冀电子信息制造业工业增加值相对于 2003 年增加了 528.9 亿元（图 6-16）。2004~2008 年，京津冀电子信息制造业工业增加值增长率变化呈不规则的 N 形，除 2007 年京津冀电子信息制造业工业增加值增长率为负数以外，其他年份的增长率均大于零，其增长率的高峰值为 2005 年的 41.4%，低谷为 2007 年的 -12.4%，2004~2005 年京津冀电子信息制造业发展迅速，2005~2007 年

---

① 在《中国电子信息产业统计年鉴》中，全国电子信息制造业工业增加值的相关数据统计到 2009 年，而京津冀地区相关数据只统计到 2008 年，因此，对相关数据的分析截止到 2008 年

发展速度有所减缓，2007～2008年发展速度有所提升（图6-17）。从占全国电子信息制造业工业增加值比重看，京津冀的比重大体保持在8%～11.6%，2003～2006年在全国电子信息制造业中的比重有所上升，2006～2008年重要性减弱（图6-16）。

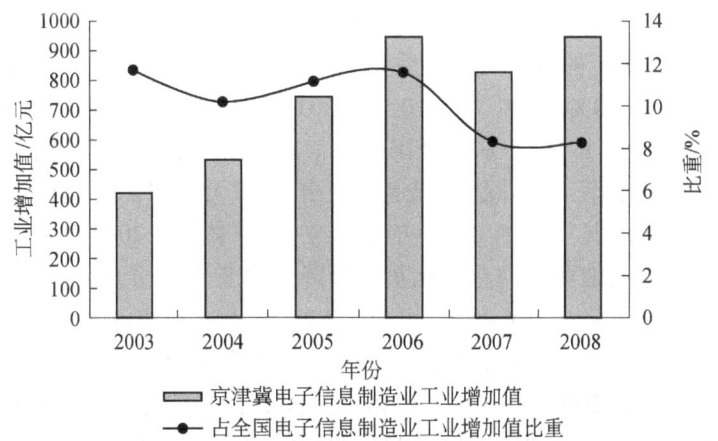

图6-16　2003～2008年京津冀电子信息制造业工业增加值及其占全国比重的变化
资料来源：根据历年《中国电子信息产业统计年鉴》相关数据绘制

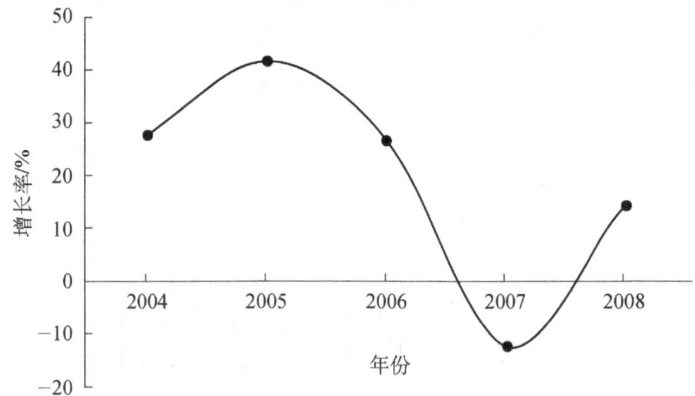

图6-17　2004～2008年京津冀电子信息制造业工业增加值增长率及其变化
资料来源：根据历年《中国电子信息产业统计年鉴》相关数据绘制

5. 利润总额

2003～2013年，京津冀电子信息制造业利润总额变化大体呈不规则的N形，先由2003年的87.4亿元增加到2006年的211.7亿元，然后下降到2009年的116.8亿元，随后又上升到2013年的325.2亿元，整体上2013年京津冀电子信息制造业利润总额相对于2003年增加了237.8亿元（图6-18）。从增长率看，2003～2013 年，京津冀电子信息制造业利润总额增长率变化波动性较大，其增长率变化大体分为两个阶段：第一阶段是 2004～2009 年，2004 年利润总额约是 2003 年的 2.2 倍，随后增长率逐渐下降到 2009 年的-26.3%，这一时期京津冀电子信息制造业发展速度减缓甚至负增长；第二阶段是 2009～2013 年，京津冀电子信息制造业增长率变化呈 N 形，先由 2009 年的-26.3%逐渐上升到 2010 年的 66.0%，然后又下降到 2012 年的-5.0%，随后又逐渐上升到 2013 年的 39.3%，其中，2010 年、2013 年京津冀电子信息制造业的发展速度相对较快（图 6-19）。从占全国电子信息制造业利润总额比重看，京津冀的比重先上升后逐渐下降并趋于稳定，先由 2003 年的 12.6%逐渐上升到 2004 年的 19.5%，然后又下降到 2013 年的 7.8%，整体上，2003～2013 年京津冀占全国电子信息制造业利润总额比重共下降了 4.8 个百分点，平均以每年 0.5 个百分点的速度下降（图 6-18）。可见，2003～2004 年京津冀在全国电子信息制造业中的比重有所上升，2004～2013 年京津冀在全国电子信息制造业中的重要性逐渐减弱，2003～2013 年整体上京津冀在全国电子信息制造业中的重要性有所下降，其在全国电子信息制造业中的地位需要进一步提高。

因此，从企业数量、就业人数、工业总产值、工业增加值、利润总额等各个方面看，整体上，2003～2013 年京津冀电子信息制造业发展有所减缓，在全国电子信息制造业中的重要性有所降低，期间仅 2003～2005 年京津冀在全国电子信息制造业中的地位有所提高，其他年份均呈降低趋势。

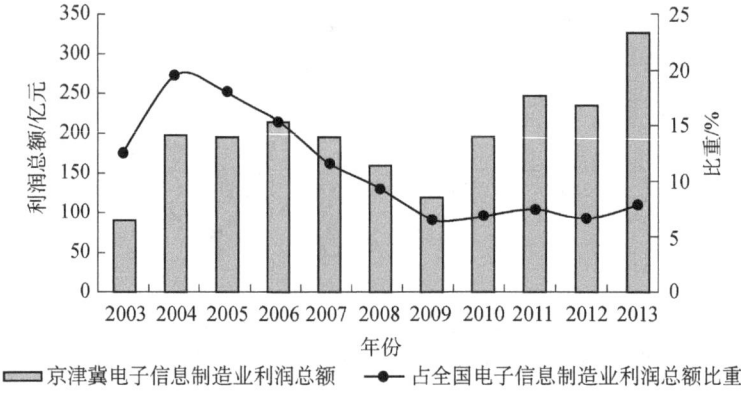

图 6-18　2003～2013 年京津冀电子信息制造业利润总额及其占全国比重的变化
资料来源：根据历年《中国电子信息产业统计年鉴》相关数据绘制

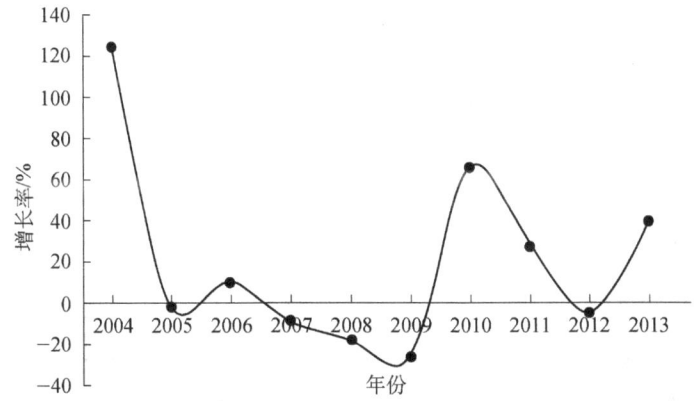

图 6-19　2004~2013 年京津冀电子信息制造业利润总额增长率及其变化
资料来源：根据历年《中国电子信息产业统计年鉴》相关数据绘制

二、北京、天津、河北电子信息制造业的发展变化[①]

1. 企业数量

整体上，2003~2013 年，北京、天津电子信息制造业企业数量分别由 2003 年的 400 个、392 个增加到 2013 年的 410 个、425 个，河北电子信息制造业企业数量由 2003 年的 273 个减少到 2013 年的 238 个。北京、天津、河北占京津冀电子信息制造业企业数量比重由 2003 年的"北京（37.6%）最大、天津（36.8%）次之、河北（25.6%）最小"转变为 2013 年"天津（39.6%）最大、北京（38.2%）次之、河北（22.2%）最小"。

2003~2013 年，北京电子信息制造业企业数量先由 2003 年的 400 个增加到 2005 年的 679 个，2005~2009 年在 620~700 个范围内变化，随后又逐渐下降到 2011 年的 371 个，至 2013 年又增加到 410 个，占京津冀电子信息制造业企业数量比重先由 2003 年的 37.6%逐渐上升到 2008 年的 51.7%，然后又下降到 2013 年的 38.2%；天津电子信息制造业企业数量变化呈不规则的 M 形，其高峰分别是 2006 年、2010 年的 551 个、582 个，低谷分别是 2003 年、2008 年、2011 年的 392 个、451 个、360 个，占京津冀电子信息制造业企业数量比重大体保持稳定，在 36.8%~39.6%变化；河北电子信息制造业企业数量先由 2003 年的 273 个增加到 2006 年的 337 个，然后逐渐下降到 2013 年的 238 个，占京津冀电子信息制造业企业数量比重先由 2003 年的 25.6%下降到 2007 年的 12.3%，

[①] 由于本部分数据来源于《中国电子信息产业统计年鉴》，只有分省的数据，河北省相关数据包括全部地级市的数据，因此，本部分研究区域为京津冀整个地区

然后又上升到 2013 年的 22.2%，但相对于 2003 年，比重下降了 3.4 个百分点（图 6-20）。从企业数量看，2003~2013 年，北京在京津冀电子信息制造业中的比重先上升后逐渐下降，整体上在京津冀电子信息制造业中的地位略有上升，2004 年、2013 年在京津冀电子信息制造业中的地位高于河北、略低于天津，2003 年、2005~2012 年在京津冀电子信息制造业中的地位最高；天津在京津冀电子信息制造业中的地位先下降后逐渐上升，2004 年、2013 年在京津冀电子信息制造业中的地位最高，2003 年、2005~2012 年在京津冀电子信息制造业中的地位高于河北、低于北京；河北在京津冀电子信息制造业中的比重先下降后逐渐上升，在京津冀电子信息制造业中的地位最低。2003~2013 年，北京、天津电子信息制造业与河北之间的差距先增大后逐渐减小，2003 年，北京、天津电子信息制造业企业数量分别是河北的 1.5 倍、1.4 倍，2003~2007 年，北京、天津电子信息制造业企业数量与河北之间的差距增大，2007 年，北京、天津电子信息制造业企业数量分别是河北的 4.1 倍、3.1 倍，2007~2013 年这种差距逐渐缩小，至 2013 年，北京、天津电子信息制造业企业数量分别是河北的 1.7 倍、1.8 倍。整体上 2003~2013 年，京津冀电子信息制造业分布格局除 2004 年、2013 年是"天津最大、北京次之、河北最小"外，其他年份均是"北京最大、天津次之、河北最小"。

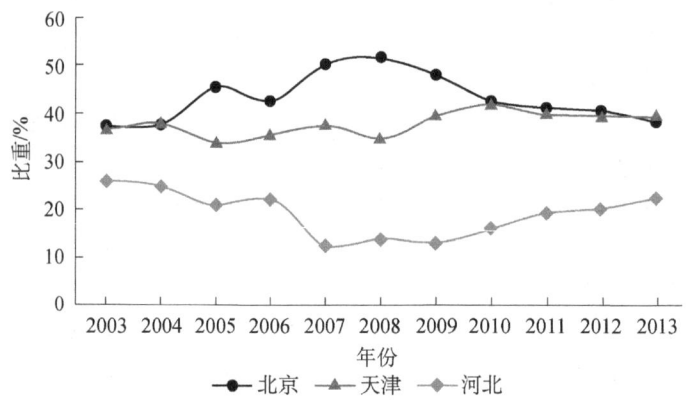

图 6-20　2003~2013 年北京、天津、河北占京津冀电子信息制造业企业数量比重及其变化
资料来源：根据历年《中国电子信息产业统计年鉴》相关数据绘制

2. 就业人数

2003~2012 年北京、天津、河北电子信息制造业就业人数分别由 2003 年的 10.0 万人、12.0 万人、3.9 万人逐渐上升到 2012 年的 16.2 万人、21.1 万人、9.6 万人，2012 年，北京、天津、河北电子信息制造业就业人数分别是 2003 年的 1.6 倍、1.8 倍、2.5 倍。2003 年、2012 年，京津冀电子信息制造业的分布格局

均为"天津最大、北京次之、河北最小",其中,北京、天津占京津冀电子信息制造业就业人数比重分别降低了 4.1、1.2 个百分点,河北占京津冀电子信息制造业就业人数比重增加了 5.3 个百分点。

2003~2012 年,北京电子信息制造业就业人数先由 2003 年的 10.0 万人增加到 2007 年的 16.6 万人,然后又逐渐下降到 2011 年的 13.7 万人,2012 年就业人数恢复到 16.2 万人,占京津冀电子信息制造业就业人数比重先由 2003 年的 38.6%逐渐上升到 2007 年的 45.9%,然后又下降到 2013 年的 34.5%,相对于 2003 年,比重下降了 4.1 个百分点;天津电子信息制造业就业人数先由 2003 年的 12.0 万人,逐渐上升到 2006 年的 16.8 万人,随后又下降到 2009 年的 14.1 万人,至 2012 年,就业人数增加到 21.1 万人,占京津冀电子信息制造业就业人数比重先由 2003 年的 46.2%下降到 2010 年的 39.9%,后上升到 2012 年的 45.0%;河北电子信息制造业就业人数由 2003 年的 3.9 万人逐渐增加到 2012 年的 9.6 万人,占京津冀电子信息制造业就业人数比重先由 2003 年的 15.2%上升到 2010 年的 24.7%,然后又下降到 2012 年的 20.5%,但相对于 2003 年比重增加了 5.3 个百分点(图 6-21)。从就业人数看,2003~2012 年,北京在京津冀电子信息制造业中的比重先上升后逐渐下降,2003~2006 年、2010~2012 年,在京津冀电子信息制造业中的地位高于河北、低于天津,2007~2009 年,在京津冀电子信息制造业中的地位最高;天津在京津冀电子信息制造业中的比重先下降后上升,2003~2006 年、2010~2012 年,在京津冀电子信息制造业中的地位最高,2007~2009 年,在京津冀电子信息制造业中的地位高于河北、低于北京;河北在京津冀电子信息制造业中的比重先上升后逐渐下降,在京津冀电子信息制造业中的地位最低。北京、天津电子信息制造业与河北之间的差距先增大后逐渐减小,2003 年,北京、天津电子信息制造业就业人数分别是河北的 2.5 倍、3.0 倍;2003~2007 年,北京、天津电子信息制造业的发展与河北之间的差距逐渐增大,2007 年,北京、天津电子信息制造业就业人数分别是河北的 4.0 倍、3.8 倍;2007~2012 年,北京、天津电子信息制造业的发展与河北之间的差距逐渐减小,至 2012 年,北京、天津电子信息制造业就业人数分别是河北的 1.7 倍、2.2 倍。整体上,2003~2013 年,京津冀电子信息制造业分布格局除 2007~2009 年是"北京最大、天津次之、河北最小"外,其他大部分年份均是"天津最大、北京次之、河北最小"。

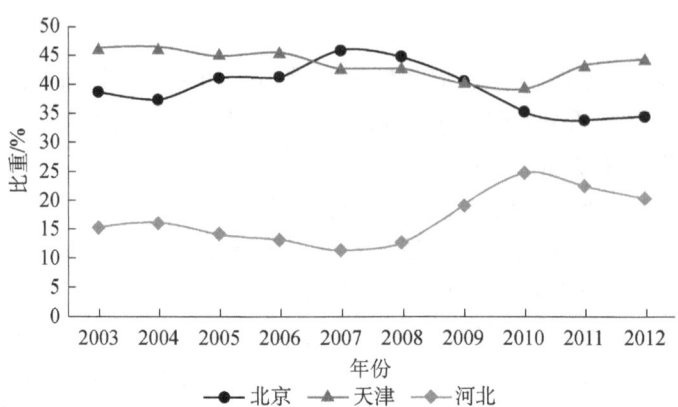

图 6-21 2003~2012 年北京、天津、河北占京津冀电子信息制造业就业人数比重及其变化
资料来源：根据历年《中国电子信息产业统计年鉴》相关数据绘制

3. 工业总产值

2003~2013 年，北京、天津、河北电子信息制造业工业总产值分别由 2003 年的 935.9 亿元、919.8 亿元、91.9 亿元逐渐上升到 2013 年的 2785.4 亿元、3321.0 亿元、749.2 亿元，2013 年，北京、天津、河北电子信息制造业工业总产值分别是 2003 年的 3.0 倍、3.6 倍、8.2 倍。北京、天津、河北占京津冀电子信息制造业工业总产值比重由 2003 年的"北京（48.1%）最大、天津（47.2%）次之、河北（4.7%）最小"转变为 2013 年的"天津（48.4%）最大、北京（40.6%）次之、河北（10.9%）最小"。

2003~2013 年，北京、天津电子信息制造业工业总产值变化呈不规则的 N 形，分别先由 2003 年的 935.9 亿元、919.8 亿元，逐渐上升到 2007 年的 2763.9 亿元、2033.8 亿元，然后又下降到 2009 年的 2204.4 亿元、1543.1 亿元，最后上升到 2013 年的 2785.4 亿元、3321.0 亿元。北京占京津冀电子信息制造业工业总产值比重先由 2003 年的 48.1%逐渐增加到 2007 年的 55.3%，然后下降到 2013 年的 40.6%，相对于 2003 年，其比重下降了 7.5 个百分点。天津占京津冀电子信息制造业工业总产值比重先由 2003 年的 47.2%下降到 2009 年的 38.4%，然后逐渐升高到 2013 年的 48.4%，其比重和 2003 年大体相当。河北电子信息制造业工业总产值由 2003 年的 91.9 亿元逐渐增加到 2013 年的 749.2 亿元，占京津冀电子信息制造业工业总产值比重由 2003 年的 4.7%上升到 2013 年的 10.9%，在京津冀电子信息制造业中的地位逐渐提高（图 6-22）。从工业总产值看，2003~2013 年，北京在京津冀电子信息制造业中的比重先上升后下降并大体保持稳定，2004 年、2011~2013 年，在京津冀电子信息制造业中的地位高于河北、低于天津，2003 年、2005~2010 年，在京津冀电子信息制造业中的地位最高；天津在京津冀电子信息制造业中的比重先下降后逐渐上升，2004 年、2011~2013

年，在京津冀电子信息制造业中的地位最高，2003年、2005~2010年，在京津冀电子信息制造业中的地位高于河北、低于北京；河北在京津冀电子信息制造业中的比重逐渐上升，在京津冀电子信息制造业中的地位低于北京、天津。2003~2013年，北京、天津与河北电子信息制造业发展的差距先增大后逐渐减小，2003年，北京、天津电子信息制造业工业总产值分别是河北的10.2倍、10.0倍，2003~2007年，其差距逐渐增大，2007年，北京、天津电子信息制造业工业总产值分别是河北的13.9倍、10.2倍，2007~2013年这种差距逐渐减小，至2013年，北京、天津电子信息制造业工业总产值分别是河北的3.7倍、4.4倍。整体上，2003~2013年，京津冀电子信息制造业分布格局除2004年、2011~2013年是"天津最大、北京次之、河北最小"外，其他年份均是"北京最大、天津次之、河北最小"。

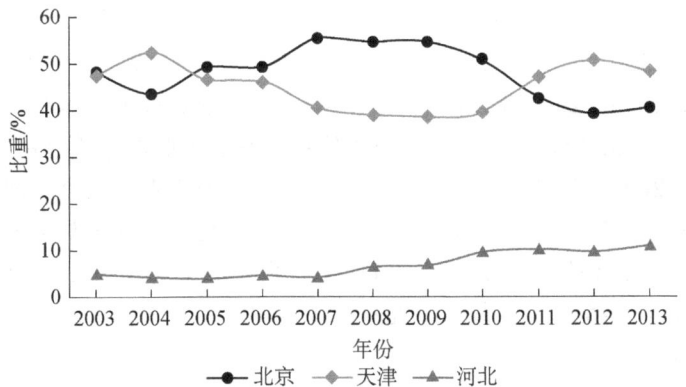

图6-22　2003~2013年北京、天津、河北占京津冀电子信息制造业工业总产值比重及其变化
资料来源：根据历年《中国电子信息产业统计年鉴》相关数据绘制

4. 工业增加值

2003~2008年，北京、天津、河北电子信息制造业工业增加值分别由2003年的121.7亿、248.3亿元、42.3亿元逐渐上升到2008年的486.3亿元、378.1亿元、75.9亿元，2008年北京、天津、河北电子信息制造业工业增加值分别是2003年的4.0倍、1.5倍、1.8倍。北京、天津、河北占京津冀电子信息制造业工业增加值比重由2003年的"天津（60.2%）最大、北京（29.5%）次之、河北（10.3%）最小"转变为2008年的"北京（51.7%）最大、天津（40.2%）次之、河北（8.1%）最小"。

2003~2008年，北京电子信息制造业工业增加值先由2003年的121.7亿元逐渐增加到2008年的486.3亿元，占京津冀电子信息制造业工业增加值比重由2003年的29.5%逐渐上升到2008年的51.7%，比重增加了22.2个百分点；天津电子信息制造业工业增加值先由 2003 年的 248.3 亿元逐渐上升到 2006 年的 413.6 亿元，随后又下降到 2008 年的 378.1 亿元，占京津冀电子信息制造业工业增加值比重由 2003 年的 60.2%逐渐下降到 2008 年的 40.2%；河北电子信息制造业就业人数由 2003 年的 42.3 亿元逐渐增加到 2008 年的 75.9 亿元，占京津冀电子信息制造业工业增加值比重由 2003 年的 10.3%下降到 2008 年的 8.1%（图 6-23）。从工业增加值看，2003～2008 年，北京在京津冀电子信息制造业中的比重逐渐上升，2003～2004 年，在京津冀电子信息制造业中的地位高于河北、低于天津，2005～2008 年，在京津冀电子信息制造业中的地位最高；天津在京津冀电子信息制造业中的比重逐渐下降，2003～2004 年，在京津冀电子信息制造业中的地位最高，2005～2008 年，在京津冀电子信息制造业中的地位高于河北、低于北京；河北在京津冀电子信息制造业中的比重缓慢上升，在京津冀电子信息制造业中的地位最低。北京、天津电子信息制造业与河北之间的差距先增大后逐渐减小，2003 年，北京、天津电子信息制造业工业增加值分别是河北的 2.9 倍、5.9 倍，2003～2005 年，北京、天津电子信息制造业的发展与河北之间的差距逐渐增大，2005 年，北京、天津电子信息制造业工业增加值分别是河北的 9.2 倍、8.7 倍，2005～2008 年，北京、天津电子信息制造业的发展与河北之间的差距逐渐减小，至 2008 年，北京、天津电子信息制造业工业增加值分别是河北的 6.4 倍、5.0 倍。整体上，2003～2013 年，京津冀电子信息制造业分布格局除 2003 年、2004 年是"天津最大、北京次之、河北最小"外，其他年份均是"北京最大、天津次之、河北最小"。

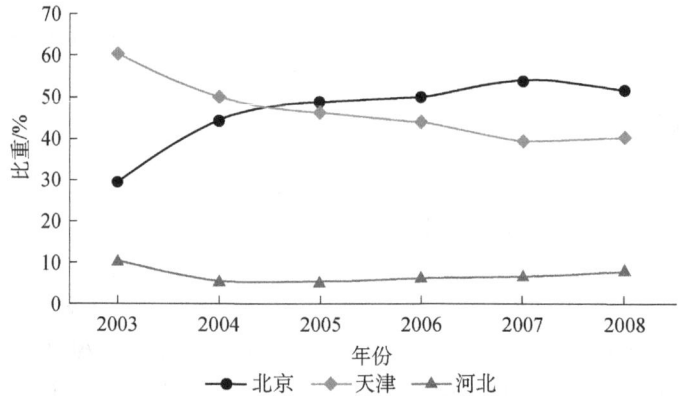

图 6-23　2003～2008 年北京、天津、河北占京津冀电子信息制造业工业增加值比重及其变化
资料来源：根据历年《中国电子信息产业统计年鉴》相关数据绘制

5. 利润总额

整体上，2003～2013 年，北京、天津、河北电子信息制造业利润总额分别

由 2003 年的 54.5 亿元、25.9 亿元、7.0 亿元逐渐上升到 2013 年的 116.3 亿元、174.7 亿元、34.2 亿元，2013 年北京、天津、河北电子信息制造业利润总额分别是 2003 年的 2.1 倍、6.7 倍、4.9 倍。北京、天津、河北占京津冀电子信息制造业利润总额比重由 2003 年的"北京（62.3%）最大、天津（29.7%）次之、河北（8.0%）最小"转变为 2013 年的"天津（53.7%）最大、北京（35.8%）次之、河北（10.5%）最小"。

2003～2013 年，北京电子信息制造业利润总额先由 2003 年的 54.5 亿元增加到 2007 年的 121.3 亿元，然后又逐渐下降到 2009 年的 48.6 亿元，至 2013 年，其利润总额恢复到 116.3 亿元，占京津冀电子信息制造业利润总额比重先由 2003 年的 62.3%下降到 2004 年的 24.8%，然后又上升到 2007 年的 62.8%，最后下降到 2013 年的 35.8%，相对于 2003 年，比重下降了 26.5 个百分点。天津电子信息制造业利润总额先由 2003 年的 25.9 亿元，逐渐上升到 2004 年的 136.1 亿元，随后又下降到 2009 年的 47.0 亿元，至 2013 年利润总额增加到 174.7 亿元，占京津冀电子信息制造业利润总额比重先由 2003 年的 29.7%上升到 2005 年的 70.4%，然后下降到 2007 年的 24.8%，随后又逐渐升高到 2013 年的 53.7%，相对于 2003 年，比重上升了 24 个百分点。河北电子信息制造业利润总额由 2003 年的 7.0 亿元逐渐增加到 2010 年的 39.9 亿元，然后又下降到 2013 年的 34.2 亿元，占京津冀电子信息制造业利润总额比重先由 2003 年的 8.0%逐渐上升到 2010 年的 20.6%，然后又下降到 2013 年的 10.5%，相对于 2003 年，比重上升了 2.5 个百分点（图 6-24）。从利润总额看，2003～2013 年，北京在京津冀电子信息制造业中的比重波动变化，最后逐渐降低，整体上，在京津冀电子信息制造业中的地位有所下降；天津在京津冀电子信息制造业中的比重波动变化，河北在京津冀电子信息制造业中的比重先下降后上升，最后逐渐下降，整体上，在京津冀电子信息制造业中的比重略有上升。北京、天津电子信息制造业的发展与河北之间的差距先增大后逐渐减小，2003 年，北京、天津电子信息制造业利润总额分别是河北的 7.8 倍、3.7 倍，2003～2005 年，它们之间的差距逐渐增大，2005 年，北京、天津电子信息制造业利润总额分别是河北的 4.4 倍、12.8 倍，2005～2013 年，北京、天津电子信息制造业利润总额与河北之间的差距逐渐减小，至 2013 年，北京、天津电子信息制造业利润总额分别是河北的 3.4 倍、5.1 倍。整体上 2003～2013 年，京津冀电子信息制造业分布格局除 2004～2006 年、2011～2013 年是"天津最大、北京次之、河北最小"外，其他年份均是"北京最大、天津次之、河北最小"。

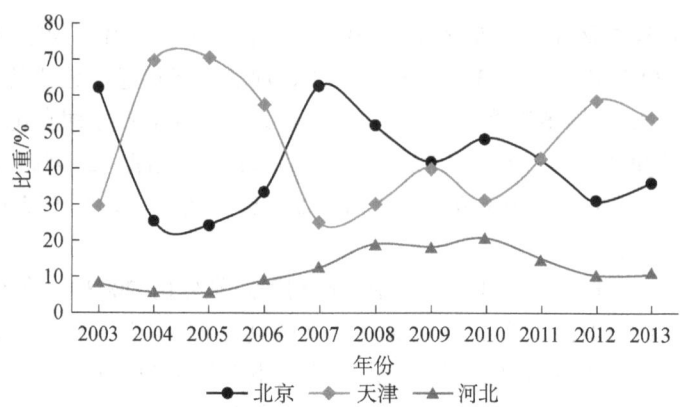

图 6-24 2003~2013 年北京、天津、河北占京津冀电子信息制造业利润总额比重及其变化
资料来源：根据历年《中国电子信息产业统计年鉴》相关数据绘制

因此，从企业数量、就业人数、工业总产值、工业增加值、利润总额等各个方面看，2003~2013 年，北京、天津、河北在京津冀电子信息制造业中的地位逐渐由 2003 年的"北京-天津-河北"转变为 2013 年的"天津-北京-河北"，北京在京津冀电子信息制造业中的地位有所下降，天津在京津冀电子信息制造业中的地位略有提高，河北在京津冀电子信息制造业中的地位大幅度上升。

三、京津冀城市群电子信息制造业专业化行业及其变化

根据 2002 年，我国国民经济行业分类标准，电子信息制造业共分为通信设备制造业、广播电视设备制造业、计算机制造业、雷达及配套设备制造业、视听设备制造业、电子器件制造业及电子元件制造业七个行业。为了便于分析，把电子器件制造业及电子元件制造业合并为电子元器件制造业，由于雷达及配套设备制造业数据仅有 2005 年的数据，所以仅对通信设备制造业、广播电视设备制造业、计算机制造业、电子元器件制造业、视听设备制造业进行分析。

2001~2009 年，京津冀城市群主要以通信设备制造业、电子元器件制造业为主，从就业人数看，2001 年、2005 年、2009 年，京津冀通信设备制造业占电子信息制造业比重分别为 23.5%、23.9%、32.5%，呈上升趋势，电子元器件制造业比重分别为 48.2%、55.1%、48.0%，其变化先上升后下降；从工业总产值看，2001 年、2005 年、2009 年，京津冀通信设备制造业占电子信息制造业比重分别为 59.7%、57.8%、58.5%，比重略有下降，电子元器件制造业比重分别为 13.2%、21.2%、22.8%，比重逐渐上升（图 6-25、图 6-26）。

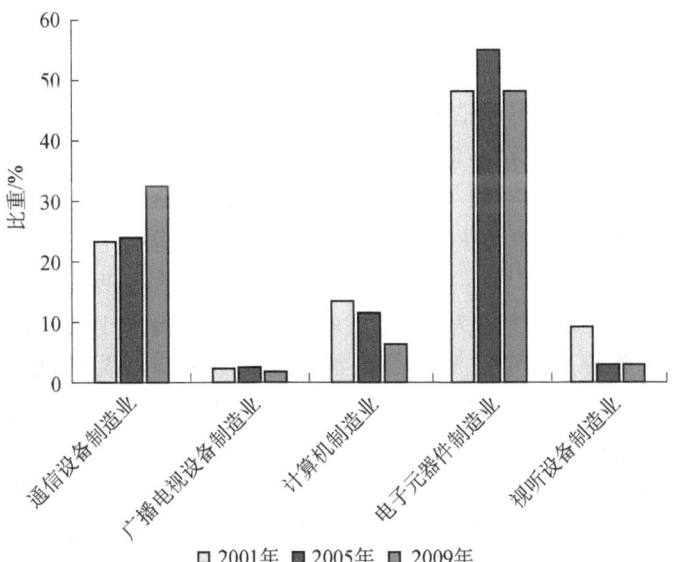

图 6-25　2001 年、2005 年、2009 年京津冀城市群电子信息制造业就业人数比重及其变化

资料来源：中国工业企业数据库（2001 年、2005 年、2009 年）

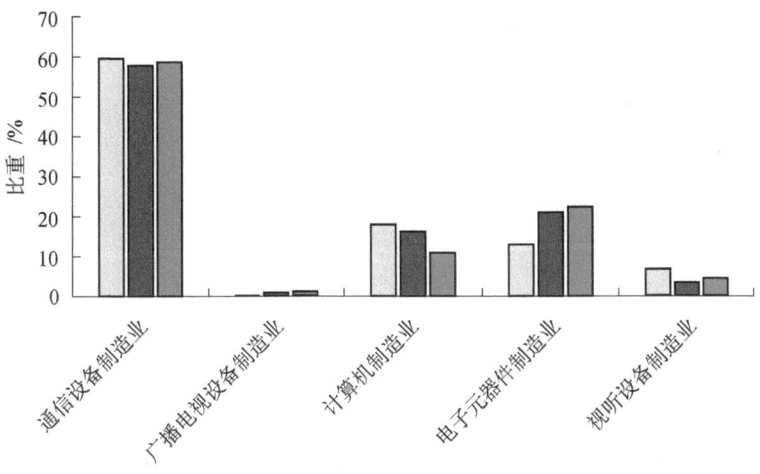

图 6-26　2001 年、2005 年、2009 年京津冀城市群电子信息制造业工业总产值比重及其变化

资料来源：中国工业企业数据库（2001 年、2005 年、2009 年）

1. 北京

从就业人数看，2001 年、2005 年、2009 年，北京通信设备制造业（25.3%、35.0%、40.3%）、电子元器件制造业（30.6%、33.1%、37.1%）在电

子信息制造业中一直保持主导地位,并且其主导地位进一步增强。从工业总产值看,2001 年、2005 年、2009 年,北京通信设备制造业(57.3%、58.9%、68.5%)、计算机制造业(25.5%、23.9%、13.9%)在电子信息制造业中占有重要地位,通信设备制造业的重要性逐渐增强,计算机制造业占北京电子信息制造业的比重有所下降(图 6-27~图 6-29)。2001 年、2005 年、2009 年,北京市专业化行业为通信设备制造业、广播电视设备制造业、计算机制造业。其中,2001 年,专业化程度最高的电子信息制造业为广播电视设备制造业(就业人数区位商为 2.0、工业总产值区位商为 1.6);2005 年、2009 年,从就业人数看,专业化程度最高的电子信息制造业为广播电视设备制造业,其区位商一直保持在 1.7 左右,从工业总产值看,专业化程度最高的电子信息制造业为计算机制造业,其区位商分别为 1.5、1.3。2001~2009 年,北京专业化水平提高的行业分别为通信设备制造业、电子元器件制造业,其中,电子元器件制造业专业化水平提高的幅度最大,从就业人数、工业总产值看,区位商均分别提高 0.1、0.2,其他三个行业专业化水平呈下降趋势,其中,视听设备制造业专业化水平下降幅度较大,区位商分别由 1.3、1.1 下降到 0.6、0.1(表 6-1~表 6-3)。

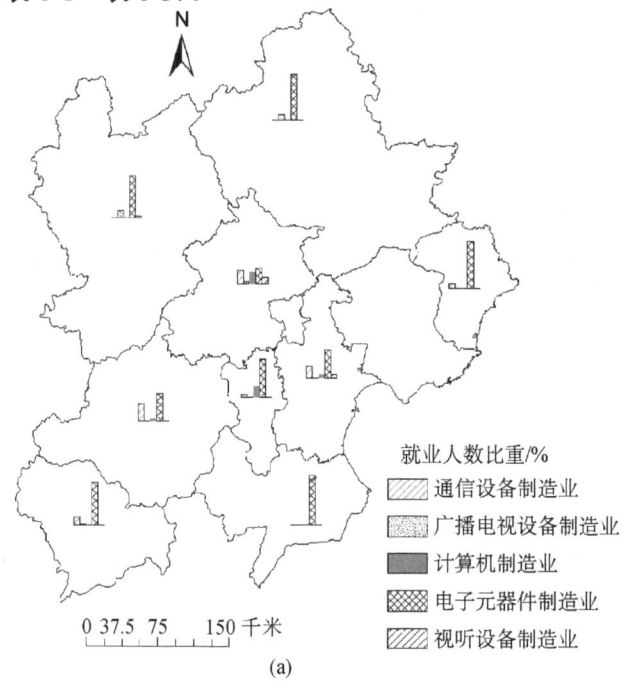

图 6-27 2001 年京津冀城市群电子信息制造业分布状况

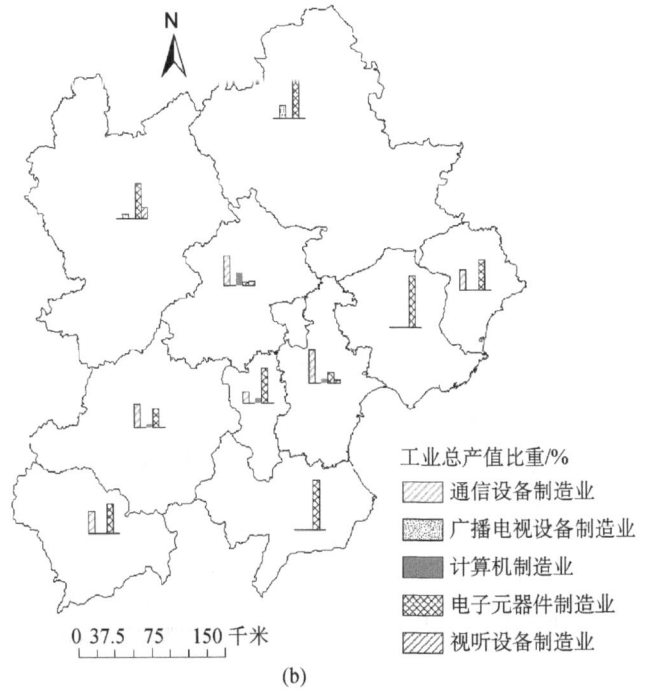

图 6-27 2001 年京津冀城市群电子信息制造业分布状况（续）

资料来源：中国工业企业数据库（2001 年）

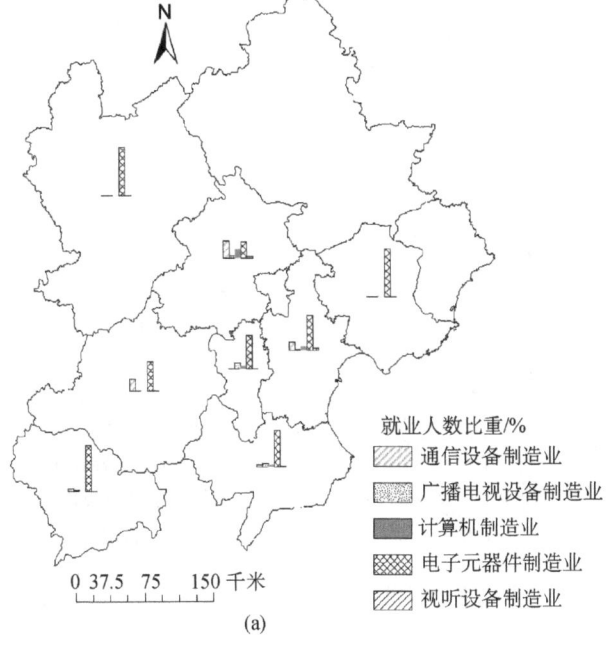

图 6-28 2005 年京津冀城市群电子信息制造业分布状况

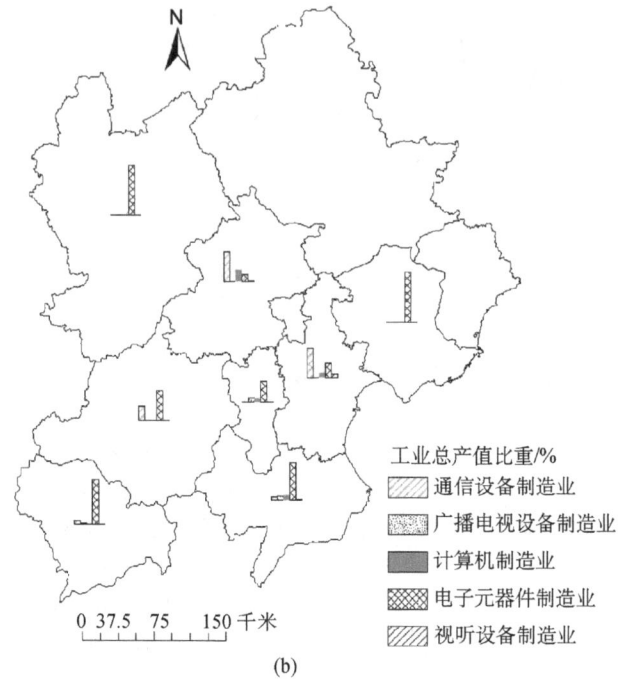

图 6-28　2005 年京津冀城市群电子信息制造业分布状况（续）

资料来源：中国工业企业数据库（2005 年）

图 6-29　2009 年京津冀城市群电子信息制造业分布状况

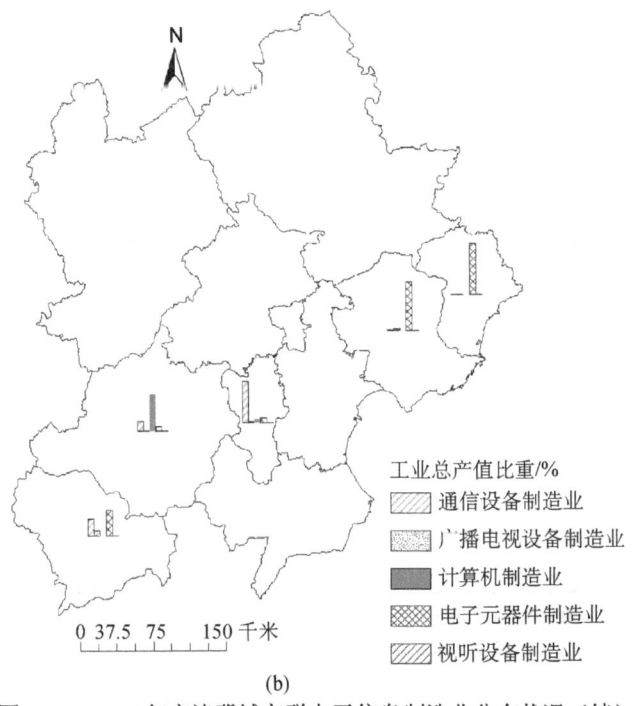

(b)

图 6-29　2009 年京津冀城市群电子信息制造业分布状况（续）

资料来源：中国工业企业数据库（2009 年）

表 6-1　2001 年京津冀城市群电子信息制造业区位商及其变化

地区	通信设备制造		广播电视设备制造		计算机制造		电子元器件制造		视听设备制造	
	人数	产值	人数	产值	人数	产值	人数	产值	人数	产值
北京	1.1	1.0	2.0	1.6	1.6	1.4	0.6	0.4	1.3	1.1
天津	1.1	1.1	0.1	0.2	0.6	0.5	1.2	1.6	0.9	0.9
河北	0.4	0.6	0.4	0.3	0.1	0.1	1.8	4.9	0.1	0.0
石家庄	0.6	0.7	0.4	0.1			1.7	4.3		
沧州							2.0	7.3		
廊坊	0.2	0.4			1.5	0.6	1.6	5.1		
唐山							2.1	7.6		
保定	1.4	0.8			0.4	0.3	1.1	2.8		
秦皇岛	0.4	0.7					1.9	4.5		
承德			4.9	88.6			1.9	5.7		
张家口			6.7	28.6			1.7	5.3	0.4	3.3

资料来源：中国工业企业数据库（2001 年）

注：人数指"就业人数"；产值指"工业总产值"

表 6-2　2005 年京津冀城市群电子信息制造业区位商及其变化

地区	通信设备制造		广播电视设备制造		计算机制造		电子元器件制造		视听设备制造	
	人数	产值	人数	产值	人数	产值	人数	产值	人数	产值
北京	1.5	1.0	1.7	1.3	1.6	1.5	0.6	0.7	1.0	0.3
天津	0.7	1.0	0.2	0.2	0.6	0.5	1.3	1.3	1.1	1.8
河北	0.2	0.1	1.9	16.3	0.2	0.3	1.5	3.5	0.1	0.3
石家庄	0.2	0.1	0.5	7.7			1.7	4.2	0.2	0.4
沧州	0.2	0.1	2.8	22.5	0.4	0.6	1.4	3.5	0.2	0.4
廊坊			4.7	24.0	0.5	0.3	1.2	1.9		
唐山							1.8	4.7		
保定	1.0	0.5					1.1	2.8		
秦皇岛										
承德										
张家口							1.8	4.7		

资料来源：中国工业企业数据库（2005 年）

注："人数"指"就业人数"；"产值"指"工业总产值"

表 6-3　2009 年京津冀城市群电子信息制造业区位商及其变化

地区	通信设备制造		广播电视设备制造		计算机制造		电子元器件制造		视听设备制造	
	人数	产值	人数	产值	人数	产值	人数	产值	人数	产值
北京	1.2	1.2	1.7	1.1	1.3	1.3	0.8	0.6	0.6	0.1
天津	0.6	0.8	0.1	0.2	0.8	0.7	1.3	1.4	1.7	2.4
河北	1.5	0.8	2.0	6.7	0.8	0.7	0.8	1.7	0.0	0.1
石家庄	0.6	0.6	4.6	15.5			1.4	2.2		
沧州	0.4	0.1	2.9	9.0	0.7	1.0	1.6	3.4	0.2	0.3
廊坊	2.5	1.4	0.7	2.6	1.2	0.6	0.2	0.4		
唐山	0.1		5.3	4.0			1.8	4.2		
保定	1.6	0.3			2.7	6.5	0.5	0.3		
秦皇岛							1.4	4.4		
承德										
张家口										

资料来源：中国工业企业数据库（2009 年）

注："人数"指"就业人数"；"产值"指"工业总产值"

2. 天津

2001年，通信设备制造业（就业人数、工业总产值占天津电子信息制造业比重分别为 24.7%、64.7%）、电子元器件制造业（57.0%、20.7%）在天津电子信息制造业中占有重要地位，二者几乎垄断了天津电子信息制造业；2005年，天津通信设备制造业（17.1%、58.4%）、电子元器件制造业（70.5%、27.3%）在电子信息制造业中仍然占有主导地位；2009年，通信设备制造业（19.7%、46.3%）、电子元器件制造业（60.4%、32.5%）在天津电子信息制造业中的垄断地位有所减弱（图 6-27~图 6-29）。从区位商看，2001年，天津专业化行业为电子元器件制造业（就业人数、工业总产值区位商分别为 1.2、1.6）、通信设备制造业（1.1、1.1）；2005年，天津专业化行业为电子元器件制造业（1.3、1.3）、视听设备制造业（1.1、1.8）；2009年，天津专业化行业仍然为电子元器件制造业（1.3、1.4）、视听设备制造业（1.7、2.4），其中，视听设备制造业专业化水平较高。2001~2009年，从就业人数看，天津专业化水平提高的电子信息制造业为计算机制造业、电子元器件制造业、视听设备制造业，其中，视听设备制造业上升幅度最大，区位商由 0.9 增加到 1.7；通信设备制造业、广播电视设备制造业专业化水平均呈下降趋势，通信设备制造业专业化水平下降 0.5，下降幅度比较大。从工业总产值看，在天津电子信息制造业中，专业化水平提高的行业为计算机制造业、视听设备制造业，其中，视听设备制造业上升幅度较大，区位商由 0.9 提高到 2.4，其他三个行业专业化水平均呈下降趋势，其中，通信设备制造业专业化水平下降幅度较大，区位商降低 0.3（表 6-1~表 6-3）。

3. 河北[①]

2001年，河北省电子元器件制造业（就业人数、工业总产值占河北电子信息制造业比重分别为 86.7%、65.0%）、通信设备制造业（9.7%、32.8%）在电子信息制造业中占有重要地位；2005年，通信设备制造业（3.7%、5.4%）在河北电子信息制造业中的地位有所下降，电子元器件制造业（83.5%、73.3%）所占比重大幅度上升；2009年，河北通信设备制造业比重迅速上升（50.0%、46.8%），电子元器件制造业在河北省电子信息制造业中的比重有所下降（39.6%、38.2%）（图 6-27~图 6-29）。从就业人数看，2001年，河北专业化行业为电子元器件制造业，区位商达到 1.8；2005年，专业化行业在电子元器件制造业的基础上，新增了广播电视设备制造业，且其专业化水平较高，区位商为 1.9；2009年，专业化行业变为通信设备制造业、广播电视设备制造业，其中专

---

① 此处河北指的是列入京津冀城市群范围内的河北省的 8 个地级市

业化水平较高的行业为广播电视设备制造业（2.0）。从工业总产值看，2001年，河北电子信息制造业专业化行业仅有电子元器件制造业，区位商达到 4.9；2005 年、2009 年，专业化行业新增了广播电视设备制造业，且其区位商分别高达 16.3、6.7。2001~2009 年，除电子元器件制造业就业人数、工业总产值区位商分别由 1.8、4.9 下降到 0.8、1.7 以外，其他行业专业化水平均呈上升趋势，其中，提高幅度比较明显的行业为广播电视设备制造业，其区位商分别增加 1.6、6.4（表 6-1~表 6-3）。

2001 年、2005 年、2009 年，河北电子信息制造业主要分布在石家庄、沧州、廊坊、唐山，其他地区分布较少。2001 年，石家庄（57.6%、70.4%）、沧州（24.8%、17.1%）、廊坊（6.9%、6.1%）、唐山（5.2%、2.8%）占河北省电子信息制造业就业人数、工业总产值比重之和分别达到 88.5%、96.3%；2005 年，石家庄（34.2%、34.4%）、沧州（30.7%、38.8%）、廊坊（19.5%、20.3%）、唐山（12.4%、3.9%）所占比重之和分别高达 96.8%、97.4%；2009 年，廊坊（52.7%、48.5%）、沧州（19.0%、26.6%）、石家庄（19.0%、19.2%）唐山（4.6%、2.4%）所占比重之和分别为 95.3%、96.7%。

1）石家庄

2001 年，石家庄电子元器件制造业（就业人数、工业总产值占石家庄电子信息制造业比重分别为 84.4%、56.8%）、通信设备制造业（14.5%、42.8%）在电子信息制造业中所占比重较大；2005 年，通信设备制造业所占比重有所下降，电子元器件制造业所占比重大幅度上升，几乎垄断了石家庄的电子信息制造业，其就业人数、工业总产值占石家庄电子信息制造业的比重分别为 94.2%、89.0%；2009 年，通信设备制造业（20.6%、33.0%）在石家庄电子信息制造业中的地位有所上升，电子元器件制造业（68.6%、50.3%）在石家庄电子信息制造业中的地位大幅度下降（图 6-27~图 6-29）。2001 年，石家庄电子信息制造业专业化行业仅有电子元器件制造业（就业人数、工业总产值区位商分别为 1.7、4.3）；2005 年，从就业人数看，其专业化行业仍然为电子元器件制造业，区位商为 1.7，从工业总产值看，专业化行业新增了广播电视设备制造业，且其专业化水平较高，区位商达到 7.7；2009 年，专业化行业变为广播电视设备制造业、电子元器件制造业，其中，广播电视设备制造业专业化水平较高，区位商分别为 4.6、15.5。2001~2009 年，除广播电视设备制造业就业人数、工业总产值区位商分别由 0.4、0.1 上升到 4.6、15.5 以外，其他行业专业化水平呈下降趋势，其中，电子元器件制造业下降幅度较大，区位商分别下降 0.3、2.1（表 6-1~表 6-3）。

2）沧州

2001年、2005年、2009年，电子元器件制造业在沧州电子信息制造业中所占比重一直保持最大，其就业人数、工业总产值占沧州电子信息制造业比重均在74%以上（图6-27~图6-29）。从就业人数看，2001年，沧州专业化行业仅有电子元器件制造业，区位商为2.0；2005年、2009年，专业化行业新增广播电视设备制造业，其区位商分别为2.8、2.9，专业化水平较高。从工业总产值看，2001年，沧州专业化行业仅有电子元器件制造业，区位商为7.3；2005年，专业化行业新增广播电视设备制造业，且其专业化水平较高，区位商为22.5；2009年，专业化行业变为广播电视设备制造业、计算机制造业、电子元器件制造业，其中，广播电视设备制造业区位商为9.0，专业化水平较高。2001~2009年，从就业人数看，沧州专业化水平除电子元器件制造业区位商由2.0下降到1.6以外，其他行业专业化水平均呈上升趋势，其中，广播电视设备制造业专业化水平提高比较明显，区位商上升2.9；从工业总产值看，除电子元器件制造业区位商下降3.9以外，其他行业专业化水平均呈上升趋势，其中，上升幅度比较明显的行业为广播电视设备制造业，其区位商上升9.0（表6-1~表6-3）。

3）廊坊

2001年、2005年，廊坊电子元器件制造业在电子信息制造业中一直保持主导地位，就业人数占廊坊电子信息制造业比重由2001年的74.9%下降到2005年的67.9%，工业总产值比重由67.7%下降到41.0%，2009年，通信设备制造业几乎垄断了廊坊电子信息制造业，就业人数、工业总产值比重分别高达81.2%、80.5%（图6-27~图6-29）。从就业人数看，2001年，廊坊专业化行业为计算机制造业、电子元器件制造业，两者区位商分别为1.5、1.6；2005年，专业化行业变为广播电视设备制造业、电子元器件制造业，其中，广播电视设备制造业区位商高达4.7，专业化水平最高；2009年，廊坊专业化行业为通信设备制造业、计算机制造业，通信设备制造业专业化水平较高，区位商为2.5。从工业总产值看，2001年，廊坊专业化行业仅有电子元器件制造业，区位商为5.1；2005年，专业化行业新增了广播电视设备制造业，且其专业化水平较高，区位商高达24.0；2009年，廊坊专业化行业变为通信设备制造业、广播电视设备制造业，其中，广播电视设备制造业区位商为2.6，专业化水平最高；2001~2009年，除通信设备制造业就业人数、工业总产值区位商分别由0.2、0.4上升到2.5、1.4以外，其他行业专业化水平均呈下降趋势，其中，专业化水平下降比较明显的行业为电子元器件制造业，其区位商分别下降1.4、4.7（表6-1~表6-3）。

4）保定

2001年，河北保定通信设备制造业（就业人数、工业总产值占保定电子信息制造业比重分别为 33.9%、45.9%）、电子元器件制造业（53.7%、36.3%）在电子信息制造业中所占比重较大；2005年，通信设备制造业（25.0%、28.5%）比重大幅度下降，电子元器件制造业比重（61.7%、59.5%）迅速上升，但二者仍然在电子信息制造业中占有主导地位；2009年，通信设备制造业（53.0%、18.2%）、计算机制造业（17.3%、70.5%）所占比重较大（图6-27~图6-29）。从就业人数看，2001年、2005年，保定专业化行业为通信设备制造业、电子元器件制造业，两者区位商在1.0~1.4；2009年，保定专业化行业变为通信设备制造业、计算机制造业，计算机制造业专业化水平较高，区位商为2.7。从工业总产值看，2001年、2005年，电子信息制造业专业化行业仅有电子元器件制造业，且其专业化水平很高，区位商均为2.8；2009年，专业化行业变为计算机制造业，其区位商为6.5。2001~2009年，从就业人数看，保定专业化水平提高的行业为通信设备制造业、计算机制造业，其中，计算机制造业区位商由0.4上升到2.7，提高幅度最大；从工业总产值看，专业化水平上升的行业为计算机制造业，区位商由0.3增加到6.5，专业化水平下降的行业为通信设备制造业、电子元器件制造业，其中，专业化水平下降幅度比较明显的行业为电子元器件制造业，其区位商下降2.5（表6-1~表6-3）。

5）河北省其他地级市

由于河北省唐山、秦皇岛、承德、张家口只有部分电子信息制造业的相关样本数据，仅对现有数据进行简单分析。2001年、2005年，唐山电子信息制造业主要是电子元器件制造业，而且是专业化行业，从就业人数、工业总产值看，2001年专业化程度较高，区位商分别达到2.1、7.6，2009年，电子元器件制造业（85.3%、95.5%）在唐山电子信息制造业中所占比重较大，专业化行业为广播电视设备制造业（5.3、4.0）、电子元器件制造业（1.8、4.2）。2001年，电子元器件制造业（90.9%、59.4%）在秦皇岛电子信息制造业中所占比重较大，并且是秦皇岛的专业化行业，其区位商分别为1.9、4.5。2001年，承德电子元器件制造业（89.5%、75.3%）在电子信息制造业中所占比重较大，专业化行业为广播电视设备制造业（就业人数、工业总产值区位商分别为4.9、88.6）、电子元器件制造业（1.9、5.7）。2001年，电子元器件制造业（82.2%、69.9%）在张家口电子信息制造业中占有重要地位，广播电视设备制造业（6.7、28.6）、电子元器件制造业（1.7、5.3）是张家口专业化行业。

综合比重和区位商，2001 年，北京电子信息制造业的优势专业化行业为通信设备制造业、计算机制造业，2009 年，只有通信设备制造业是优势专业化行业。天津电子信息制造业优势专业化行业由 2001 年的通信设备制造业、电子元器件制造业转变为 2009 年的电子元器件制造业。整体上，2001 年、2005 年河北省电子信息制造业优势专业化行业为电子元器件制造业，2009 年没有优势专业化行业。2001~2009 年，石家庄、沧州、唐山电子信息制造业的优势专业化行业一直为电子元器件制造业；2001 年，承德电子信息制造业的优势专业化行业为电子元器件制造业，2005 年、2009 年没有优势专业化行业；2001 年、2005 年，张家口、保定优势专业化行业为电子元器件制造业，2009 年两个城市没有优势专业化行业；2001 年、2009 年，电子元器件制造业是秦皇岛的优势专业化行业，2005 年没有优势专业化行业；廊坊电子信息制造业优势专业化行业由 2001 年、2005 的电子元器件制造业转变为 2009 年的通信设备制造业（图 6-30）。

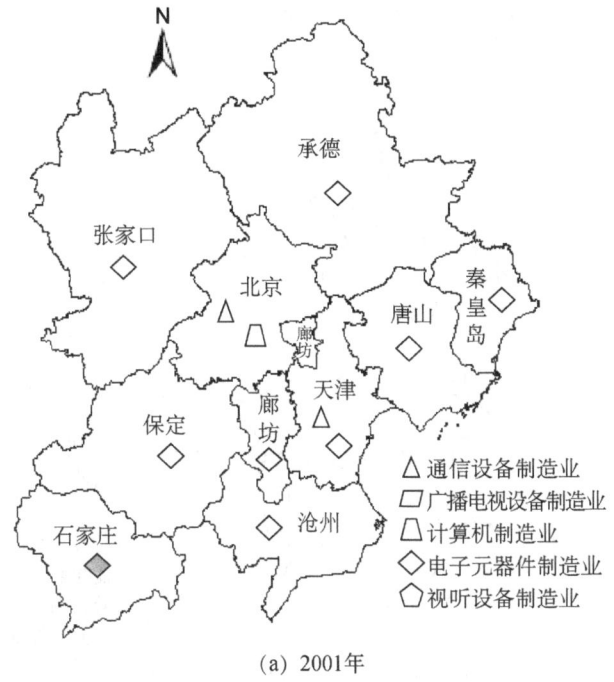

(a) 2001年

图 6-30　2001 年、2005 年、2009 年京津冀城市群电子信息制造业行业分工状况

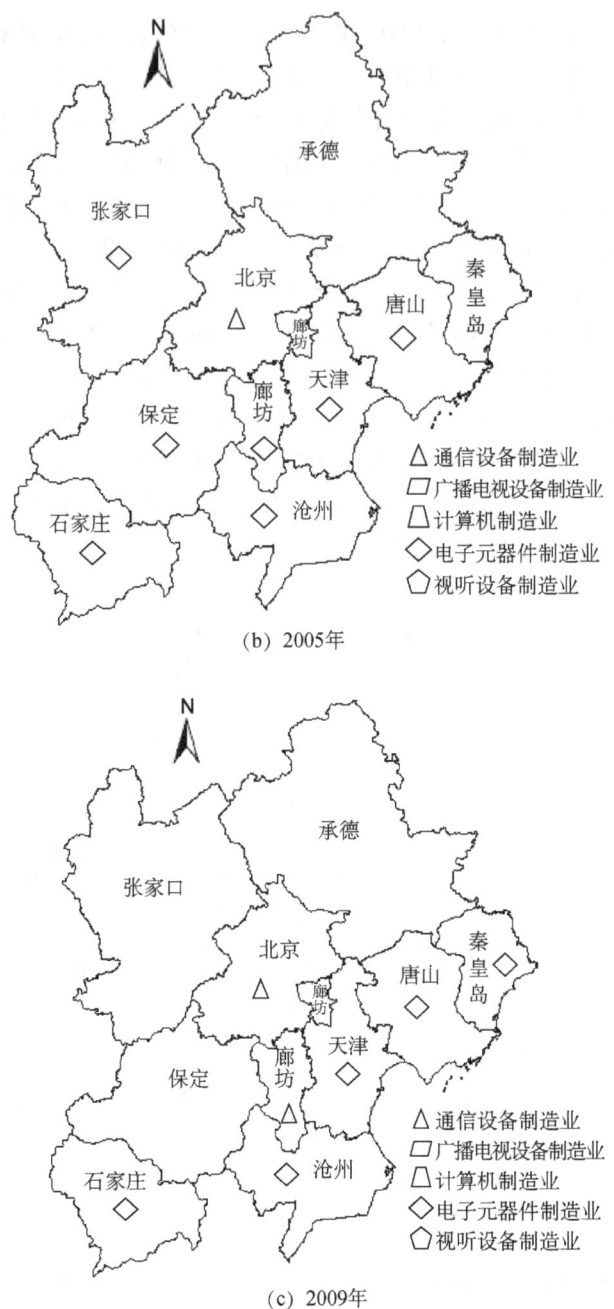

图 6-30 2001 年、2005 年、2009 年京津冀城市群电子信息制造业行业分工状况（续）

资料来源：中国工业企业数据库（2001 年、2005 年、2009 年）

选择标准为：就业人数比重及工业总产值比重均超过平均比重（20%）；就业人数和工业总产值区位商均大于 1

第三节 京津冀城市群电子信息制造业新型产业分工发展

基于《2002—2003 跨国公司在中国投资报告》及《2012 跨国公司中国报告》,对电子信息制造业企业相关数据进行录入和整理(表6-4)。2002年,全国电子信息制造业企业功能环节分为总部、研发、生产、销售、售后服务、软件、信息服务、运营管理、采购九大功能环节,2011 年,新增了物流环节。总部负责在华主要业务的管理,研发主要包括电子信息产品的研究与开发等,运营管理指企业电子商务运营相关的活动,包括平台建设、电子商务战略等,采购主要包括电子元器件等相关设备的采购,物流指电子产品的仓储、物流信息咨询等,售后服务主要处理电子产品售后的安装、测试、咨询解决方案等问题,软件功能负责人机界面、系统软件、应用开发、互联网技术和无线技术等相关软件的开发,信息服务指提供商务信息、市场调查分析、咨询服务等。由于运营管理、采购环节在京津冀没有分布,对京津冀电子信息制造业企业功能环节进行分析时暂不分析。对电子信息制造业企业及其分支机构进行统计时,重复的合资企业仅统计一次,主要业务不属于电子信息制造业行业的分支机构不进行统计;对于有多个功能的电子信息制造业企业分支机构进行统计时,分功能环节统计时分别统计,计算比重时,作为分母的电子信息制造业企业分支机构数量不重复计算。

表6-4 全球500强中在华投资的电子信息制造业企业名单[①]

年份	电子信息制造业企业名称
2002	伟创力、英特尔、**LG 乐喜金星电子**、东芝、三星电子、索尼、皇家飞利浦电子、摩托罗拉、朗讯科技、惠普、富士通、日本电气公司、康柏电脑、太阳微系统、诺基亚、思科系统、爱立信、北电网络、旭电公司、阿尔卡特
2011	伟创力、英特尔、**LG 乐喜金星电子**、**LG 显示器**、东芝、三星电子、索尼、皇家飞利浦电子、摩托罗拉、惠普、富士通、日本电气公司、诺基亚、思科系统、爱立信、中国电子信息产业集团、鸿海精密、**联想集团**、阿尔卡特、**华为**、纬创、广达电脑公司、宏基、仁宝电脑工业股份有限公司、戴尔

资料来源:《2002—2003 跨国公司在中国投资报告》、《2012 跨国公司中国报告》及企业官方网站资料

注:图中加粗的电子信息制造业企业表示在京津冀城市群地区有分布

[①] 2002 年,IBM(国际商业机器公司)在全球 500 强排名中归为计算机行业,2004 年,出售 PC 部门转型为服务型企业,2011 年,在全球 500 强排名中归为信息技术服务业,因此,本部分在统计在华投资电子信息制造企业时,不对 IBM 进行统计

一、京津冀城市群电子信息制造业企业功能环节发展状况

2002年,全球500强企业中共有电子信息制造企业23家,在中国设立分支机构的企业有20家,分支机构达到257个,京津冀城市群有18家电子信息制造企业,分支机构达到69个。生产环节最多,达到38个,销售环节、总部较多,分别有18个、10个,软件、研发、售后服务环节较少,分别有8个、7个、5个。2011年,全球500强企业中共有电子信息制造企业28家,在中国设立分支机构的企业增至25家,分支机构达到406个,京津冀城市群电子信息制造企业增加到20家,分支机构增加到90个。生产环节仍然最多,但减少到34个,研发环节、销售环节、总部较多,分别为26个、15个、12个,软件、售后服务环节相对较少,分别有8个、6个,信息服务和物流环节从无到有,分别为9个、1个。2002~2011年,京津冀城市群电子信息制造业企业各功能环节数量有增有减,从变化数量看,研发环节增加最多,共增加了19个,其次是信息服务环节,新增了9个,总部、售后服务、物流环节分别增加了2个、1个、1个,软件环节数量保持不变,但生产、销售环节分别减少了4个、3个。从增长率看,研发环节增长幅度较大,数量是2002年的2.7倍,总部增长率为20.0%,销售、生产环节增长率分别为-16.7%、-10.5%(图6-31)。需要说明的是,功能机构本身具有差异性,一个企业的生产、销售、研发、售后服务环节不只1个,而一个企业的总部只有1个,有些企业没有软件、信息服务、物流环节。

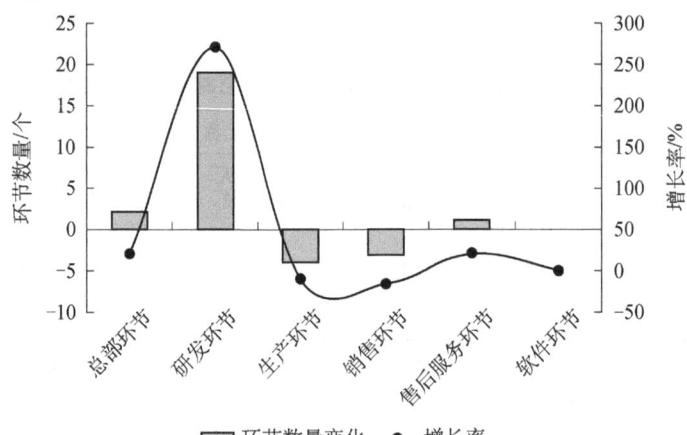

图6-31 2002~2011年京津冀城市群电子信息制造业企业各功能环节数量变化及增长率

资料来源:根据《2002~2003跨国公司在中国投资报告》、《2012跨国公司中国报告》及企业官方网站资料整理绘制

从在全国电子信息制造业企业功能环节中的地位看，2002年，京津冀城市群电子信息制造业企业各环节除总部所占比重高达83.3%以外，其他环节均在20%~35%，其中，软件、生产环节所占比重相对较高，均在25%以上。相比于2002年，2011年京津冀城市群电子信息制造业企业各功能环节新增了信息服务、物流环节，除研发环节所占比重有所增加以外，其他环节在全国电子信息制造业中均呈下降趋势，总部、信息服务环节所占比重相对较高，分别达到60.0%、40.9%，其次是软件、研发环节，所占比重分别为28.6%、26.0%，其他环节所占比重均在11%~18%，按比重从高到低排序依次为：生产、销售、售后服务、物流环节（图6-32）。

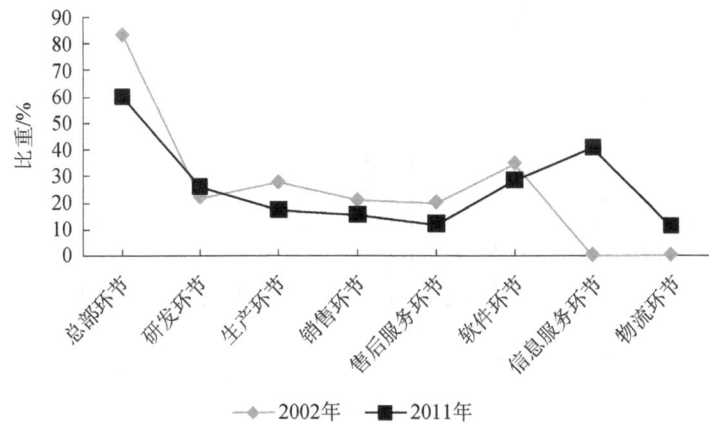

图6-32 2002年、2011年京津冀城市群电子信息制造业企业各功能环节占全国比重状况
资料来源：根据《2002~2003跨国公司在中国投资报告》、《2012跨国公司中国报告》及企业官方网站资料整理绘制

2002~2011年，尽管京津冀城市群电子信息制造业企业功能环节在全国的比重有所下降，但仍居于重要地位。虽然京津冀城市群电子信息制造业企业总部数量有一定的增加，但该环节数量在全国其他地区大幅度增长，其所占比重有所下降；由于京津冀城市群市场需求较大、销售网络比较完善、基础设施完善、交通运输便利，售后服务、生产、软件环节比重下降幅度相对较小；同时，大量科研机构、高技术人才汇集在京津冀城市群，研发环节比重有所上升，信息服务环节所占比重大幅度增加。因此，2002年，全国电子信息制造业企业功能环节在京津冀城市群的分布主要是总部高度集中，软件、生产、研发环节协调发展；至2011年，京津冀城市群总部、信息服务环节表现突出，其次是软件、研发环节，其他环节均衡发展。

二、京、津、冀电子信息制造业企业功能环节发展状况

2002 年，电子信息制造业企业功能环节在京津冀城市群内部分布各有差异，其环节主要分布在北京、天津，河北地区仅廊坊、石家庄有所分布，但涉及环节较少。京津冀城市群电子信息制造业企业总部、软件环节仅分布在北京，数量分别为 10 个、8 个；研发环节，北京 6 个，河北石家庄有 1 个，天津没有分布。北京拥有的生产、销售环节数量远远多于天津、河北，北京分别有 21 个、14 个，天津有 15 个、2 个，河北仅有 2 个、2 个，其中廊坊、石家庄这两个环节均各有 1 个；北京拥有的售后服务环节数量也多于天津、河北，北京有 4 个，天津有 1 个，河北没有（图 6-33）。

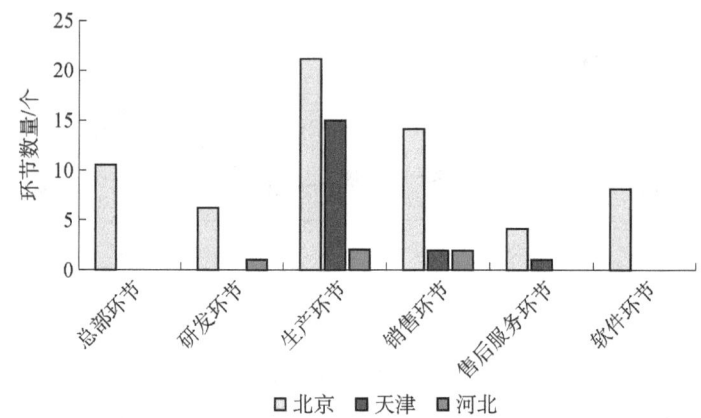

图 6-33　2002 年京津冀城市群电子信息制造业企业功能环节在北京、天津、河北的分布状况
资料来源：根据《2002～2003 年跨国公司在中国投资报告》及企业官方网站资料整理绘制

2011 年，京、津、冀电子信息制造业企业各功能环节有增有减。京津冀城市群拥有的 12 个总部、8 个软件环节、9 个信息服务环节、1 个物流环节均分布在北京；北京拥有的研发、生产、销售环节数量远远多于天津、河北，北京分别有 25 个、22 个、12 个，天津有 1 个、10 个、1 个，河北没有研发环节，生产、销售环节分别仅有 3 个、2 个，其中，生产环节，廊坊有 2 个、石家庄有 1 个，销售环节，两个地区均有 1 个；北京拥有的售后服务环节也多于天津、河北，北京有 5 个，天津有 1 个，河北没有（图 6-34）。

由于电子信息制造业企业各功能环节对周边环境、劳动力、科技水平要求较高，再加上集聚效应的作用，多数企业功能环节趋于集聚化分布。至 2011 年，京津冀城市群电子信息制造业企业各功能环节主要集中在商务成本较高、基础设施完善、市场广阔、技术成熟、交通网完善，集管理功能、服务功能与交往功能于一体的北京；天津涉及生产、研发、销售、售后服务环节，河北廊坊和石家庄仅涉及生产、销售环节，且分布较少。

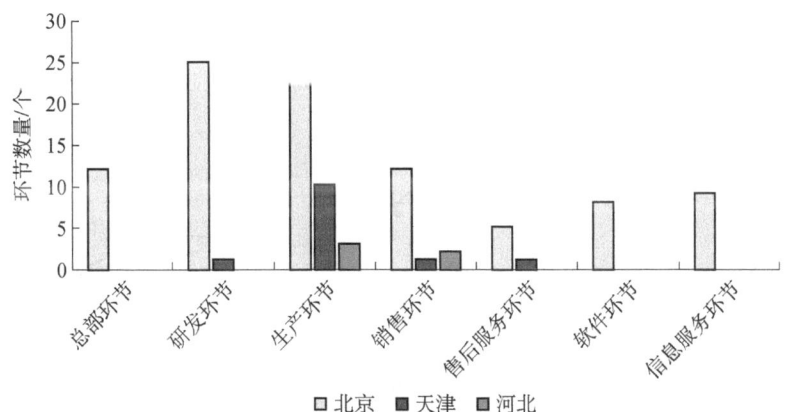

图 6-34 2011 年京津冀城市群电子信息制造业企业功能环节在北京、天津、河北的分布状况
资料来源：根据《2012 跨国公司中国报告》及企业官方网站资料整理绘制

三、京津冀城市群电子信息制造业企业功能结构、专业化环节及其变化

2002 年，在京津冀城市群电子信息制造业企业功能环节中，生产环节所占比重最高，高达 55.1%，其次是销售环节、总部，其比重分别为 26.1%、14.5%，软件、研发环节所占比重分别为 11.6%、10.1%，其他环节比重均在 8% 以下。2011 年，京津冀城市群电子信息制造业企业各环节新增了信息服务和物流环节，其比重分别为 10.0%、1.1%，原有的环节除研发环节上升了 18.7% 以外，其他环节均呈下降趋势，其中，生产、销售环节下降比较明显，分别下降了 17.3%、9.4%，其他环节在-3%~0%变化（图 6-35）。从区位商（大于 1）看，2002 年，京津冀城市群功能专业化环节共 3 个，按水平高低排序依次为总部、软件、生产环节，其中总部区位商高达 3.1，2011 年，京津冀城市群功能专业化环节增至 4 个，新增了研发、信息服务环节，生产环节已不再是专业化环节，其中，总部区位商为 2.7，功能专业化水平仍然最高。2002~2011 年，京津冀城市群总部、生产、销售、售后服务环节功能专业化水平下降，其变化在 0.1~0.5，软件环节大体不变，研发和物流环节均呈上升趋势（表 6-5）。因此，2002 年，京津冀城市群电子信息制造业企业功能环节主要以生产、销售环节为主，总部、软件、研发等其他环节协调发展，其中生产、总部、软件为专业化环节，至 2011 年，转变为以生产、研发环节为主，销售、总部、软件等环节均衡发展，并新增了信息服务和物流环节，其中研发、总部、软件、信息服务是专业化环节。实际上，一些电子信息制造业企业在发展中，软件、信息服务环节越来越多，制造型企业趋向服务型。

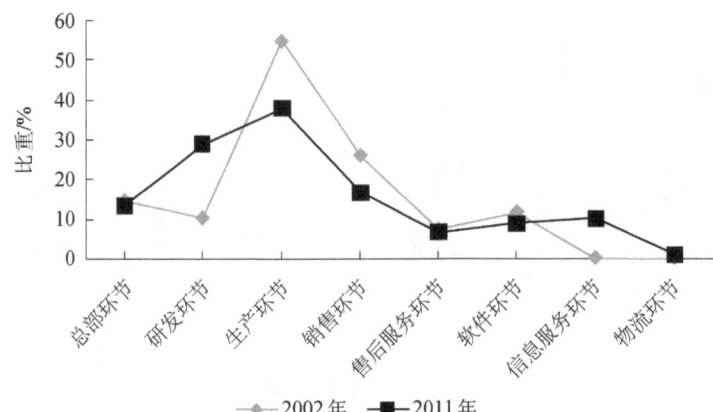

图 6-35 2002 年、2011 年京津冀城市群电子信息制造业企业功能环节比重变化

资料来源：根据《2002~2003 跨国公司在中国投资报告》、《2012 跨国公司中国报告》及企业官方网站资料整理绘制

表 6-5 2002 年、2011 年京津冀城市群电子信息制造业企业功能环节区位商及其变化

地区	年份	总部	研发	生产	销售	售后服务	软件	信息服务	物流
京津冀	2002	3.1	0.8	1.0	0.8	0.7	1.3		
	2011	2.7	1.2	0.8	0.7	0.5	1.3	1.8	0.5
	变化	-0.4	0.4	-0.2	-0.1	-0.2	0.0		
北京	2002	1.4	1.2	0.7	1.1	1.1	1.4		
	2011	1.2	1.1	0.8	0.9	1.0	1.2	1.2	1.2
	变化	-0.2	0.1	0.1	-0.2	-0.1	-0.2		
天津	2002			1.7	0.5	0.9			
	2011		0.3	2.4	0.5	1.4			
	变化			0.7	0.0	0.5			
河北	2002		4.9	1.8	3.8				
	2011			2.6	4.0				
	变化			0.8	0.2				
廊坊	2002			1.8	3.8				
	2011			2.6	3.0				
	变化			0.8	-0.8				
石家庄	2002		9.9	1.8	3.8				
	2011			2.6	6.0				
	变化			0.8	2.2				

资料来源：根据《2002~2003 跨国公司在中国投资报告》《2012 跨国公司中国报告》及企业官方网站资料整理绘制

2002年，京、津、冀电子信息制造业企业数量分别为 18 个、5 个、2 个，分支机构分别达到 51 个、16 个、2 个。北京生产环节在北京整个电子信息制造业企业功能环节中所占比重最高，为 41.2%，其次，销售环节、总部所占比重分别为 27.5%、19.6%，软件和研发环节比重分别为 15.7%、11.8%，售后服务环节涉及较少。天津电子信息制造业企业功能环节共涉及 3 个环节，主要集中于生产环节，所占比重高达 93.8%，销售、售后服务环节所占比重分别为 12.5%、6.3%。河北设立 2 个分支机构，涉及 3 个环节，研发环节所占比重为 50%，其中，廊坊设立 1 个分支机构，同时具有生产、销售环节，石家庄设立 1 个分支机构，同时具有研发、生产、销售环节（图 6-36）。从区位商（大于 1）看，北京功能专业化环节共 5 个，分别为：总部、软件、研发、销售、售后服务环节，其区位商均在 1.1~1.4；天津功能专业化环节是生产环节，其区位商为 1.7；河北仅有的研发、生产、销售环节，均为专业化环节，研发、销售环节区位商分别高达 4.9、3.8，生产环节区位商为 1.8，廊坊销售环节专业化水平比较高，区位商为 3.8，生产环节区位商为 1.8，石家庄研发环节区位商高达 9.9，功能专业化水平相对较高，销售和生产环节同廊坊一样，区位商分别为 3.8、1.8（表 6-5）。

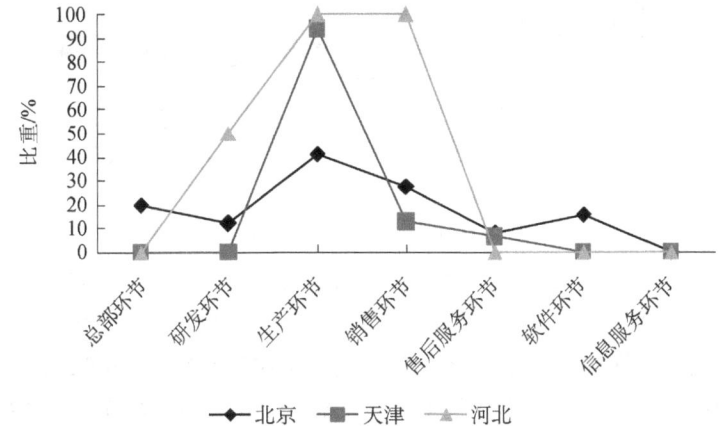

图 6-36 2002 年北京、天津、河北电子信息制造业企业各功能环节比重
资料来源：根据《2002~2003 跨国公司在中国投资报告》及企业官方网站资料整理绘制

2011 年，京、津、冀电子信息制造业企业数量分别为 20 个、4 个、2 个，分支机构分别达到 77 个、11 个、3 个。北京电子信息制造业企业功能环节上升比较明显的是研发、信息服务环节，其比重分别上升了 20.7%、11.7%，生产、销售环节所占比重下降幅度较大，分别下降了 12.6%、11.9%，其他环节比重变化均在 1%~5%，所占比重大于 10%的环节按大小排序依次为：研发、生产、销售、总部、信息服务、软件环节，售后服务环节所占比重最小，比重为 6.5%。天津电子信息制造业企业功能环节中，新增了研发环节，其所占比重达到 9.1%，售后服务环节所占比重上升，生产和销售环

节所占比重均呈下降趋势，三者均在 2.5%~3.5%变化。研发环节已不在河北分布，销售环节所占比重下降到 66.7%，生产环节所占比重不变，其中，廊坊生产环节比重下降到 50%，销售环节比重仍然为 100%，石家庄销售和生产环节所占比重保持不变（图 6-37）。从区位商看，北京专业化环节增至 6 个，分别为总部、软件、信息服务、物流、研发、售后服务环节，与 2002 年相比，销售环节已不再是专业化环节，新增了信息服务和物流环节。天津专业化环节增至 2 个，新增了售后服务环节，生产环节专业化水平仍然最高，区位商为 2.4。河北专业化环节减至 2 个，研发环节已不再是专业化环节，销售环节专业化水平较高，区位商为 4.0，生产环节专业化水平提高，区位商为 2.6，廊坊仅有的生产和销售环节专业化水平均有所变化，区位商分别为 2.6、3.0，石家庄仅有的生产和销售环节均呈上升趋势，区位商分别增至 2.6、6.0（表 6-5）。

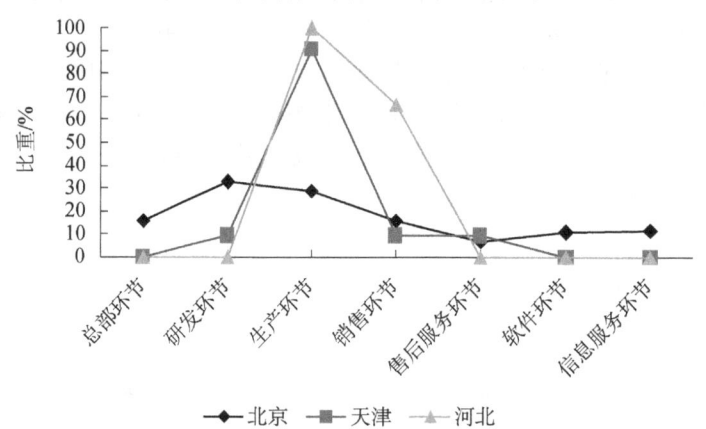

图 6-37　2011 年北京、天津、河北电子信息制造业企业各功能环节比重
资料来源：根据《2012 跨国公司中国报告》及企业官方网站资料整理绘制

　　基于功能环节数量比重及区位商两方面的综合分析，2002 年，京津冀城市群电子信息制造业企业以生产环节为主，其次是销售环节，其他环节均衡发展，生产功能突出，北京主要以生产环节为主，兼顾销售和总部，研发和软件环节均衡发展，除生产环节外，总部、销售和软件环节均是优势专业化环节；天津电子信息制造业企业主要集中在生产、销售、售后服务环节，其他功能环节没有涉及，其中，生产环节为优势专业化环节；河北电子信息制造业企业主要集中在研发、生产、销售环节，其他功能环节尚未涉及，且三者均为优势专业化环节，廊坊涉及生产和销售环节，石家庄涉及研发、生产、销售环节，且廊坊和石家庄涉及的环节均是优势专业化环节。至 2011 年，京津冀城市群电子信息制造业企业转变为以生产、研发、销售环节为主，其他环节协调发展，研发功能比较突出，北京已经形成了一套完整的电子信息制造业企业功能环节，以研发、生产环节为主，其次是总部和销售环

节,其他环节均衡发展;天津仍然主要集中在生产、销售和售后服务环节,其他环节没有涉猎;而河北廊坊和石家庄则集中发展生产和销售环节,其他环节并无分布,且两个环节均为优势专业化环节(图6-38)。

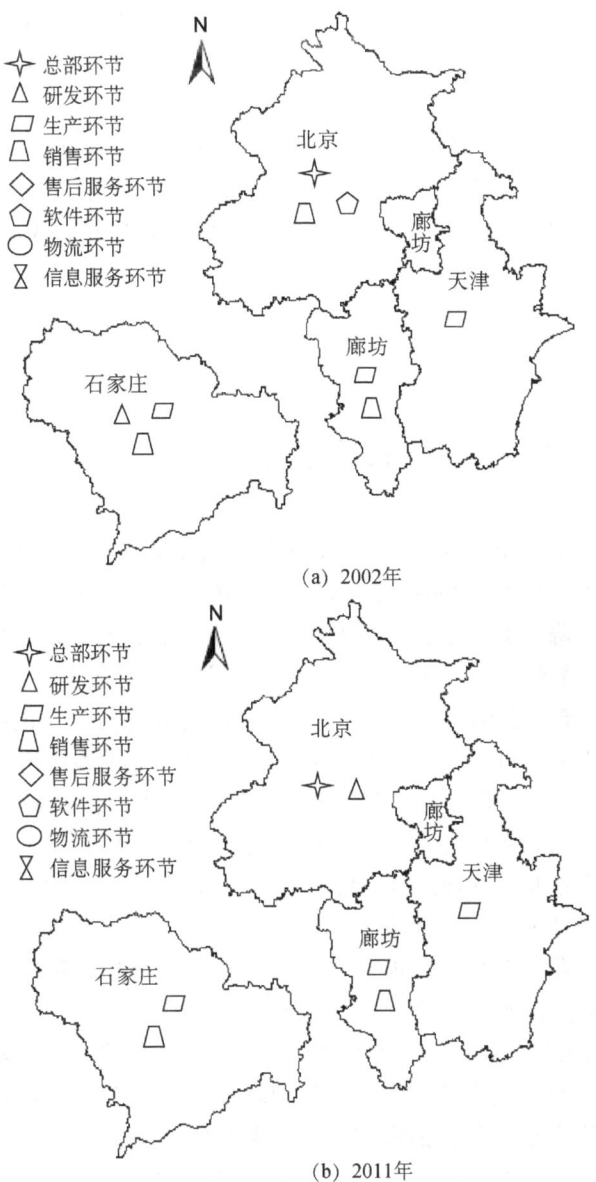

图6-38 2002年、2011年京津冀城市群电子信息制造业企业优势专业化功能环节

资料来源:根据《2002~2003跨国公司在中国投资报告》、《2012跨国公司中国报告》及企业官方网站资料整理绘制

选择标准为:就业人数比重及工业总产值比重均超过平均比重(12.5%);就业人数和工业总产值区位商均大于1;京津冀城市群中河北地区只有廊坊、石家庄有相关企业分布,故其他城市未在图上画出

总之，2002～2011 年，京津冀电子信息制造业企业功能环节在全国的重要性有所下降，但仍然具有一定的地位。2002 年，全国电子信息制造业企业总部在京津冀城市群高度集中，其次是软件和生产环节，2011 年，转变为总部和信息服务环节。2002 年，京津冀城市群电子信息制造业企业总部、软件环节仅分布在北京，其他环节也主要分布在北京，生产和售后服务环节在天津有所分布，研发和销售在河北地区略有分布，至 2011 年，京津冀城市群电子信息制造业企业总部、软件、信息服务环节仍然在北京高度集中，其他功能环节在京津冀中的比重均有所提高，天津新增了研发环节，但各功能环节所占比重呈下降趋势，研发环节已不在河北分布，生产和销售环节所占比重呈上升趋势。

本 章 小 结

整体上，1996～2013 年，全国电子信息制造业的发展速度呈下降趋势并逐渐在我国沿海地区集聚。2003～2013 年，京津冀城市群电子信息制造业在全国所占比重逐渐下降，其发展速度也呈下降趋势。在京津冀城市群内部，电子信息制造业的分布主要呈现"北京最大、天津次之、河北最小"。

从产业分工看，2001 年，北京电子信息制造业优势专业化行业为通信设备制造业、计算机制造业，天津优势专业化行业为通信设备制造业、电子元器件制造业，河北优势专业化行业只有电子元器件制造业，至 2009 年，北京优势专业化行业仅有通信设备制造业，天津优势专业化行业仅有电子元器件制造业，河北省没有优势专业化行业。从功能分工看，2002 年，京津冀城市群电子信息制造业企业生产功能突出，北京以生产功能为主，其次是总部和销售功能，天津电子信息制造业企业生产功能高度集中，其次是销售、售后服务功能，其他功能环节没有涉及，河北则主要体现在研发、生产、销售功能，其他功能环节尚未涉及。至 2011 年，京津冀城市群电子信息制造业企业研发功能比较突出，北京转变为以研发、生产功能为主，其他功能环节均衡发展，天津生产功能仍然高度集中，其次是研发、销售和售后服务功能，其他功能环节没有涉猎，而河北则集中体现在生产和销售功能，其他功能环节并无分布。

第七章
京津冀城市群软件和信息技术服务业新型产业分工的发展

本章利用《中国电子信息产业统计年鉴》（2004~2013）[①]及《2012 跨国公司中国报告》相关数据，运用区位商、产业地理集中度、ArcGIS 空间统计分析等方法。从整体上研究了中国软件和信息技术服务业的发展历程、空间分布特征；从行业分工的角度，分析了京津冀软件和信息技术服务业的发展变化及专业化行业；从功能分工角度，探讨了京津冀城市群软件和信息技术服务业企业功能结构及专业化环节。研究发现，2003~2013 年，中国软件和信息技术服务业逐步向东南沿海、西南部分地区发展。2013 年，北京软件和信息技术服务业优势专业化行业是数据处理和存储服务业、信息系统集成服务业、软件产品业，天津优势专业化行业为集成电路设计业，河北优势专业化行业则为信息系统集成服务业。2011 年，京津冀城市群是全国软件和信息技术服务业企业的管理和研发核心，北京软件和信息技术服务业企业研发功能突出，其次是总部和销售功能，天津主要集中在销售、交付功能，其次是售后服务功能，河北石家庄则高度聚集销售和咨询功能。

第一节 软件和信息技术服务业在我国的发展及空间分布

一、中国软件和信息技术服务业的发展历程

中国软件和信息技术服务业的发展始于 20 世纪 80 年代初，1982 年，中国

---

① 2005 年后，《中国电子信息产业统计年鉴》分为"综合篇"及"软件篇"，本章中 2005 年及以后相关数据均取自"软件篇"。

成立了"国家科委中国软件技术开发中心",并出台了"国家软件发展计划",软件和信息技术服务业处于萌芽阶段,1985年,这一计划由于各方面发展尚未成熟,被迫搁浅,软件和信息技术服务业的发展比较缓慢。

20世纪90年代以后,我国开始借鉴国外发达国家发展软件产业的经验,建设北京软件产业基地、上海浦东软件园、大连软件园等一些软件园区(周任,2004),软件和信息技术服务业开始集群式发展,并在汉字处理、电子排版、财务管理等领域占有一席之地(安筱鹏和杨大鹏,2001),中国的软件和信息技术服务业逐渐发展起来,这些措施和政策的支持,使软件和信息技术服务业的发展在21世纪初取得了良好的成效。

自21世纪至今,我国软件和信息技术服务业进入快速全面发展时期。2000年,国务院颁布了《鼓励软件产业和集成电路产业发展的若干政策》,同时制定了软件和信息技术服务业发展的"十五"规划,大力鼓励我国软件和信息技术服务业发展(崔辉,2005),2003年年底,中国软件和信息技术服务业已经初具规模,其中就业人数已经超过60万人,软件和信息技术服务业业务收入达到1633.1亿元,利润总额在60万元左右,经过几十年的发展,中国软件和信息技术服务业已经呈现出产业规模迅速扩张、综合实力迅速增强的局面。

2003～2013年,企业数量、就业人数、业务收入、利润总额均大幅度上升。中国软件和信息技术服务业企业数量由2003年的0.6万个增加到2013年的3.3万个,就业人数由2003年的61.5万人迅速增加到2013年的470.2万人,业务收入由2003年的0.2万亿元迅速增加到2013年的3.1万亿元,利润总额由2003年的59.5亿元大幅度上升到2013年的3830.5亿元,2013年的业务收入和利润总额分别是2003年的15.5倍、64.4倍。这一时期,中国软件和信息技术服务业飞跃发展,由全面发展时期逐渐走向成熟期。

1. 企业数量

2003～2013年,中国软件和信息技术服务业企业数量由0.6万个迅速增加到3.3万个,企业数量增长率均大于零,由21.0%下降到14.1%,其增长率先上升后迅速下降,又略有升高并保持相对稳定。2003～2005年,全国软件和信息技术服务业企业数量由0.6万个逐渐增加到1.1万个,增长率由21.0%迅速上升到68.3%,2005年,软件和信息技术服务业企业数量迅速增加;2006年,企业数量增长率迅速下降到8.3%,2006～2013年,全国软件和信息技术服务业企业数量由1.2万个迅速增加到3.3万个,企业数量一直呈上升趋势,增长率由8.3%上升到14.1%,其中,2008年,企业数量增长率出现了相对低值,其增长率为2.2%,2009年企业数量增长率出现了峰值,增长率为24.1%,企业数量迅速增加到1.8万个,2009～2013年,企业数量逐步增加(图7-1)。

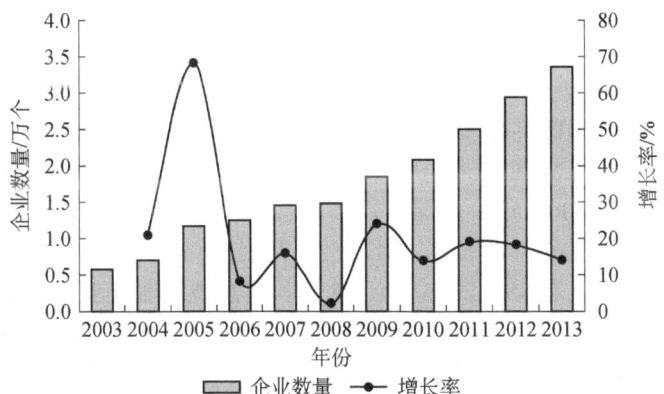

图 7-1　2003～2013 年中国软件和信息技术服务业企业数量及其增长率变化
资料来源：根据《中国电子信息产业统计年鉴（软件篇）2013》相关数据绘制

2. 就业人数

2003～2013 年，中国软件和信息技术服务业就业人数由 61.5 万人迅速增加到 470.2 万人，就业人数一直呈增加的趋势，就业人数增长率均大于零，并具有一定的变化。2003～2006 年，全国软件和信息技术服务业就业人数由 61.5 万人增加到 129.0 万人，2006 年软件和信息技术服务业就业人数是 2003 年的 2.1 倍，增长率由 19.5%迅速上升到 46.1%，2006 年，增长率达到顶峰，就业人数迅速增加；2006～2008 年，全国软件和信息技术服务业就业人数由 129.0 万人逐渐增加到 154.5 万人，增长率由 46.1%迅速下降到 1.0%，2007 年、2008 年就业人数增长缓慢；2008～2013 年，全国软件和信息技术服务业就业人数由 154.5 万人迅速增加到 470.2 万人，就业人数增长率由 1.0%上升到 12.4%，就业人数快速增长，2009 年，就业人数增长率出现了峰值，增长率高达 38%，就业人数增加比较明显（图 7-2）。

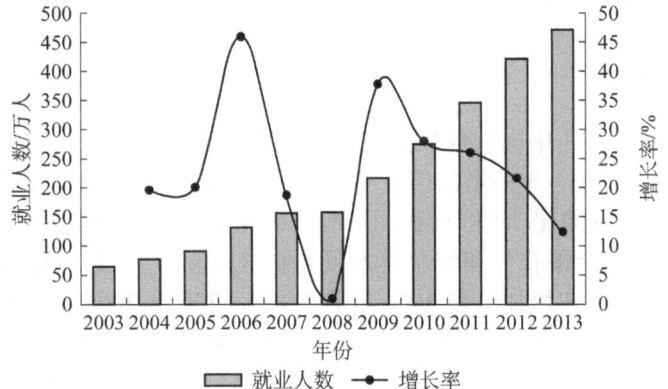

图 7-2　2003～2013 年中国软件和信息技术服务业就业人数及其增长率变化
资料来源：根据《中国电子信息产业统计年鉴（软件篇）2013》相关数据绘制

3. 业务收入

2003~2013 年，中国软件和信息技术服务业业务收入由 0.2 万亿元迅速增加到 3.1 万亿元，2013 年的业务收入是 2003 年的 15.5 倍，业务收入增长率均大于零，并由 47.3%下降到 23.4%，其增长率先上升后迅速下降，又略有升高后又有所下降。2003~2005 年，全国软件和信息技术服务业业务收入由 0.2 万亿元逐渐增加到 0.4 万亿元，增长率由 47.3%上升到 62.4%，2004 年和 2005 年业务收入增加比较明显；2005~2006 年，软件和信息技术服务业业务收入增长率迅速下降到 14.5%，相对于 2004 年、2005 年，业务收入增加趋势减弱；2006~2011 年，软件和信息技术服务业业务收入由 0.4 万亿元增加到 1.9 万亿元，软件和信息技术服务业业务收入增长率由 14.5%逐渐增加到 38.7%，这一时期增长率比较稳定，软件和信息技术服务业业务收入逐步增加；2011~2013 年，全国软件和信息技术服务业业务收入由 1.9 万亿元逐渐增加到 3.1 万亿元，增长率由 38.7%下降到 23.4%，软件和信息技术服务业业务收入增加趋势明显减弱（图 7-3）。

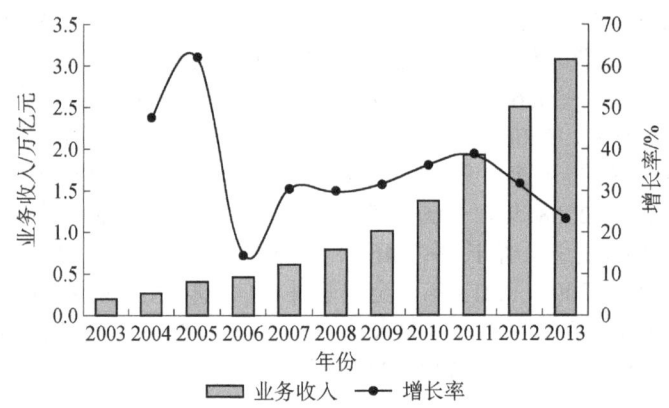

图 7-3　2003~2013 年中国软件和信息技术服务业业务收入及其增长率变化
资料来源：根据《中国电子信息产业统计年鉴（软件篇）2013》相关数据绘制

4. 增加值

2003~2011 年，中国软件和信息技术服务业增加值由 0.12 万亿元迅速增加到 0.69 万亿元，2011 年的增加值是 2003 年的 5.8 倍，增加值增长率除 2004 年为-62.9%外，其他年份均大于零，其增长率先上升后下降并逐渐趋于稳定。2003~2005 年，全国软件和信息技术服务业增加值由 0.12 万亿元逐渐增加到 0.15 万亿元，2005 年增加值是 2004 年的 3.0 倍；2005~2006 年，增加值由 0.15 万亿元上升到 0.17 万亿元，增长率迅速下降到 2006 年的 15.6%，相对于 2005 年，增加值上升趋势减弱；2006~2011 年，软件和信息技术服务业增加值由 0.17 万亿元增加到 0.69 万亿元，增长率由 15.6%逐渐增加到 28.0%，增加值逐步增加（图 7-4）。

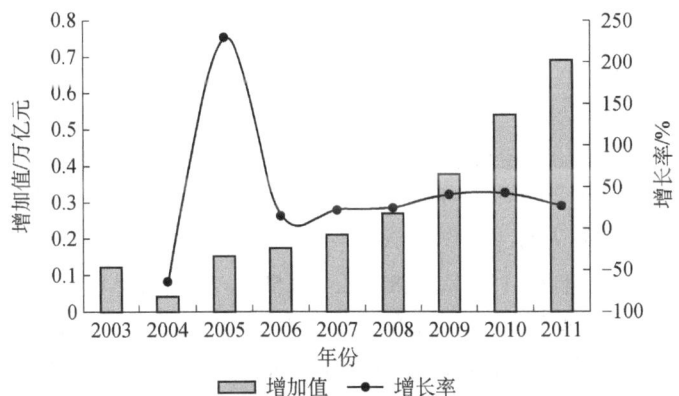

图 7-4 2003~2011 年中国软件和信息技术服务业增加值及其增长率变化
资料来源：根据《中国电子信息产业统计年鉴（软件篇）2011》相关数据绘制

5. 利润总额

2003~2013 年，中国软件和信息技术服务业利润总额由 59.5 亿元迅速增加到 3830.5 亿元，2013 年的利润总额是 2003 年的 64.4 倍，利润总额大幅度增加，增长率均大于零，利润总额增加趋势明显减弱。2003~2013 年，中国软件和信息技术服务业利润总额增长率大致可以分为三个阶段：第一阶段是 2003~2005 年，全国软件和信息技术服务业利润总额由 59.5 亿元迅速增加到 283.7 亿元，2005 年的利润总额是 2003 年的 4.8 倍；第二阶段是 2005~2010 年，全国软件和信息技术服务业利润总额由 283.7 亿元迅速增加到 2174.0 亿元，增长率由 144.1%下降到 62.2%，但增长率仍然很高，软件和信息技术服务业发展迅速；第三阶段是 2010~2013 年，全国软件和信息技术服务业利润总额由 2174.0 亿元逐渐增加到 3830.5 亿元，增长率由 62.2%逐渐下降到 13.8%，利润总额增长趋势减弱，软件和信息技术服务业的发展趋于稳定（图 7-5）。

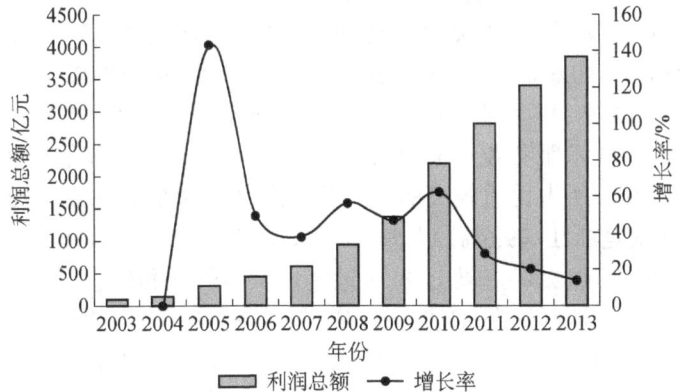

图 7-5 2003~2013 年中国软件和信息技术服务业利润总额及其增长率变化
资料来源：根据《中国电子信息产业统计年鉴（软件篇）2013》相关数据绘制

因此，2003~2013年，中国软件和信息技术服务业快速发展，企业数量、就业人数、增加值、业务收入、利润总额均呈上升趋势。2003~2007年，全国软件和信息技术服务业逐步发展，企业数量、就业人数、业务收入、增加值、利润总额逐渐增加，但各自的增长率有大幅度的波动，除利润总额增长率由144.1%下降到38.3%以外，其他指标比重大部分呈先上升后下降总体下降的趋势，企业数量、就业人数、业务收入增长率分别由2004年的21.0%、19.5%、47.3%下降到2007年的15.9%、18.5%、30.5%，增加值呈现先上升后下降总体上升的趋势，由2004年的-62.9%增加到2007年的22.6%；2007~2009年，全国软件和信息技术服务业的发展速度加快，企业数量、就业人数、业务收入、利润总额持续快速增加，2009年，软件和信息技术服务业各项指标的增长率是这一时期的峰值，各项指标增长率均在24%以上；2009~2013年，中国软件和信息技术服务业稳步发展，这一时期，全国软件和信息技术服务业的就业人数、企业数量、业务收入、利润总额仍然保持增长的趋势，2011年以后，各项指标增长率略有下降。

二、中国软件和信息技术服务业空间分布及其变化

2004年，从企业数量看，北京（36.0%）占全国软件和信息技术服务业企业数量比重最高，其次是广东（12.9%）、江苏（7.5%）、上海（6.2%）、辽宁（5.9%）、浙江（3.9%）、湖北（3.1%），其他地区均在3%以下；从就业人数看，北京（21.0%）、广东（18.0%）占全国软件和信息技术服务业就业人数比重较高，比重均在10%以上，其次是山东（8.2%）、上海（6.7%）、辽宁（6.7%）、江苏（6.3%）、浙江（6.0%）、四川（4.5%）、湖北（3.5%）、福建（3.4%），以上10个地区占全国软件和信息技术服务业就业人数比重高达85%左右，其他地区均在3%以下；从业务收入看，比重较大的地区是北京（23.2%）、广东（17.9%）、浙江（10.6%），这3个地区占全国比重的50%以上，其次是山东（9.9%）、上海（7.3%）、江苏（6.0%）、辽宁（4.8%）、天津（4.0%），以上8个地区软件和信息技术服务业业务收入比重高达82%左右，其他地区均在3%以下；从增加值看，所占比重较高的地区是广东（24.3%）、北京（20.6%），均在20%以上，其次是浙江（9.6%）上海（8.7%）、山东（7.8%）、江苏（5.8%）、辽宁（3.9%）、天津（3.2%），以上8个地区占全国软件和信息技术服务业比重高达90%左右，其他地区均在3%以下；从利润总额看，全国软件和信息技术服务业利润总额达到116.2亿元，其中，广东、上海、江苏软件和信息技术服务业利润总额分别为32.7亿元、13.6亿元、13.1亿元，其次，浙江、辽宁、山东、黑龙江、吉林软件和信息技术服务业利润总额分别为9.2亿元、6.6亿元、4.2亿

元、4.1 亿元、4.1 亿元，其他地区利润总额均在 4 亿元以下。从企业数量、就业人数、业务收入、增加值、利润总额看，2001 年，全国软件和信息技术服务业主要分布在广东、江苏、浙江、山东、上海、北京，其次是辽宁、天津、四川、湖北、福建（图 7-6）。

2008 年，从企业数量看，占全国软件和信息技术服务业企业数量比重较高的地区是北京（30.8%）、广东（17.7%）、江苏（11.8%），这 3 个地区占全国软件和信息技术服务业就业人数比重的 60%左右，其次是上海（8.3%）、浙江（6.1%）、陕西（5.1%）、辽宁（4.4%）、湖南（4.0%）、山东（3.4%）、湖北（3.3%），以上 10 个地区占全国软件和信息技术服务业企业数量比重在 90%以上，其他地区均在 3%以下；从就业人数看，广东（20.6%）、北京（16.3%）、江苏（11.2%）占全国软件和信息技术服务业就业人数比重较高，均在 10%以上，其次是上海（8.3%）、浙江（6.0%）、辽宁（5.6%）、重庆（5.0%）、四川（5.0%）、山东（4.8%）、湖南（3.5%）、陕西（3.4%），以上 11 个地区占全国软件和信息技术服务业就业人数比重高达 90%左右，其他地区均在 3%以下；从业务收入看，全国软件和信息技术服务业业务收入比重较大的地区是北京（20.4%）、广东（19.9%）、江苏（15.9%），这 3 个地区占全国软件和信息技术服务业业务收入比重的 50%以上，其次是上海（7.7%）、浙江（5.6%）、山东（5.1%）、四川（4.9%）、辽宁（4.2%），以上 8 个地区占全国软件和信息技术服务业业务收入比重在 80%以上，其他地区均在 3%以下；从增加值看，北京（19.9%）、广东（19.3%）、江苏（18.6%）、上海（10.7%）占全国软件和信息技术服务业增加值比重均在 10%以上，其次是浙江（5.3%）、山东（4.7%）、辽宁（3.8%）、四川（3.5%），以上 8 个地区占全国软件和信息技术服务业增加值比重达到 85%以上，其他地区均在 3%以下；从利润总额看，全国软件和信息技术服务业利润总额达到 912.0 亿元，其中，广东、北京、上海、江苏软件和信息技术服务业利润总额分别高达 188.9 亿元、179.5 亿元、116.3 亿元、108.3 亿元，其次，浙江、山东、四川软件和信息技术服务业利润总额分别为 71.1 亿元、39.7 亿元、35.6 亿元，其他地区利润总额均在 35 亿元以下。从企业数量、就业人数、业务收入、增加值、利润总额看，2008 年，省级层面，全国软件和信息技术服务业主要分布在北京、广东、江苏，其次是上海、浙江、山东、辽宁、四川；区域层面，全国软件和信息技术服务业主要分布在北部沿海经济区、南部沿海经济区、东部沿海区（图 7-7）。

2013 年，从企业数量看，江苏（13.6%）、广东（12.6%）、辽宁（12.4%）3 个地区占全国软件和信息技术服务业企业数量比重较高，在 10%以上，其次是北京（8.0%）、上海（7.5%）、湖北（7.1%）、山东（6.6%）、浙江（5.3%）、福建（4.4%）、四川（3.9%），以上 10 个地区企业数量占全国软件和信息技术服务业企

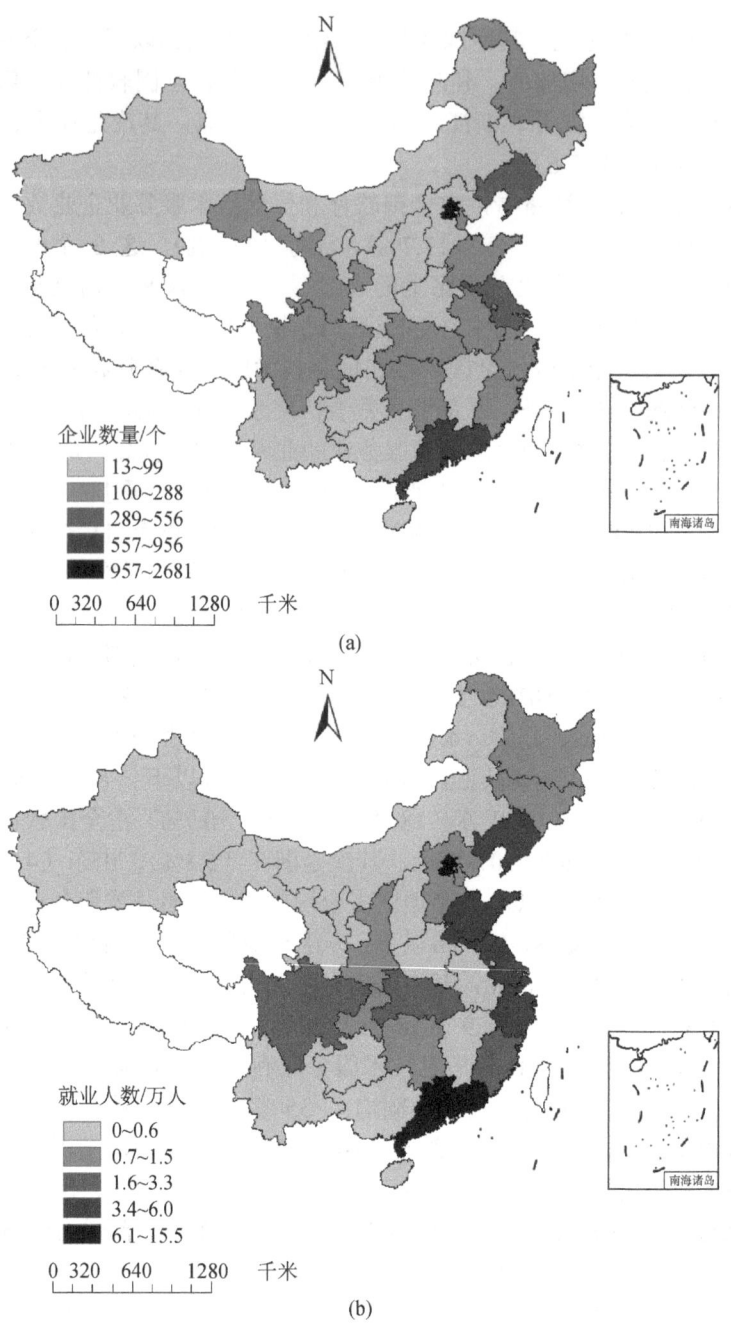

图 7-6 2004年中国软件和信息技术服务业空间分布

第七章 京津冀城市群软件和信息技术服务业新型产业分工的发展 | 161

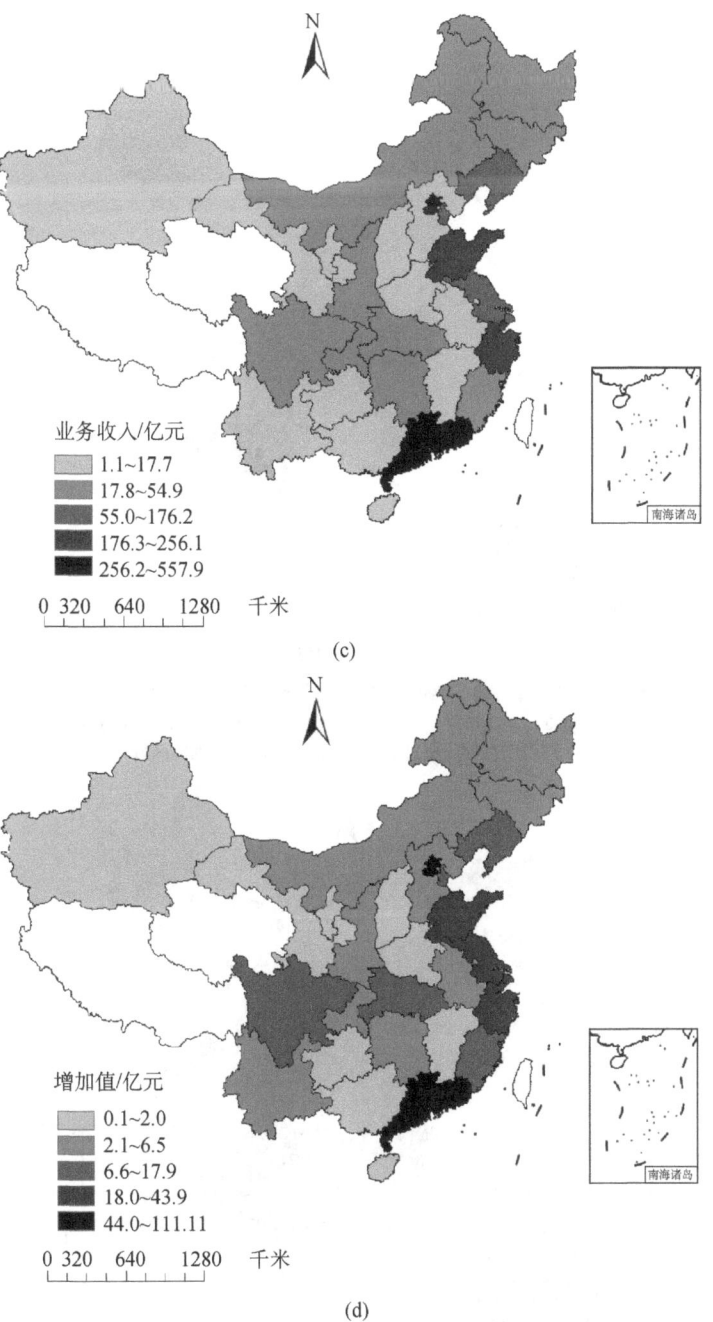

图 7-6 2004 年中国软件和信息技术服务业空间分布（续）

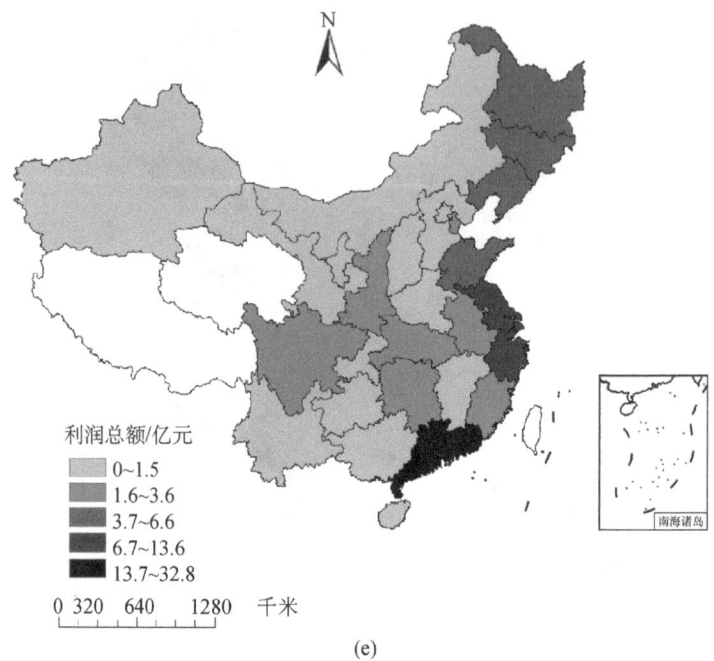

图 7-6 2004 年中国软件和信息技术服务业空间分布（续）

资料来源：根据《中国电子信息产业统计年鉴（软件篇）2004》相关数据绘制

图中空白处西藏自治区、青海省是缺少数据的区域

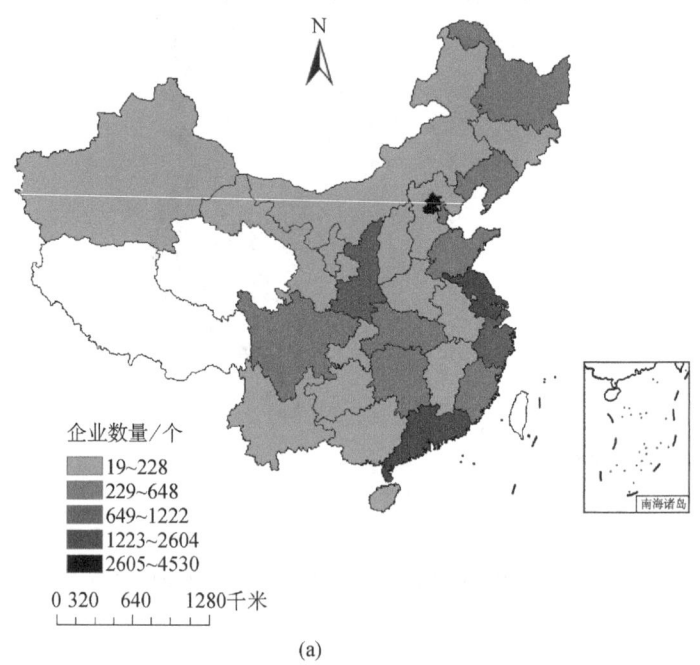

图 7-7 2008 年中国软件和信息技术服务业空间分布

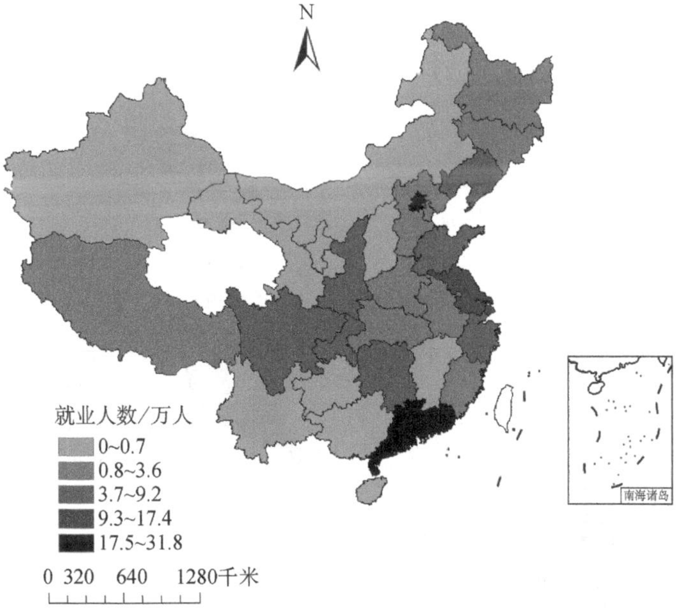

第七章 京津冀城市群软件和信息技术服务业新型产业分工的发展

(b)

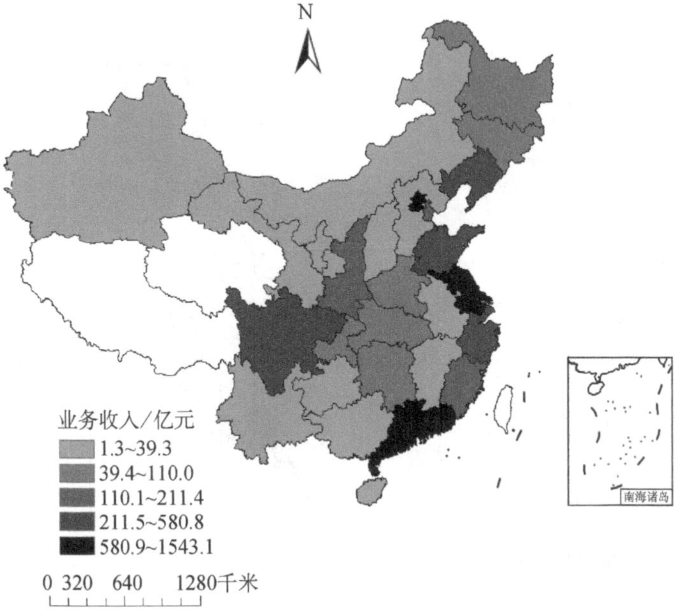

(c)

图 7-7 2008 年中国软件和信息技术服务业空间分布（续）

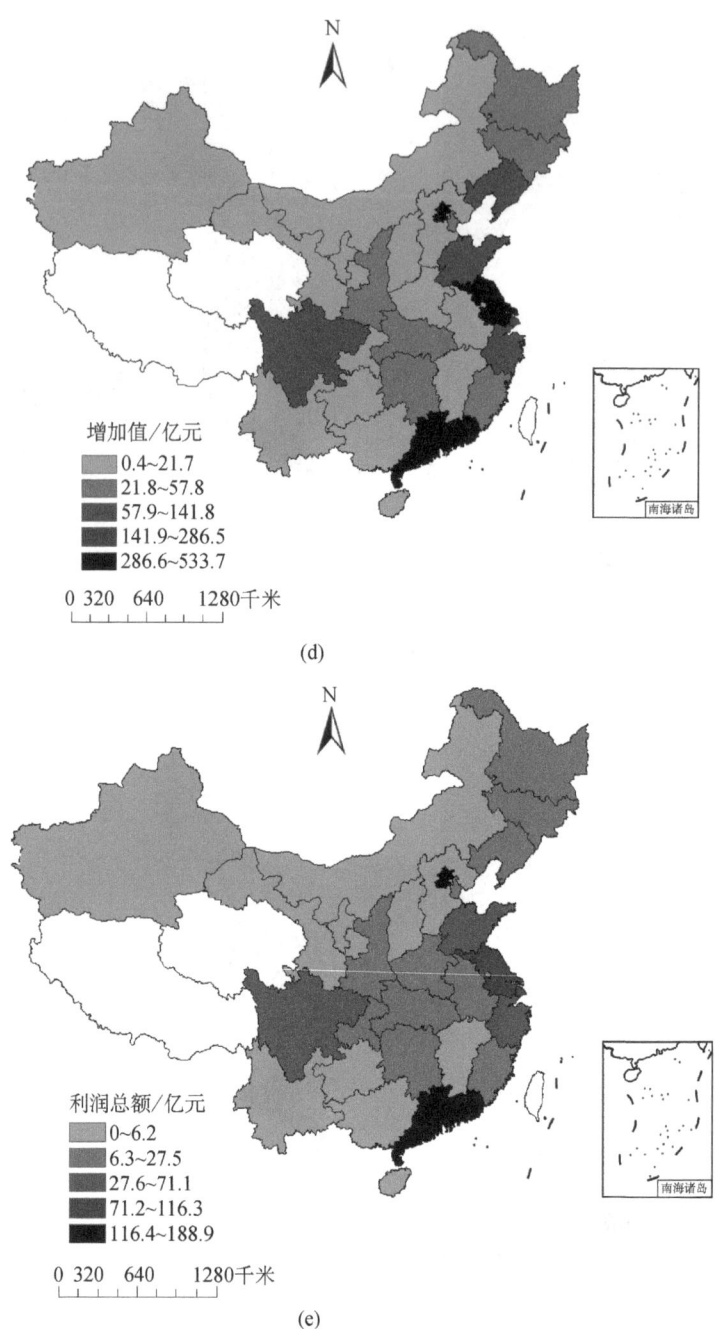

图 7-7 2008 年中国软件和信息技术服务业空间分布（续）

资料来源：根据《中国电子信息产业统计年鉴（软件篇）2008》相关数据绘制

图中空白处西藏自治区、青海省是缺少数据的区域业数量比重高达 80%以上，其他地区均在 3%以下；从就业人数看，江苏（16.3%）、广东（16.2%）、北京（12.6%）、辽宁（10.7%）占全国软件和信息技术服务业就业人数比重较高，均在 10%以上，其次是山东（7.6%）、上海（7.2%）、浙江（5.3%）、四川（4.1%）、福建（4.0%）、湖北（3.6%），以上 10 个地区占全国软件和信息技术服务业就业人数比重高达 85%以上，其他地区均在 3%以下；从软件和信息技术服务业业务收入看，全国软件和信息技术服务业业务收入比重较大的地区是江苏（16.9%）、广东（16.0%）、北京（13.8%），其占全国软件和信息技术服务业业务收入比重均在 10%以上，其次是辽宁（9.1%）、上海（8.3%）、山东（7.4%）、浙江（6.2%）、四川（5.2%）、福建（3.3%），以上 9 个地区占全国软件和信息技术服务业业务收入比重高达 85%以上，其他地区均在 3%以下；从利润总额看，全国软件和信息技术服务业利润总额达到 3830.5 亿元，其中，广东、浙江、北京、江苏、山东软件和信息技术服务业利润总额分别高达 841.2 亿元、547.9 亿元、528.2 亿元、432.8 亿元、368.6 亿元，其次，四川、辽宁、福建软件和信息技术服务业利润总额分别为 251.4 亿元、202.5 亿元、151.2 亿元，其他地区利润总额均在 100 亿元以下；从企业数量、就业人数、业务收入、利润总额看，2013 年，全国软件和信息技术服务业主要分布在江苏、广东、北京，其次是辽宁、上海、山东、浙江、福建、湖北、四川（图 7-8）。

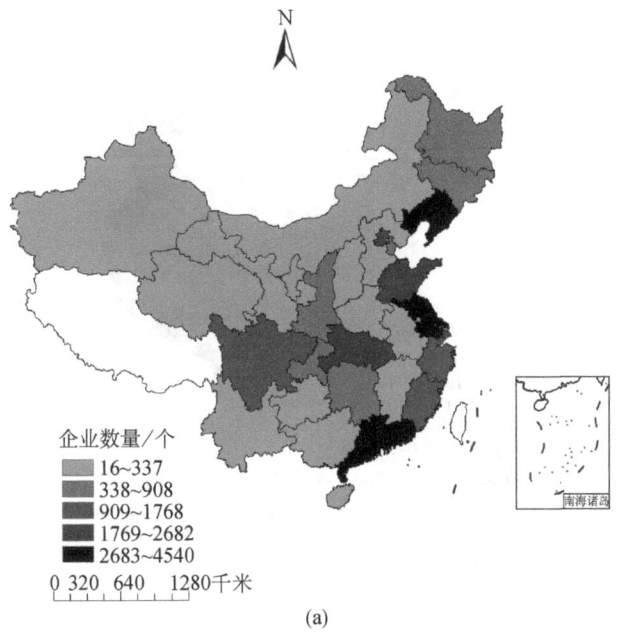

图 7-8　2013 年中国软件和信息技术服务业空间分布

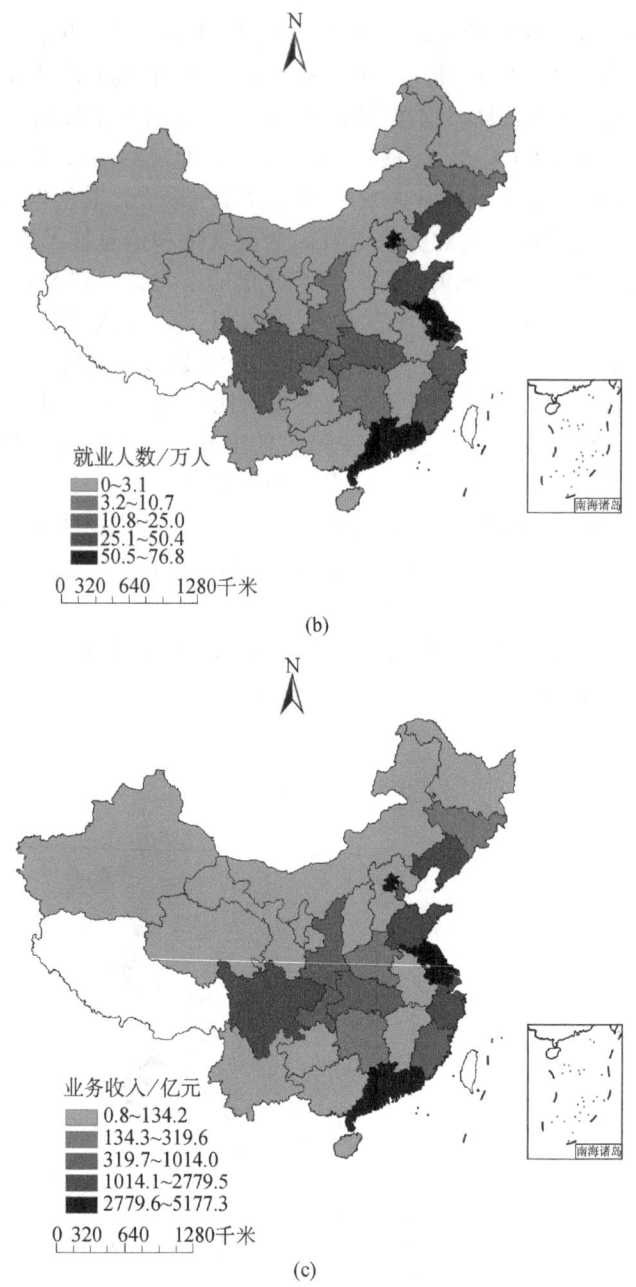

图 7-8　2013 年中国软件和信息技术服务业空间分布（续）

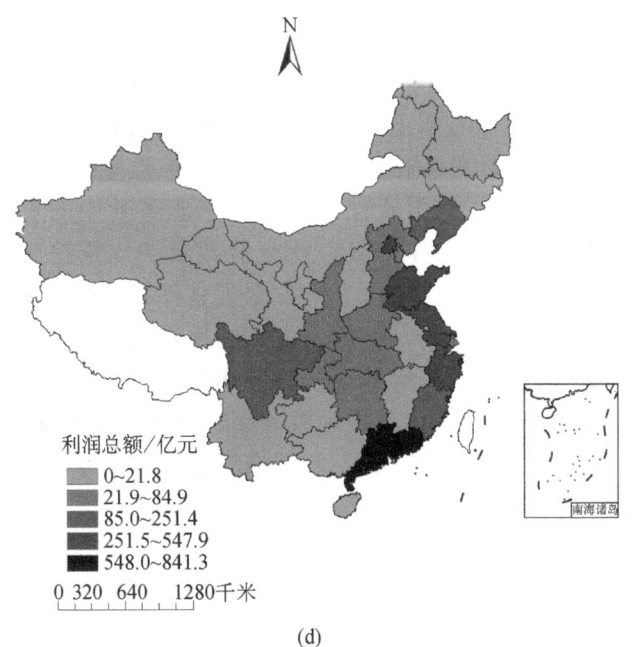

(d)

图 7-8 2013 年中国软件和信息技术服务业空间分布（续）

资料来源：根据《中国电子信息产业统计年鉴（软件篇）2013》相关数据绘制

图中空白处西藏自治区是缺少数据的区域

可见，2003~2013 年，全国软件和信息技术服务业在空间上有一定的变化，软件和信息技术服务业逐步向东南沿海、西南部分地区发展。从企业数量看，中国软件和信息技术服务业地理集中度[①]由 2004 年的 0.719 先上升到 2008 年的 0.882，后下降到 2013 年的 0.731，软件和信息技术服务业企业数量在全国的分布呈现出先集聚后扩散的局面。从就业人数看，软件和信息技术服务业集中程度由 2004 年的 0.772，先上升到 2008 年的 0.779，至 2013 年达到 0.802，呈现出逐步上升的趋势，全国软件和信息技术服务业就业人数在空间上逐步集聚。从业务收入看，2004 年、2008 年软件和信息技术服务业地理集中度均保持在 0.835 左右，2013 年软件和信息技术服务业集中程度略有下降，产业地理集中度为 0.830。2004 年，北京、广东是中国软件和信息技术服务业主要分布区，上海、浙江、山东、辽宁、江苏是相对分布区，湖北、四川、天津也有一定的分布；2013 年，中国软件和信息技术服务业主要分布在

---

① 地理集中度：$CR_n = \sum_{i=1}^{n} X_i / \sum_{i=1}^{N} X_i$，地理集中度（$CR_n$）表示在一定地区前 n 位省份的地理集中度，X_i 表示 X 产业在第 i 个省份的企业数量，就业人数或业务收入，N 表示有数据的全国省份数。数值越大，说明 X 产业在全国的空间分布越不均匀；反之，则说明 X 产业在全国的空间分布越均匀，文中，n 取值 8，X 产业代表软件和信息技术服务业

江苏、广东、北京、辽宁，其次分布在上海、山东、浙江、四川、福建、湖北。2004~2013年，北京、广东占全国软件和信息技术服务业企业数量、就业人数、业务收入的比重有所上升，在全国软件和信息技术服务业中的地位逐步提高；湖北、福建软件和信息技术服务业企业数量、就业人数、业务收入的比重呈下降趋势，在全国软件和信息技术服务业中的重要性减弱；山东、浙江占全国软件和信息技术服务业企业数量的比重提高，但占就业人数、业务收入的比重降低；辽宁、上海占全国软件和信息技术服务业企业数量、业务收入的比重有所提高，但就业人数的比重呈下降趋势；此外，黑龙江、吉林、甘肃、陕西、重庆等地区，软件和信息技术服务业也有一定的发展。至2013年，全国软件和信息技术服务业的分布形成了南部沿海地区以广东为重心、东部沿海以江苏为重心、北部沿海以北京为重心，沿海及中部部分地区均衡发展的局面（图7-9）。

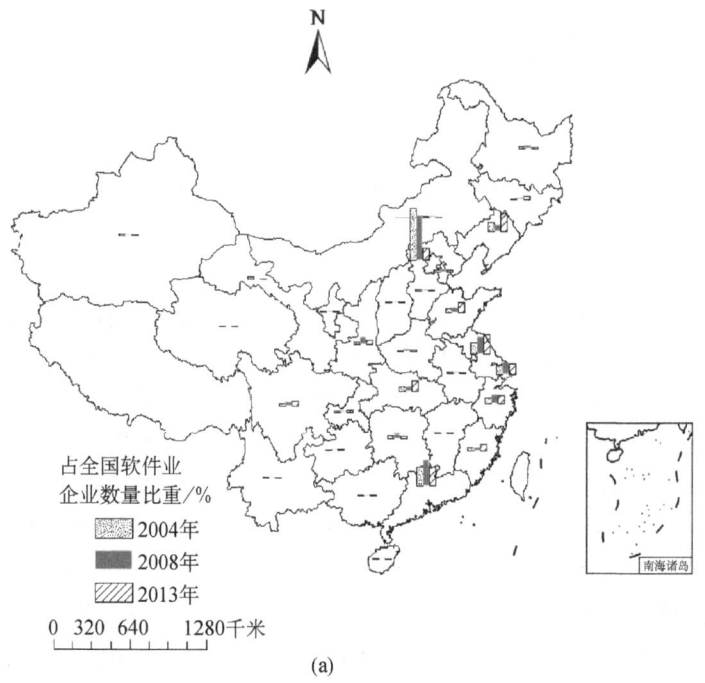

(a)

图7-9　2004~2013年中国软件和信息技术服务业空间分布及其变化

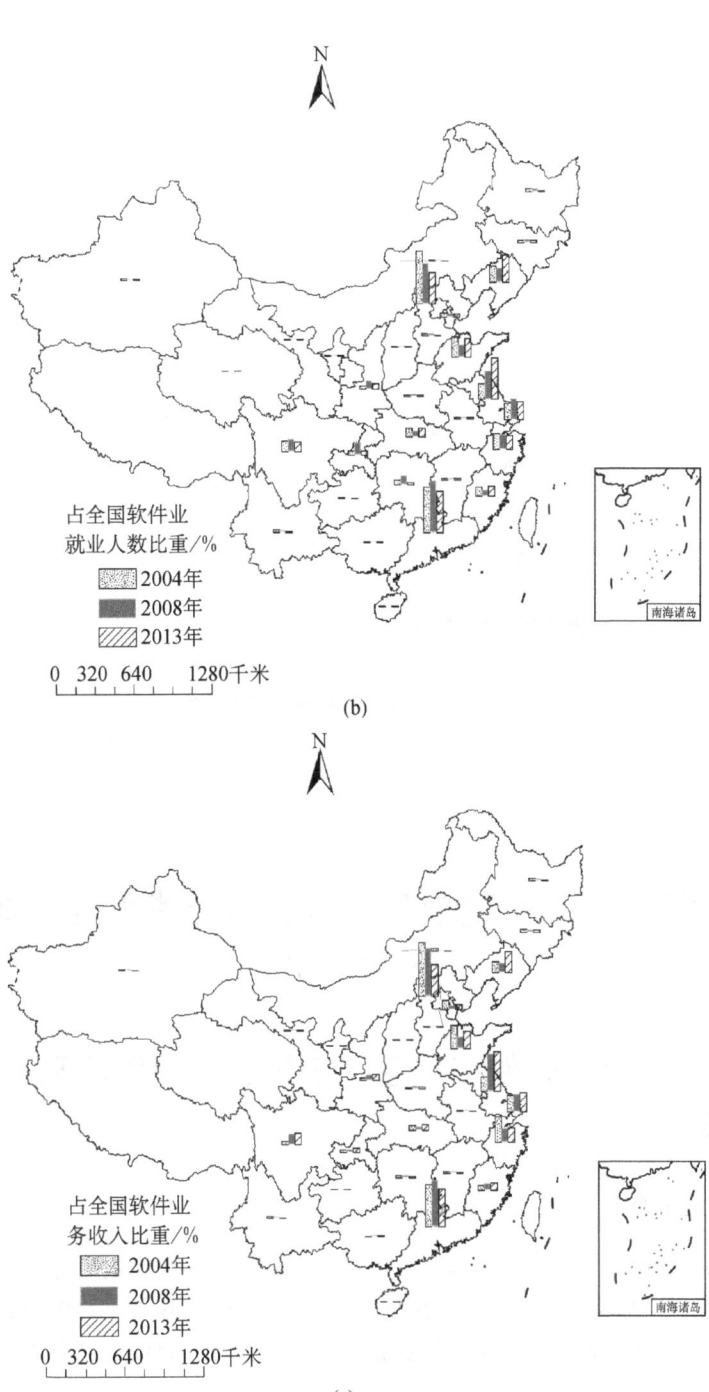

图 7-9 2004~2013 年中国软件和信息技术服务业空间分布及其变化（续）

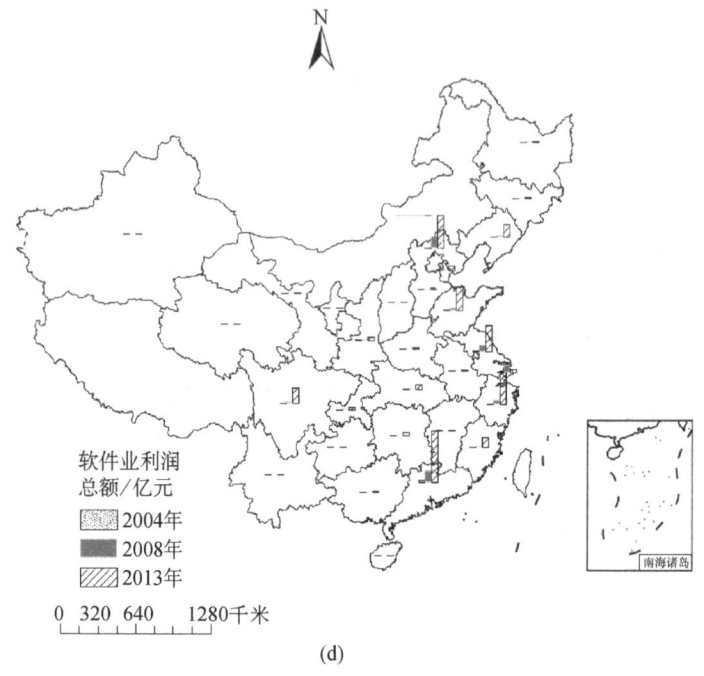

(d)

图 7-9 2004~2013 年中国软件和信息技术服务业空间分布及其变化（续）

资料来源：根据历年《中国电子信息产业统计年鉴》相关数据绘制

第二节 京津冀软件和信息技术服务业发展及空间分布[①]

一、京津冀软件和信息技术服务业的发展及在全国地位中的变化

1. 企业数量

2004~2013 年，京津冀软件和信息技术服务业企业数量先增加后逐渐减少并保持稳定，先由 2004 年的 2925 个增加到 2008 年的 5109 个，然后下降到 2009 年的 3213 个，并大体保持稳定，至 2013 年，京津冀软件和信息技术服务

---

① 由于本部分数据来源于《中国电子信息产业统计年鉴》，只有分省的数据，河北省相关数据包括全部地级市的数据，因此，本部分研究区域为京津冀整个地区

业企业数量为 3497 个，2013 年京津冀软件和信息技术服务业企业数量相对于 2004 年共增加了 572 个（图 7-10）。从增长率看，除了 2006 年、2009~2010 年、2013 年为负数外，其他年份均大于零，2004~2013 年，京津冀软件和信息技术服务业企业数量增长率变化呈 W 形，先由 2005 年的 59.1%下降到 2006 年的-4.7%，2008 年上升到 6.8%，随后又下降到 2009 年的-37.1%，最后上升到 2010 年的-1.8%，并大体保持稳定（图 7-11）。整体上，2004~2013 年，京津冀软件和信息技术服务业企业数量增长率呈现下降趋势，发展速度逐渐减缓。2004~2006 年京津冀软件和信息技术服务业发展速度减慢，2006~2008 年发展速度有所上升，2009 年增长率小于零，企业数量出现了负增长，2010~2013 年京津冀软件和信息技术服务业企业数量基本不变。从占全国软件和信息技术服务业企业数量比重看，其比重由 2004 年的 43.0%逐渐下降到 2013 年的 10.5%，其中，2004~2008 年，平均以每年 2.1 个百分点的速度下降，2008~2013 年，平均以每年 4.9 个百分点的速度下降（图 7-10）。整体上，2004~2013 年，京津冀在全国软件和信息技术服务业中的重要性逐渐减弱，其中，2008~2013 年京津冀占全国软件和信息技术服务业企业数量比重下降的速度，明显快于 2004~2008 年。

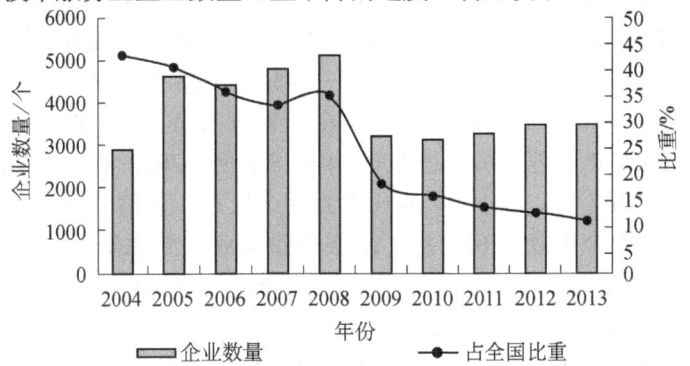

图 7-10　2004~2013 年京津冀软件和信息技术服务业企业数量及其占全国比重的变化

资料来源：根据历年《中国电子信息产业统计年鉴》相关数据绘制

2. 就业人数

2004~2013 年，京津冀软件和信息技术服务业就业人数逐渐增多，由 2004 年的 17.6 万人增加到 2013 年的 69.3 万人，2013 年的就业人数约是 2004 年的 3.9 倍，其中，研发人员数、管理人员数分别由 2004 年的 0.9 万人、0.3 万人增加到 2013 年的 30.4 万人、7.3 万人，分别约是 2004 年的 33.8 倍、24.3 倍（图 7-12~图 7-14）。从增长率看，京津冀软件和信息技术服务业就业人数增长率均大于零，2005~2009 年，增长率变化呈 N 形，其相对低值分别是 2005 年的 6.3%、2008 年的 1.7%，峰值分别是 2007 年的 33.0%、2009 年的 23.3%，2007

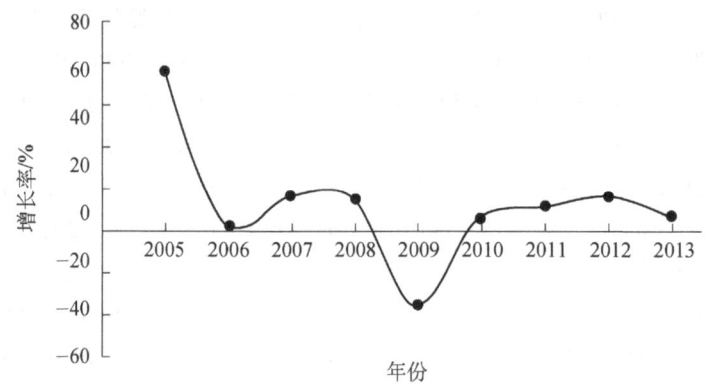

图 7-11 2005~2013 年京津冀软件和信息技术服务业企业数量增长率及其变化
资料来源：根据历年《中国电子信息产业统计年鉴》相关数据绘制

年、2009 年京津冀软件和信息技术服务业的发展速度相对快一些；2009~2013 年，京津冀软件和信息技术服务业稳步发展，2009~2012 年，京津冀软件和信息技术服务业增长率在 19%~24%变化，2013 年增长率略有下降，其值为 10.9%（图 7-15）。研发人员方面，增长率除 2005 年是 2004 年的 17.0 倍以外，其他年份增长率变化呈 M 形，2006 年、2009 年、2012 年增长率为三个低点，其值分别为-49.1%、-38.7%、-5.4%，2008 年、2011 年增长率为峰值，其值分别为 74.5%、76.0%（图 7-16）。管理人员方面，增长率变化呈不规则的 N 形，2005 年管理人员数是 2004 年的 8.1 倍、2009 年管理人员数是 2008 年的 8.4 倍，2007 年、2010 年增长率为两个低点，其值分别为-8%、-83.3%（图 7-17）。从占全国软件和信息技术服务业就业人数比重看，京津冀占全国软件和信息技术服务业就业人数比重逐渐下降，由 2004 年的 23.9%逐渐下降到 2013 年的 14.7%，下降了 9.2 个百分点，平均以每年 1.0 个百分点的速度下降，其中，2004~2006 年占全国软件和信息技术服务业就业人数比重下降的速度明显快于 2006~2013 年。整体上，2004~2013 年，京津冀在全国软件和信息技术服务业中的重要性逐渐减弱，需要进一步提高其在全国软件和信息技术服务业中的地位（图 7-12）。从研发人员看，研发人员占京津冀软件和信息技术服务业就业人数比重除 2005 年（82.4%）、2008 年（84.2%）在 80%以上、2004 年为 5.2%以外，其他年份比重均在 36%~54%；从管理人员看，管理人员占京津冀软件和信息技术服务业就业人数比重除 2009 年为 50.4%、2004 年为 1.5%以外，其他年份比重均在 7%~12%（图 7-13、图 7-14）。可见，京津冀软件和信息技术服务业就业人员以研发人员为主，管理人员也有一定的分布。

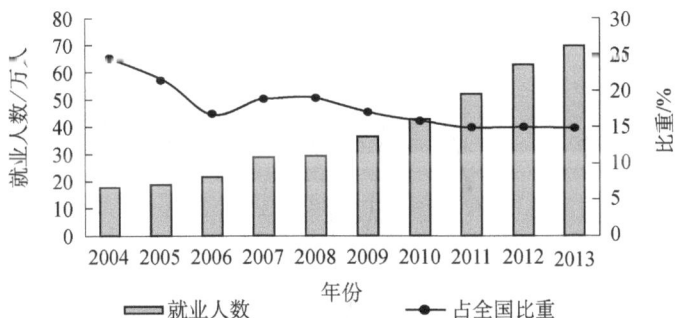

图 7-12 2004～2013 年京津冀软件和信息技术服务业就业人数及其占全国比重的变化

资料来源：根据历年《中国电子信息产业统计年鉴》相关数据绘制

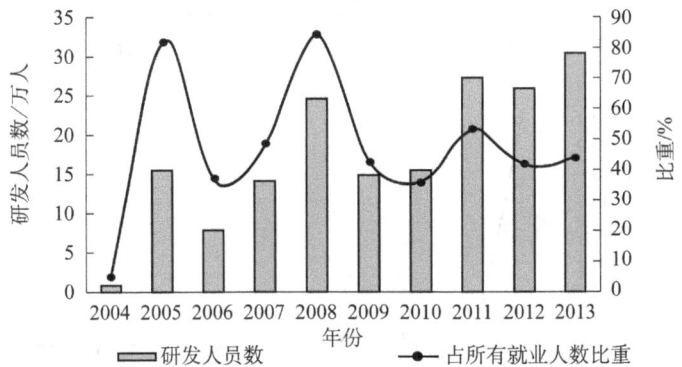

图 7-13 2004～2013 年京津冀软件和信息技术服务业研发人员数及其占该行业所有就业人数比重变化

资料来源：根据历年《中国电子信息产业统计年鉴》相关数据绘制

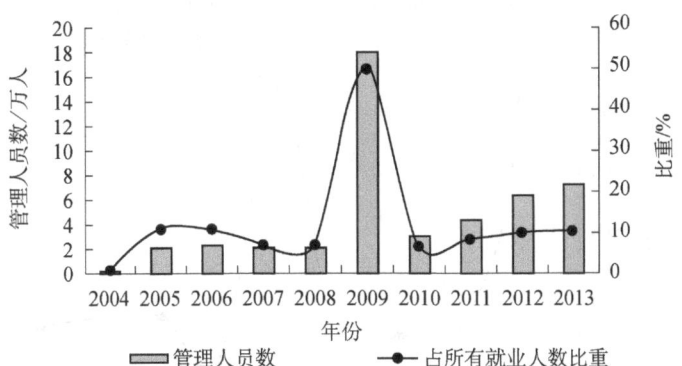

图 7-14 2004～2013 年京津冀软件和信息技术服务业管理人员数及其占该行业所有就业人数比重变化

资料来源：根据历年《中国电子信息产业统计年鉴》相关数据绘制

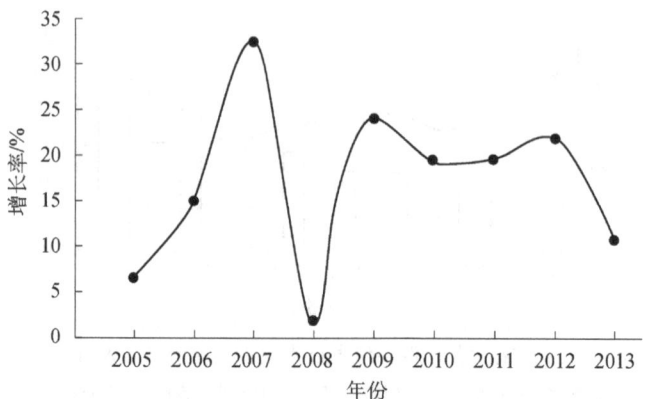

图 7-15　2005～2013 年京津冀软件和信息技术服务业就业人数增长率及其变化
资料来源：根据历年《中国电子信息产业统计年鉴》相关数据绘制

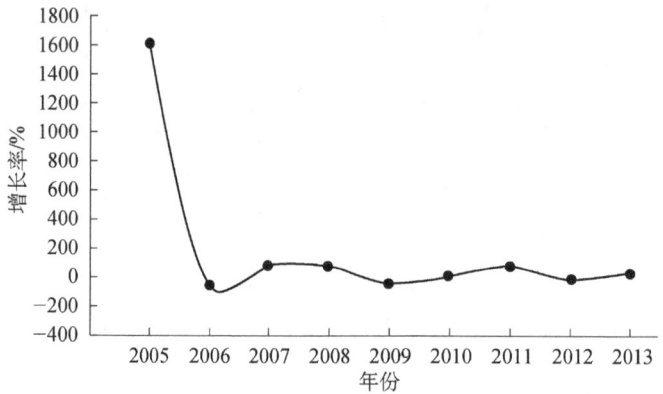

图 7-16　2005～2013 年京津冀软件和信息技术服务业研发人员增长率及其变化
资料来源：根据历年《中国电子信息产业统计年鉴》相关数据绘制

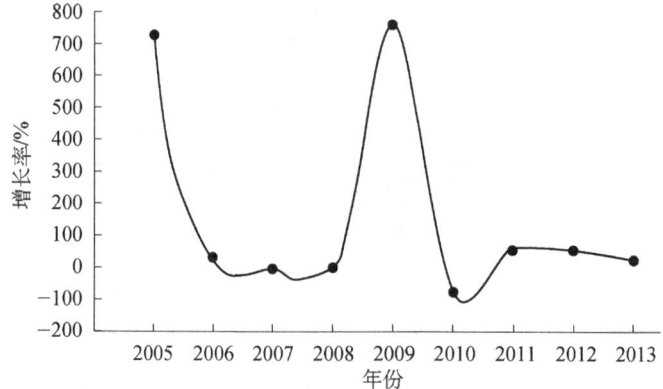

图 7-17　2005～2013 年京津冀软件和信息技术服务业管理人员增长率及其变化
资料来源：根据历年《中国电子信息产业统计年鉴》相关数据绘制

3. 增加值

2004~2011 年，京津冀软件和信息技术服务业增加值逐渐增加，由 2004 年的 112.2 亿元增加到 2011 年的 1441.7 亿元，2011 年的增加值约是 2004 年的 12.8 倍（图 7-18）。从增长率看，京津冀软件和信息技术服务业增加值增长率除 2006 年为负数以外，其他年份均大于零，其增长率先减小后升高，2005 年京津冀软件和信息技术服务业增加值是 2004 年的 3.4 倍，2006 年下降到-24.2%，2006~2011 年，增加值增长率由 2006 年的-24.2%增加到 2011 年的 39.5%，期间，2008 年、2010 年，京津冀软件和信息技术服务业的发展速度较快（图 7-19）。从占全国软件和信息技术服务业增加值比重看，其比重先下降后略有升高，先由 2004 年的 24.5%逐渐下降到 2006 年的 16.8%，然后又上升到 2011 年的 20.9%（图 7-18）。整体上，2004~2013 年，京津冀在全国软件和信息技术服务业中的重要性有所减弱，需要进一步提高京津冀在全国软件和信息技术服务业中的地位。

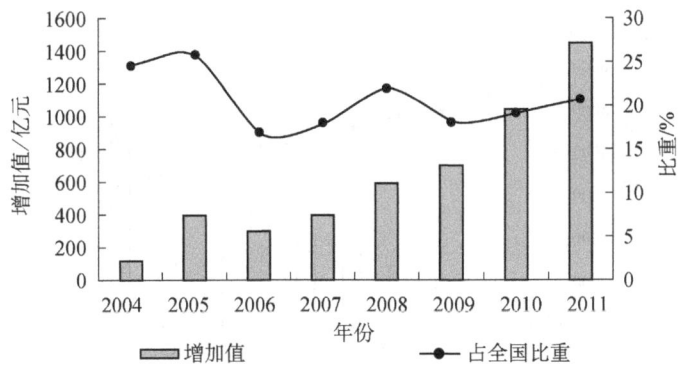

图 7-18　2004~2011 年京津冀软件和信息技术服务业增加值及其占全国比重的变化

资料来源：根据历年《中国电子信息产业统计年鉴》相关数据绘制

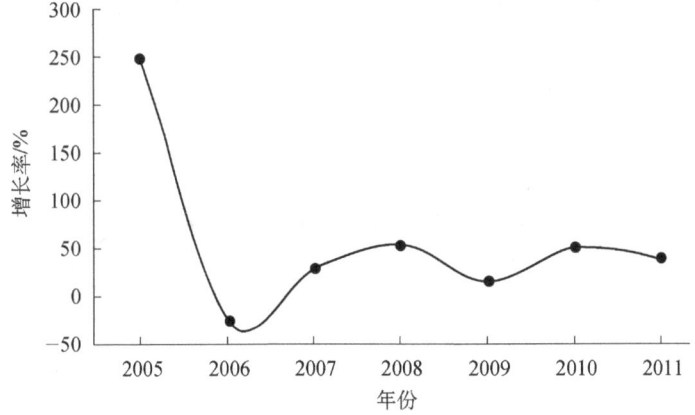

图 7-19　2005~2011 年京津冀软件和信息技术服务业增加值增长率及其变化

资料来源：根据历年《中国电子信息产业统计年鉴》相关数据绘制

4. 业务收入

2004～2013 年，京津冀软件和信息技术服务业业务收入逐渐增加，由 2004 年的 663.1 亿元逐渐增加到 2013 年的 5056.2 亿元，2013 年京津冀软件和信息技术服务业业务收入约是 2004 年的 7.6 倍（图 7-20）。从增长率看，2004～2013 年，除 2005 年业务收入增长率高达 56.9%、2006 年增长率低至 7.1%以外，其他年份增长率呈现波浪形变化，2007～2011 年，京津冀软件和信息技术服务业业务收入增长率在 22%～33%变化，2011～2013 年，增长率有所降低，至 2013 年，京津冀软件和信息技术服务业业务收入增长率为 16.0%，整体上，2004～2013 年，京津冀软件和信息技术服务业发展速度有所减慢（图 7-21）。从占全国软件和信息技术服务业业务收入比重看，由 2004 年的 27.6%逐渐下降到 2013 年的 16.5%，下降了约 11.1 个百分点，平均每年以 1.2 个百分点的速度下降，因此，2004～2013 年，京津冀在全国软件和信息技术服务业中的比重逐渐降低，其在全国软件和信息技术服务业中的重要性需要进一步增强（图 7-20）。

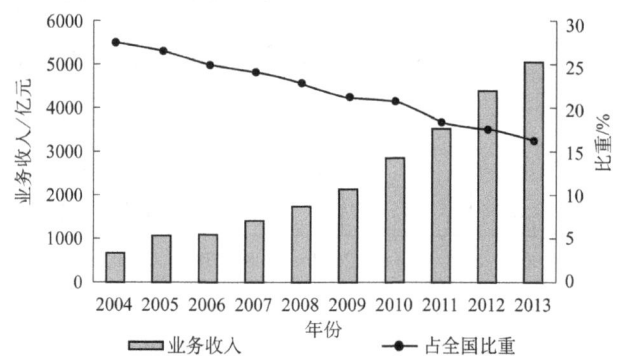

图 7-20　2004～2013 年京津冀软件和信息技术服务业业务收入及其占全国比重的变化

资料来源：根据历年《中国电子信息产业统计年鉴》相关数据绘制

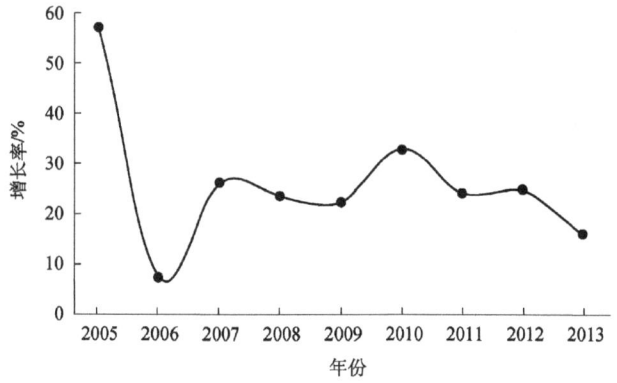

图 7-21　2005～2013 年京津冀软件和信息技术服务业业务收入增长率及其变化

资料来源：根据历年《中国电子信息产业统计年鉴》相关数据绘制

5. 利润总额

2004～2013 年，京津冀软件和信息技术服务业利润总额逐渐增加，由 2004 年的 4.5 亿元增加到 2013 年的 645.3 亿元，2013 年利润总额约是 2004 年的 144 倍（图 7-22）。从增长率看，除了 2005 年的利润总额约是 2004 年的 21 倍以外，2006～2013 年，京津冀软件和信息技术服务业利润总额增长率均大于零，其变化呈波动越来越小的波浪形，京津冀利润总额增长率相对低值分别为 2006 年的 9.1%、2012 年的 14.4%，峰值分别为 2008 年的 77.4%、2010 年的 44.9%，2008 年、2010 年，京津冀软件和信息技术服务业发展速度较快（图 7-23）。从占全国软件和信息技术服务业利润总额比重看，京津冀的比重先上升后逐渐下降，先由 2004 年的 3.9% 逐渐上升到 2005 年的 33.0%，然后又逐渐下降到 2013 年的 16.8%，整体上，2004～2013 年，京津冀占全国软件和信息技术服务业利润总额的比重共上升了 12.9 个百分点，平均以每年 1.4 个百分点的速度上升（图 7-22）。可见，2004～2013 年，京津冀在全国软件和信息技术服务业中的比重有所上升，尤其是 2005 年，京津冀软件和信息技术服务业利润总额约占全国软件和信息技术服务业利润总额的 1/3。

因此，从企业数量、就业人数、业务收入、利润总额看，整体上，2004～2013 年，京津冀软件和信息技术服务业的发展有所减慢，其发展呈波峰越来越小的波浪形，在全国软件和信息技术服务业中的重要性减弱。2004～2006 年京津冀软件和信息技术服务业发展速度逐渐减缓，但在全国软件和信息技术服务业中的重要性有所提高，2006～2013 年，其发展变化呈不规则的 M 形，在全国软件和信息技术服务业中的比重逐渐降低。

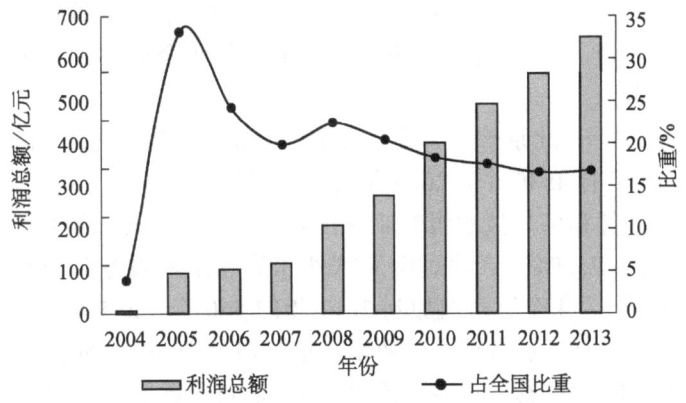

图 7-22 2004～2013 年京津冀软件和信息技术服务业利润总额及其占全国比重的变化

资料来源：根据历年《中国电子信息产业统计年鉴》相关数据绘制

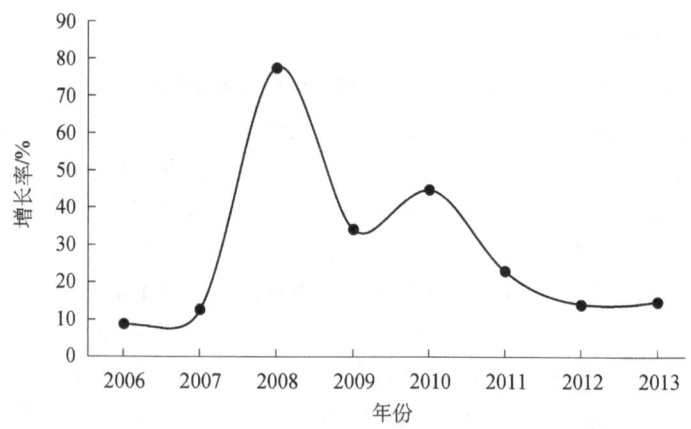

图 7-23　2006~2013 年京津冀软件和信息技术服务业利润总额增长率及其变化①

资料来源：根据历年《中国电子信息产业统计年鉴》相关数据绘制

二、北京、天津、河北软件和信息技术服务业的发展变化②

1. 企业数量

整体上，2004~2013 年，北京、天津、河北软件和信息技术服务业企业数量分别由 2004 年的 2680 个、151 个、94 个增加到 2013 年的 2682 个、560 个、255 个。2004 年，北京、天津、河北占京津冀软件和信息技术服务业企业数量比重为"北京（91.6%）最大、天津（5.2%）次之、河北（3.2%）最小"，至 2013 年仍然是"北京（76.7%）最大、天津（16.0%）次之、河北（7.3%）最小"，其中，北京占京津冀软件和信息技术服务业企业数量比重降低了 14.9 个百分点，天津、河北占京津冀软件和信息技术服务业企业数量比重分别增加了 10.8、4.1 个百分点。

2004~2013 年，北京软件和信息技术服务业企业数量先由 2004 年的 2680 个增加到 2008 年的 4530 个，2009 年迅速下降到 2661 个，并大体保持稳定，北京占京津冀软件和信息技术服务业企业数量比重由 2004 年的 91.6%逐渐下降到 2013 年的 76.7%；天津、河北软件和信息技术服务业企业数量分别由 2004 年的 151 个、94 个逐渐增加到 2013 年的 560 个、255 个，天津、河北占京津冀软件和信息技术服务业企业数量比重分别由 2004 年的 5.2%、3.2%逐渐上升到 2013 年的 16.0%、7.3%（图 7-24）。从企业数量看，2004~2013 年，

---

① 2005 年，京津冀软件和信息技术服务业利润总额增长太快，在此影响观察其他年份的变化，因此，图中去掉了 2005 年的增长率数据

② 由于本部分数据来源于《中国电子信息产业统计年鉴》，只有分省的数据，河北省相关数据包括全部地级市的数据，因此，本部分研究区域为京津冀整个地区

整体上，北京在京津冀软件和信息技术服务业中的比重有所下降，但在京津冀软件和信息技术服务业中的地位明显高于天津、河北，天津在京津冀软件和信息技术服务业中的比重逐渐上升，在京津冀软件和信息技术服务业中的地位高于河北、低于北京，河北在京津冀软件和信息技术服务业中的比重逐渐升高，在京津冀软件和信息技术服务业中的地位低于北京、天津。北京软件和信息技术服务业发展与天津、河北之间的差距先增大后逐渐减小并保持稳定，2004年，北京软件和信息技术服务业企业数量分别是天津、河北的17.7倍、28.5倍；2005年，北京软件和信息技术服务业企业数量与天津、河北之间的差距逐渐增大，其企业数量分别是天津、河北的23.8倍、36.3倍；2005~2013年，这种差距逐渐减小，至2013年，北京软件和信息技术服务业企业数量分别是天津、河北的4.8倍、10.5倍。整体上，2004~2013年，京津冀软件和信息技术服务业企业数量分布格局均保持为"北京最大-天津次之-河北最小"（图7-24）。

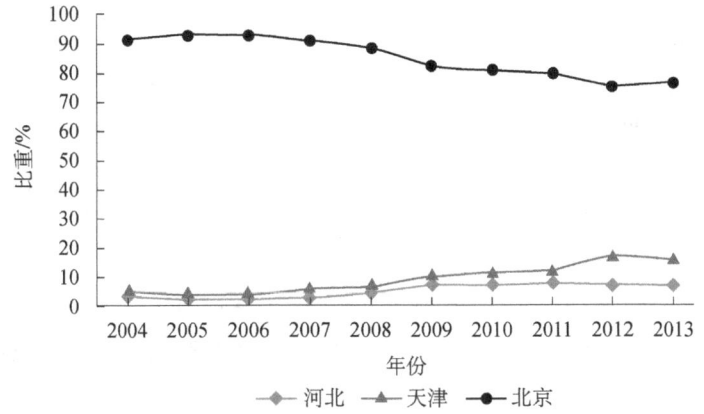

图7-24　2004~2013年北京、天津、河北占京津冀软件和信息技术服务业企业数量比重及其变化

资料来源：根据历年《中国电子信息产业统计年鉴》相关数据绘制

2. 就业人数

整体上，2004~2013年，北京、天津、河北软件和信息技术服务业就业人数分别由2004年的15.4万人、1.3万人、0.9万人逐渐上升到2013年的59.5万人、6.9万人、2.9万人。2004年，北京、天津、河北占京津冀软件和信息技术服务业就业人数比重为"北京（87.5%）最大、天津（7.5%）次之、河北（5.0%）最小"，至2013年仍然是"北京（85.8%）最大、天津（10.0%）次之、河北（4.2%）最小"；其中，北京、河北占京津冀软件和信息技术服务业就业人数比重分别降低了1.7、0.8个百分点，天津占京津冀软件和信息技术服务业就业人数比重增加了2.5个百分点（图7-25）。研发人员方面，北京、天津、河北

软件和信息技术服务业研发人员分别由 2004 年的 0.3 万人、0.4 万人、0.2 万人逐渐上升到 2013 年的 26.9 万人、2.6 万人、0.8 万人；2004 年，北京、天津、河北占京津冀软件和信息技术服务业研发人员比重为"天津（44.5%）最大、北京（29.7%）次之、河北（25.8%）最小"，至 2013 年转变为"北京（88.6%）最大、天津（8.7%）次之、河北（2.8%）最小"（图 7-26）。管理人员方面，北京、天津、河北软件和信息技术服务业管理人员分别由 2004 年的 0.02 万人、0.1 万人、0.1 万人逐渐上升到 2013 年的 6.5 万人、0.6 万人、0.3 万人，2004 年，北京、天津、河北占京津冀软件和信息技术服务业管理人员比重为"天津（49.8%）最大、河北（41.6%）次之、北京（8.6%）最小"，至 2013 年转变为"北京（88.3%）最大、天津（8.2%）次之、河北（3.4%）最小"（图 7-27）。

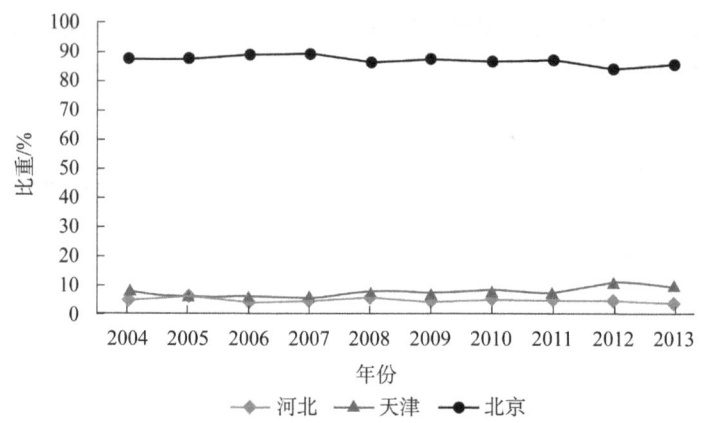

图 7-25 2004～2013 年北京、天津、河北占京津冀软件和信息技术服务业就业人数比重及其变化

资料来源：根据历年《中国电子信息产业统计年鉴》相关数据绘制

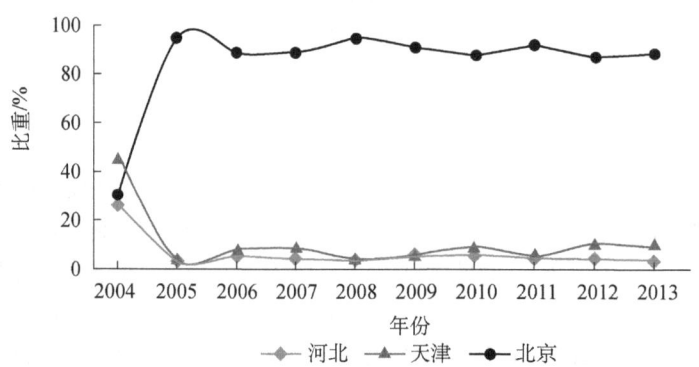

图 7-26 2004～2013 年北京、天津、河北占京津冀软件和信息技术服务业研发人员比重及其变化

资料来源：根据历年《中国电子信息产业统计年鉴》相关数据绘制

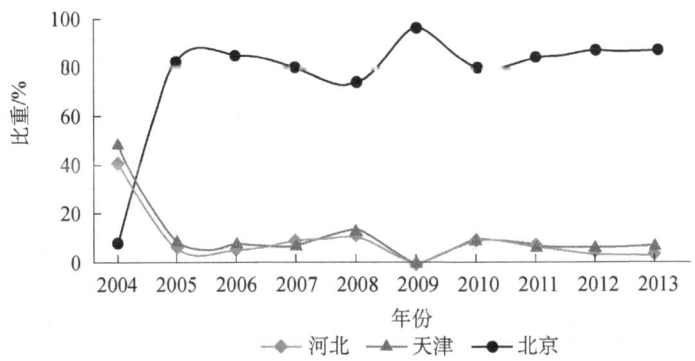

图 7-27　2004～2013 年北京、天津、河北占京津冀软件和信息技术服务业管理人员
比重及其变化

资料来源：根据历年《中国电子信息产业统计年鉴》相关数据绘制

2004～2013 年，北京软件和信息技术服务业就业人数由 2004 年的 15.4 万人逐渐增加到 2013 年的 59.5 万人，占京津冀软件和信息技术服务业就业人数比重先由 2004 年的 87.5%逐渐上升到 2007 年的 89.5%，然后又下降到 2013 年的 85.8%；天津软件和信息技术服务业就业人数由 2004 年的 1.3 万人逐渐增加到 2013 年的 6.9 万人，占京津冀软件和信息技术服务业就业人数比重由 2004 年的 7.5%逐渐上升到 2013 年的 10.0%；河北软件和信息技术服务业就业人数由 2004 年的 0.9 万人逐渐增加到 2013 年的 2.9 万人，占京津冀软件和信息技术服务业就业人数比重先由 2004 年的 5.0%上升到 2008 年的 5.6%，然后又下降到 2013 年的 4.2%（图 7-25）。研发人员方面，2004～2013 年，北京、天津、河北占京津冀软件和信息技术服务业研发人员比重除 2004 年为 29.7%、44.5%、25.8%以外，其他年份在 87.3%～95.1%、2.8%～9.5%、2.1%～4.9%（图 7-26）；管理人员方面，2004～2013 年，北京、天津、河北占京津冀软件和信息技术服务业管理人员比重除 2004 年为 8.6%、49.8%、41.6%，2008 年为 74.8%、14.0%、11.2%，2009 年为 97.2%、1.4%、1.5%以外，其他年份比重在 80.8%～88.3%、7.3%～10.3%、3.4%～9.7%（图 7-27）。从就业人数看，2004～2013 年，北京在京津冀软件和信息技术服务业中的比重先上升后逐渐下降，整体上，在京津冀软件和信息技术服务业中的比重略有下降，在京津冀软件和信息技术服务业中的地位明显高于天津、河北；天津在京津冀软件和信息技术服务业中的比重逐渐上升，在京津冀软件和信息技术服务业中的地位高于河北、低于北京；河北在京津冀软件和信息技术服务业中的比重先上升后逐渐下降，在京津冀软件和信息技术服务业中的地位低于北京、天津。北京软件和信息技术服务业发展与天津之间的差距先增大后逐渐减小，2004 年，北京软件和信息技术服务业就业

人数是天津的 11.7 倍，2004~2007 年，北京软件和信息技术服务业的发展与天津之间的差距逐渐拉大，2007 年，北京软件和信息技术服务业就业人数是天津的 15.2 倍，2007~2013 年，北京软件和信息技术服务业与天津之间的差距逐渐减小，至 2013 年，北京软件和信息技术服务业就业人数是天津的 8.6 倍。北京软件和信息技术服务业发展与河北之间的差距先增大后减小，最后略有上升，其中，2004 年，北京软件和信息技术服务业就业人数是河北的 17.6 倍，2004~2007 年，北京软件和信息技术服务业的发展与河北之间的差距逐渐拉大，2007 年，北京软件和信息技术服务业就业人数是河北的 19.3 倍，2008 年，其差距迅速下降到 15.5 倍，2008~2013 年，北京软件和信息技术服务业与河北之间的差距进一步增大，至 2013 年，北京软件和信息技术服务业就业人数是河北的 20.6 倍。整体上，2004~2013 年，京津冀软件和信息技术服务业就业人数分布格局均保持为"北京最大-天津次之-河北最小"。

3. 增加值

2004~2011 年，北京、天津、河北软件和信息技术服务业增加值分别由 2004 年的 94.2 亿元、14.8 亿元、3.1 亿元逐渐上升到 2011 年的 1260.4 亿元、109.1 亿元、72.2 亿元。2004 年，北京、天津、河北占京津冀软件和信息技术服务业增加值比重为"北京（84.0%）最大、天津（13.2%）次之、河北（2.8%）最小"，至 2011 年仍然是"北京（87.4%）最大、天津（7.6%）次之、河北（5.0%）最小"，北京、河北占京津冀软件和信息技术服务业就业人数比重分别增加了 3.4、2.2 个百分点，天津占京津冀软件和信息技术服务业比重减小了 5.6 个百分点。

2004~2011 年，北京、天津、河北软件和信息技术服务业增加值均呈上升趋势，北京占京津冀软件和信息技术服务业增加值比重先由 2004 年的 84.0%下降到 2005 年的 76.4%，然后又上升到 2011 年的 87.4%；天津占京津冀软件和信息技术服务业增加值比重由 2004 年的 13.2%上升到 2005 年的 18.7%，然后又逐渐下降到 2011 年的 7.6%；河北占京津冀软件和信息技术服务业增加值比重由 2004 年的 2.8%逐渐上升到 2011 年的 5.0%（图 7-28）。从增加值看，2004~2011 年，北京在京津冀软件和信息技术服务业中的比重先下降后逐渐上升，在京津冀软件和信息技术服务业中的地位明显高于天津、河北；天津在京津冀软件和信息技术服务业中的比重先上升后下降，在京津冀软件和信息技术服务业中的地位高于河北、低于北京；河北在京津冀软件和信息技术服务业中的比重逐渐上升，在京津冀软件和信息技术服务业中的地位低于北京、天津。北京软件和信息技术服务业发展与天津之间的差距先增大后逐渐减小。2004 年，北京软件和信息技术服务业增加值是天津的 6.4 倍，2004~2007 年，北京软件和信息技术服务业的发展与天津之间的差距逐渐拉大，2007 年，北京软件和信息技术服务业增加值是天津的 28.4 倍；2007~2011 年，北京软件和信息技术服务业与天津之间的差距逐渐减小，至 2011 年，北京软件和信息技术服务业增加值是天津的 11.6 倍。北京软件和信息技术服务业发展与河北之间的差距先增大后减小，2004 年，北京软件和信息技术服务业增加值是河北的 30.5 倍，2004~2008 年，北京软件和信息技术服务业的发展与河北之间的差距逐渐拉大，2008 年，北京软件和信息技术服务业增加值是河北的 34.2 倍；2008~2011 年，北京软件和信息技术服务业与河北之间的差距逐渐减小，至 2011 年，北京软件和信息技术服务业增加值是河北的 17.5 倍（图 7-28）。整体上，2004~2011 年，京津冀软件和信息技术服务业增加值分布格局均保持为"北京最大-天津次之-河北最小"。

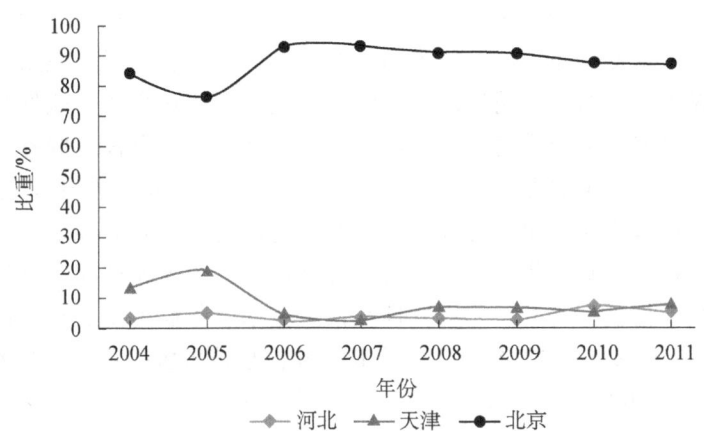

图 7-28　2004~2011 年北京、天津、河北占京津冀软件和信息技术服务业增加值比重及其变化

资料来源：根据历年《中国电子信息产业统计年鉴》相关数据绘制

4. 业务收入

2004~2013 年，北京、天津、河北软件和信息技术服务业业务收入分别由 2004 年的 557.8 亿元、95.2 亿元、10.1 亿元逐渐上升到 2013 年的 4210.6 亿元、711.4 亿元、134.2 亿元，北京、天津、河北 2013 年软件和信息技术服务业业务收入分别是 2004 年的 7.6 倍、7.5 倍、13.3 倍。2004 年，北京、天津、河北占京津冀软件和信息技术服务业业务收入比重为"北京（84.1%）最大、天津（14.4%）次之、河北（1.5%）最小"，到 2013 年仍然是"北京（83.3%）最大、天津（14.1%）次之、河北（2.7%）最小"的局面，北京、

天津占京津冀软件和信息技术服务业业务收入比重分别降低了 0.8、0.3 个百分点，河北占京津冀软件和信息技术服务业业务收入比重增加了 1.2 个百分点。

2004~2013 年，北京软件和信息技术服务业业务收入由 2004 年的 557.8 亿元逐渐增加到 2013 年的 4210.6 亿元，占京津冀软件和信息技术服务业业务收入比重先由 2004 年的 84.1%逐渐上升到 2007 年的 89.6%，然后又下降到 2013 年的 83.3%；天津软件和信息技术服务业业务收入由 2004 年的 95.2 亿元逐渐增加到 2014 年的 711.4 亿元，占京津冀软件和信息技术服务业业务收入比重由 2004 年的 14.4%先下降到 2007 年的 8.5%，然后又逐渐上升到 2013 年的 14.1%；河北软件和信息技术服务业业务收入由 2004 年的 10.1 亿元逐渐提高到 2013 年的 134.2 亿元，占京津冀软件和信息技术服务业业务收入比重先由 2004 年的 1.5%上升到 2010 年的 4.4%，然后又下降到 2013 年的 2.7%（图 7-29）。从业务收入看，2004~2013 年，北京在京津冀软件和信息技术服务业中的比重先上升后逐渐下降，在京津冀软件和信息技术服务业中的比重略有下降，在京津冀软件和信息技术服务业中的地位明显高于天津、河北；天津在京津冀软件和信息技术服务业中的比重先下降后逐渐上升，在京津冀软件和信息技术服务业中的比重大体保持不变，在京津冀软件和信息技术服务业中的地位高于河北、低于北京；河北在京津冀软件和信息技术服务业中的比重先上升后逐渐下降，在京津冀软件和信息技术服务业中的比重略有上升，在京津冀软件和信息技术服务业中的地位低于北京、天津。北京软件和信息技术服务业的发展与天津之间的差距先增大后逐渐减小。2004 年，北京软件和信息技术服务业业务收入是天津的 5.9 倍，2004~2007 年，北京软件和信息技术服务业的发展与天津之间的差距逐渐拉大，2007 年，北京软件和信息技术服务业业务收入是天津的 10.5 倍；2007~2013 年，北京软件和信息技术服务业的发展与天津之间的差距逐渐减小，至 2013 年，北京软件和信息技术服务业业务收入是天津的 5.9 倍，与 2004 年相比，其差距保持不变。北京软件和信息技术服务业的发展与河北之间的差距先增大后减小，最后略有上升。2004 年，北京软件和信息技术服务业业务收入是河北的 55.4 倍，2004~2006 年，其差距逐渐拉大，2006 年，北京软件和信息技术服务业业务收入是河北的 61.0 倍；2006~2010 年，差距逐渐减小，2010 年，迅速下降到 19.5 倍；2010~2013 年，北京软件和信息技术服务业发展与河北之间的差距又逐渐增大，至 2013 年，北京软件和信息技术服务业业务收入是河北的 31.4 倍（图 7-29）。整体上，2004~2013 年，京津冀软件和信息技术服务业业务收入分布格局均保持为"北京最大-天津次之-河北最小"。

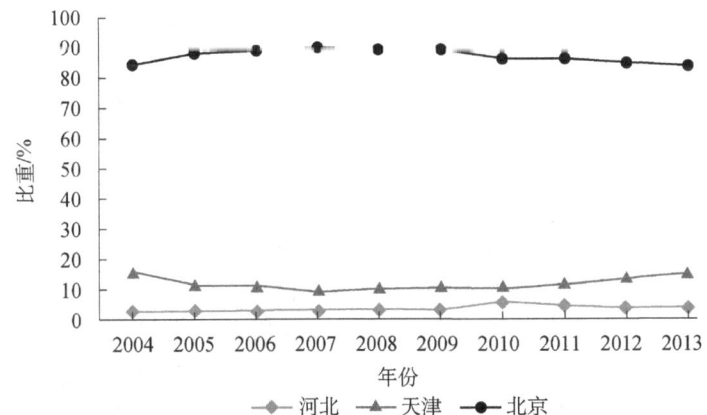

图 7-29　2004～2013 年北京、天津、河北占京津冀软件和信息技术服务业业务收入比重及其变化

资料来源：根据历年《中国电子信息产业统计年鉴》相关数据绘制

5. 利润总额

整体上，2004～2013 年，北京、天津、河北软件和信息技术服务业利润总额分别由 2004 年的 0.9 亿元、2.9 亿元、0.7 亿元逐渐上升到 2013 年的 528.2 亿元、84.9 亿元、32.2 亿元，2013 年北京、天津、河北软件和信息技术服务业利润总额分别是 2004 年的 586.9 倍、29.3 倍、46 倍。北京、天津、河北占京津冀软件和信息技术服务业利润总额比重由 2004 年的"天津（65.0%）最大、北京（19.7%）次之、河北（15.3%）最小"转变为 2013 年的"北京（81.9%）最大、天津（13.2%）次之、河北（5.0%）最小"。

2004～2013 年，北京软件和信息技术服务业利润总额由 2004 年的 0.9 亿元逐渐增加到 2013 年的 528.2 亿元，占京津冀软件和信息技术服务业利润总额比重先由 2004 年的 19.7%迅速上升到 2005 年的 95.6%，然后又逐渐下降到 2010 年的 77.4%，最后上升到 2013 年的 81.9%，相对于 2003 年，比重增加了 62.2 个百分点；天津软件和信息技术服务业利润总额由 2003 年的 2.9 亿元逐渐上升到 2013 年的 84.9 亿元，占京津冀软件和信息技术服务业利润总额比重先由 2004 年的 65.0%迅速下降到 2005 年的 2.7%，然后上升到 2013 年的 13.2%，相对于 2003 年，比重下降了 51.8 个百分点；河北软件和信息技术服务业利润总额由 2004 年的 0.7 亿元先增加到 2011 年的 54.6 亿元，然后又下降到 2013 年的 32.2 亿元，占京津冀软件和信息技术服务业利润总额比重先由 2004 年的 15.3%迅速下降到 2005 年的 1.7%，然后又上升到 2010 年的 13.2%，至 2013 年，其比重达到 5.0%，相对于 2003 年，比重下降了 10.3 个百分点（图 7-30）。从利润总额看，2004～2013 年，北京在京津冀软件和信息技术服务业中的比重先迅速上升，然后逐渐下降，最后略有提高，在京津冀软件和信息技术服务业中的地位明显高于天津、河北；天津在京津冀软件和信息技术服务业中的比重先下降后上升，在京津冀软件和信息技术服务业中的地位大部分低于北京、高于河北；河北在京津冀软件和信息技术服务业中的比重先下降后上升，最后逐渐下降，整体上，在京津冀软件和信息技术服务业中的比重有所下降，在京津冀软件和信息技术服务业中的地位大部分低于北京、天津。北京软件和信息技术服务业发展与天津之间的差距先增大后逐渐减小，2004年，北京软件和信息技术服务业利润总额是天津的0.3倍，2005年，其差距迅速增大到35.3倍，2005~2013年，北京软件和信息技术服务业发展与天津之间的差距逐渐减小，至2013年，北京软件和信息技术服务业利润总额是天津的6.2倍。北京软件和信息技术服务业发展与河北之间的差距先增大后减小，最后有所上升，2004年，北京软件和信息技术服务业利润总额是河北的1.3倍，2005年，其差距迅速增大到56.9倍，2005~2010年，北京软件和信息技术服务业的发展与河北之间的差距逐渐减小，2010年，北京软件和信息技术服务业利润总额是河北的5.9倍，2010~2013年，北京软件和信息技术服务业与河北之间的差距又逐渐增大，至2013年，北京软件和信息技术服务业利润总额是河北的16.4倍（图7-30）。整体上，京津冀软件和信息技术服务业利润总额分布格局由2004年的"天津（65.0%）-北京（19.7%）-河北（15.3%）"逐步转变到2013年的"北京（81.9%）-天津（13.2%）-河北（5.0%）"。

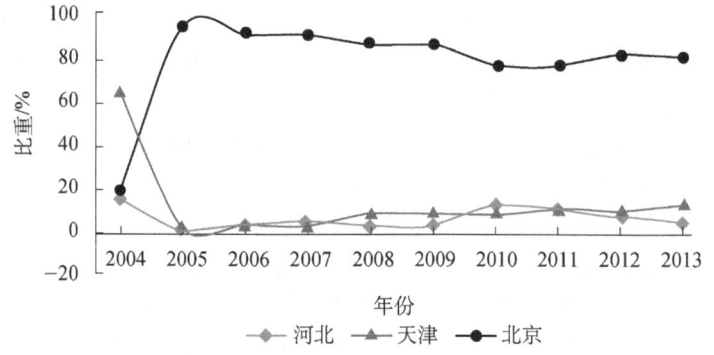

图 7-30　2004~2013年北京、天津、河北占京津冀软件和信息技术服务业利润总额比重及其变化

资料来源：根据历年《中国电子信息产业统计年鉴》相关数据绘制

因此，从企业数量、就业人数、增加值、业务收入、利润总额等各个方面看，2004~2013年，北京、天津、河北在京津冀软件和信息技术服务业中的比重保持"北京-天津-河北"的格局，整体上，北京在京津冀软件和信息技术服务业中的比重有所下降，天津在京津冀软件和信息技术服务业中的比重有所上升，河北在京津冀软件和信息技术服务业中的比重大体保持不变。

三、北京、天津、河北软件和信息技术服务业的专业化状况

根据 2014 年《中国电子信息产业统计年鉴》对软件和信息技术服务业的统计标准，软件和信息技术服务业共分为软件产品业、信息系统集成服务业、信息技术咨询服务业、数据处理和存储服务业、嵌入式系统软件业、集成电路设计业 6 个行业。基于软件和信息技术服务业业务收入数据，对 2013 年北京、天津、河北软件和信息技术服务业的专业化状况进行分析。

整体上，2013 年，京津冀软件和信息技术服务业业务收入达到 5056.2 亿元，主要以软件产品业（占京津冀软件和信息技术服务业业务收入比重为 35.5%）、数据处理和存储服务业（26.0%）、信息系统集成服务业（24.4%）为主（图 7-31）。

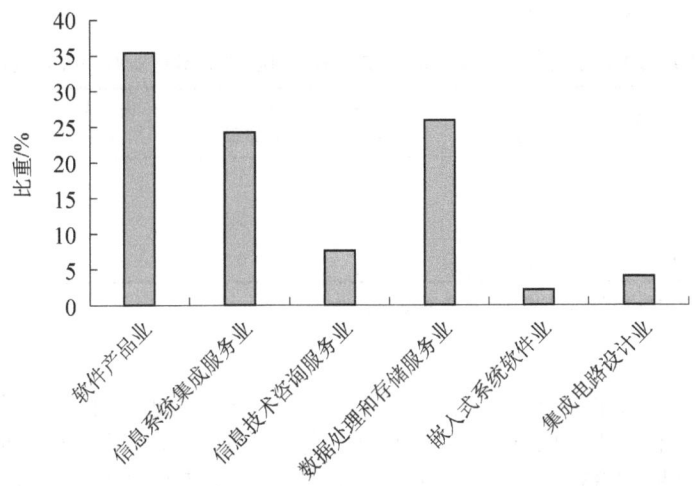

图 7-31　2013 年京津冀软件和信息技术服务行业业务收入比重状况
资料来源：根据《中国电子信息产业统计年鉴（软件篇）2013》相关数据绘制

1. 北京

2013 年，北京软件产品业（占北京软件和信息技术服务业业务收入比重为 36.9%）、数据处理和存储服务业（28.9%）、信息系统集成服务业（25.0%）在软件和信息技术服务业中占主导地位，三个行业比重之和高达 90.8%（图 7-32）。从区位商看，2013 年，北京专业化行业为数据处理和存储服务业（业务收入区位商为 1.1）、软件产品业（1.0）、信息系统集成服务业（1.0），三个行业的专业化水平大体相当（表 7-1）。

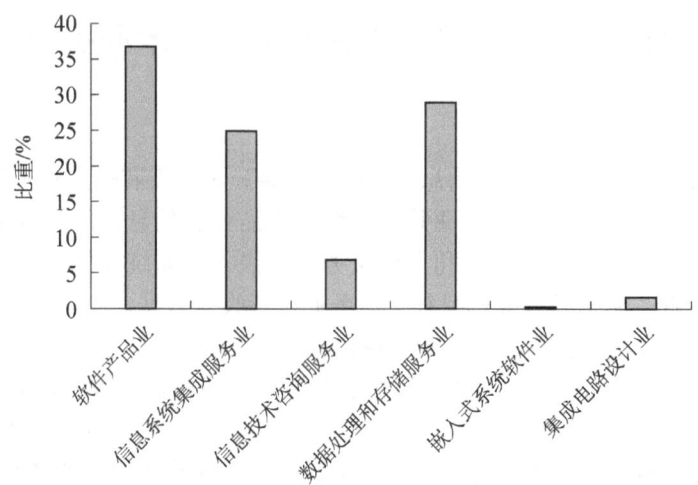

图 7-32 2013 年北京软件和信息技术服务行业业务收入比重状况

资料来源:《中国电子信息产业统计年鉴(软件篇)2013》相关数据绘制

表 7-1 2013 年北京、天津、河北软件和信息技术服务行业业务收入区位商

地区	软件产品业	信息系统集成服务业	信息技术咨询服务业	数据处理和存储服务业	嵌入式系统软件业	集成电路设计业
北京	1.0	1.0	0.9	1.1	0.1	0.5
天津	0.8	0.5	1.5	0.5	6.6	4.3
河北	0.8	2.8	0.5	0.0	0.4	0.0

资料来源:《中国电子信息产业统计年鉴(软件篇)2013》

2. 天津

2013 年,软件产品业(占天津软件和信息技术服务业业务收入比重为 28.8%)在天津软件和信息技术服务业中占有重要地位,其他行业所占比重在 11%~18%(图 7-33)。从区位商看,2013 年,天津专业化行业为嵌入式系统软件业(业务收入区位商为 6.6)、集成电路设计业(4.3)、信息技术咨询服务业(1.5),嵌入式系统软件业专业化水平相对较高(表 7-1)。

3. 河北

2013 年,信息系统集成服务业(占河北软件和信息技术服务业业务收入比重为 67.5%)、软件产品业(26.7%)在河北软件和信息技术服务业中占有重要地位,两个行业所占比重之和高达 94.2%(图 7-34)。从区位商看,2013 年,河北专业化行业仅有信息系统集成服务业(业务收入区位商为 2.8)(表 7-1)。

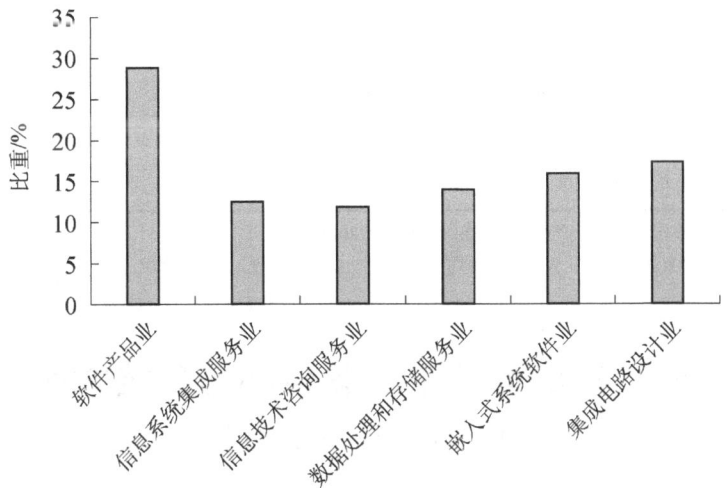

图 7-33　2013 年天津软件和信息技术服务行业业务收入比重状况
资料来源：根据《中国电子信息产业统计年鉴（软件篇）2013》相关数据绘制

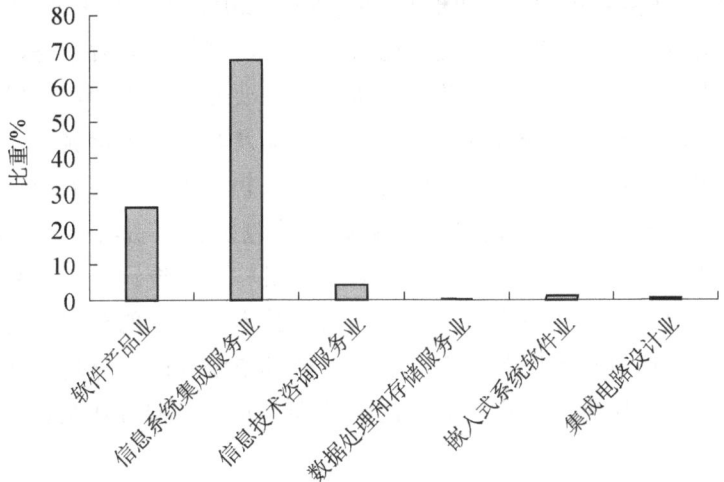

图 7-34　2013 年河北软件和信息技术服务行业业务收入比重状况
资料来源：根据《中国电子信息产业统计年鉴（软件篇）2013》相关数据绘制

综合比重和区位商，2013 年，北京软件和信息技术服务业优势专业化行业是数据处理和存储服务业、信息系统集成服务业、软件产品业，三个行业部门的专业化水平大体相当；天津优势专业化行业为集成电路设计业；河北优势专业化行业为信息系统集成服务业（表 7-2）。

表7-2 2013年北京、天津、河北软件和信息技术服务业优势专业化行业

地区	优势专业化行业
北京	数据处理和存储服务业、信息系统集成服务业、软件产品业
天津	集成电路设计业
河北	信息系统集成服务业

资料来源：《中国电子信息产业统计年鉴（软件篇）2013》

注：选择标准为业务收入比重均超过平均比重（16.7%）；业务收入区位商均大于1

第三节　京津冀城市群软件和信息技术服务业新型产业分工发展

基于《2012 跨国公司中国报告》及相关企业网站信息，对软件和信息技术服务业企业相关数据进行录入和整理（表 7-3）。2011 年，软件和信息技术服务业企业功能环节分为总部、研发、测试、销售、交付、售后服务、咨询、外包执行八大功能环节，其中，总部负责在华主要业务的管理，研发主要包括软件和信息服务产品的研究开发，测试指产品及其性能的检测，交付指把软件和信息服务产品通过相应的程序交给客户，售后服务主要处理产品售后的相关问题，咨询主要提供信息咨询服务，外包执行负责与外包方的协调工作。对软件和信息技术服务业企业及其分支机构进行统计时，重复的合资企业仅统计一次，主要业务不属于软件和信息技术服务业的分支机构不进行统计；对软件和信息技术服务业企业进行功能环节统计时，分功能环节统计时分别统计，计算比重时，作为分母的软件和信息技术服务业企业分支机构数量不重复计算。

表7-3　全球知名并在华投资的软件和信息技术服务业企业名单[①]

年份	软件和信息技术服务业企业名称
2011	**赛富时**、**CA 技术**、**威睿**、**赛门铁克**、**新聚思**、**源讯**、**高知特**、**塔塔咨询服务**、**凯捷**、**思捷思**、**思爱普**、**易安信**、**埃森哲**、**甲骨文**、**微软 MC**、**国际商业机器**

资料来源：《2012 跨国公司中国报告》及企业官方网站资料

注：图中加粗的软件和信息技术服务业企业表示在京津冀城市群地区有分布

[①] 需要说明的是，2011 年跨国公司 500 强中仅有 4 家企业属于软件和信息技术服务业（国际商业机器、微软、埃森哲、甲骨文），通过查找软件和信息技术服务业全球 100 强等名单又进一步选择了 12 家企业，由于查找年限局限，无法准确查找 2002 年的相关信息，故本部分只分析 2011 年的数据

一、京津冀城市群软件和信息技术服务业企业功能环节发展状况

2011 年,在中国设立分支机构的全球知名软件和信息技术服务业企业有 16 家,分支机构达到 163 个,京津冀城市群有 15 家,分支机构达到 40 个。研发和销售环节较多,分别达到 14 个、12 个,其次是总部和售后服务环节,分别有 8 个、6 个,交付、测试、咨询环节较少,分别有 4 个、2 个、2 个,外包执行环节最少,仅有 1 个(图 7-35)。需要说明的是,功能机构本身具有差异性,一个企业的研发、销售、售后服务环节不只 1 个,而一个企业的总部只有 1 个,有些企业没有测试、交付、咨询、外包执行环节。

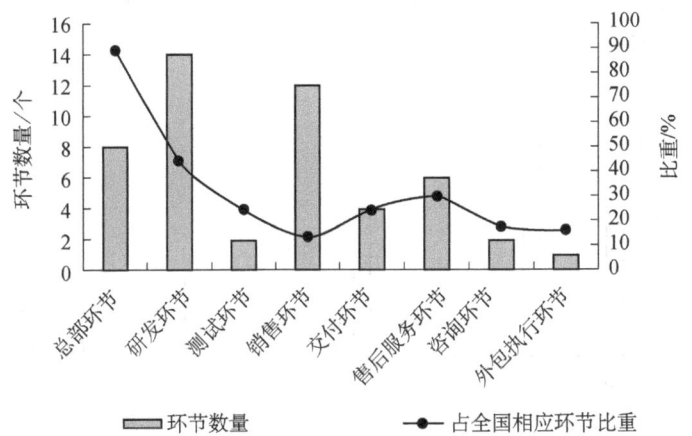

图 7-35　2011 年京津冀城市群软件和信息技术服务业企业各功能环节数量及其占全国的比重
资料来源:根据《2012 跨国公司中国报告》及企业官方网站资料整理绘制

从占全国软件和信息技术服务业企业功能环节的比重看,2011 年,京津冀城市群软件和信息技术服务业企业总部所占比重最高,高达 88.9%,其次是研发和售后服务环节,其比重分别为 45.2%、30.0%,测试和交付环节所占比重一致,均为 25.0%,咨询、外包执行、销售环节涉及相对较少,比重在 14%～19%(图 7-35)。可见,全国软件和信息技术服务业企业总部在京津冀城市群高度集中,研发和售后服务功能突出,其他环节协调发展。

二、京、津、冀软件和信息技术服务业企业功能环节发展状况

2011 年,在京津冀城市群内部,软件和信息技术服务业企业功能环节分布

有所差异，其环节主要分布在北京，天津只涉及部分环节，河北仅石家庄有所分布，且涉及环节很少。京津冀城市群软件和信息技术服务业企业研发、总部、测试、外包执行环节仅分布在北京，其数量依次为 14 个、8 个、2 个、1 个；北京销售环节数量与天津、石家庄相差较大，北京有 9 个，天津有 2 个，石家庄仅有 1 个；售后服务环节数量，北京与天津、石家庄也有一定的差距，北京有 5 个，天津仅有 1 个，石家庄没有涉及；交付环节，北京和天津各有 2 个，石家庄没有分布；咨询环节，北京和石家庄各有 1 个，天津没有分布（图7-36）。可见，2011 年，京津冀城市群软件和信息技术服务业企业各功能环节主要集中在基础设施完善、市场广阔、技术成熟、交通网完善，集管理、服务功能和交往功能于一体的北京；天津涉及销售、交付、售后服务环节，除交付环节外，其他环节在京津冀软件和信息技术服务业中的比重较小；河北石家庄仅涉及销售、咨询环节，且分布较少。

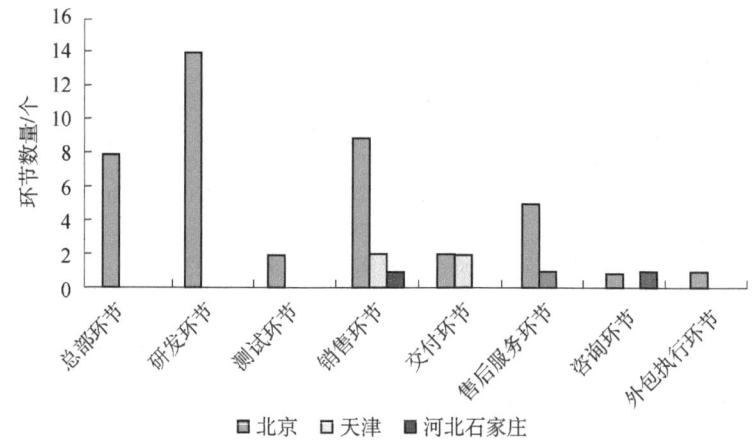

图 7-36　2011 年京津冀城市群软件和信息技术服务业企业功能环节在京、津、冀的分布状况
资料来源：根据《2012 跨国公司中国报告》及企业官方网站资料整理绘制

三、京津冀城市群软件和信息技术服务业企业功能结构、专业化环节

整体上，2011 年，在京津冀城市群软件和信息技术服务业企业功能环节中，研发和销售环节所占比重较高，分别为 35.0%、30.0%，其次是总部和售后服务环节，其比重分别达到 20.0%、15.0%，交付、测试、咨询、外包环节所占比重相对较少，均在 10% 以下（图 7-37）。从区位商（大于 1）看，2011 年，京津冀城市群功能专业化环节共 5 个，按水平高低依次为总部、研发、售后服务、测试和交付，总部和研发环节区位商分别达到 3.6、1.8，其他三个

功能专业化环节区位商在 1.0～1.2（表 7-4）。因此，2011 年，京津冀城市群软件和信息技术服务业企业功能环节主要以研发、销售环节为主，兼顾总部、售后服务环节，其他环节均衡发展，其中，总部、研发、售后均是专业化环节。

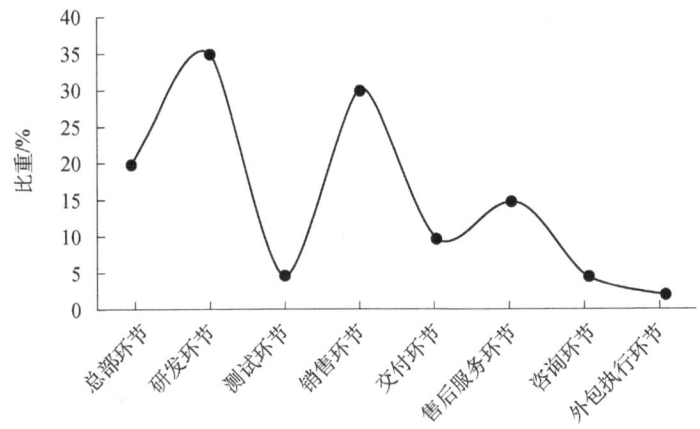

图 7-37　2011 年京津冀城市群软件和信息技术服务业企业功能环节比重
资料来源：根据《2012 跨国公司中国报告》及企业官方网站资料整理绘制

表 7-4　2011 年京津冀城市群软件和信息技术服务业企业功能环节区位商

环节	京津冀	北京	天津	河北石家庄
总部环节	3.6	1.1		
研发环节	1.8	1.1		
测试环节	1.0	1.1		
销售环节	0.6	0.9	1.7	3.3
交付环节	1.0	0.6	5.0	
售后服务环节	1.2	1.0	1.7	
咨询环节	0.7	0.6		20.0
外包执行环节	0.7	1.1		

资料来源：根据《2012 跨国公司中国报告》及企业官方网站资料整理绘制

2011 年，京、津、冀软件和信息技术服务业企业数量分别为 15 个、3 个、1 个，分支机构分别达到 35 个、4 个、1 个。北京研发环节在北京整个软件和信息技术服务业企业功能环节中所占比重最高，为 40.0%，其次是销售环节和总部，所占比重分别达到 25.7%、22.9%，售后服务环节所占比重相对较小，其比重为 14.3%，其他环节所占比重在 2%～6%。天津软件和信息技术服务业企业功能环节只涉及销售、交付、售后服务环节，其中，销售和交付环节所占比重较高，均为 50.0%，售后服务环节所占比重为 25.0%。河北石家庄仅设立 1 个分支机构，具有销售和咨询功能（图 7-38）。从区位商（大于 1）看，北京功能专业化环节共 5 个，分别为总部、研发、测试、售后服务、外包执行环节，其区位商均约为 1.1；天津涉及的销售、交付、售后服务环节均为专业化环节，其中，交付环节专业化水平最高，区位商为 5.0，销售和售后服务环节区位商一致，均为 1.7；河北石家庄仅有的销售和咨询环节均是专业化环节，咨询环节专业化水平较高，区位商高达 20.0，销售环节区位商为 3.3（表 7-4）。

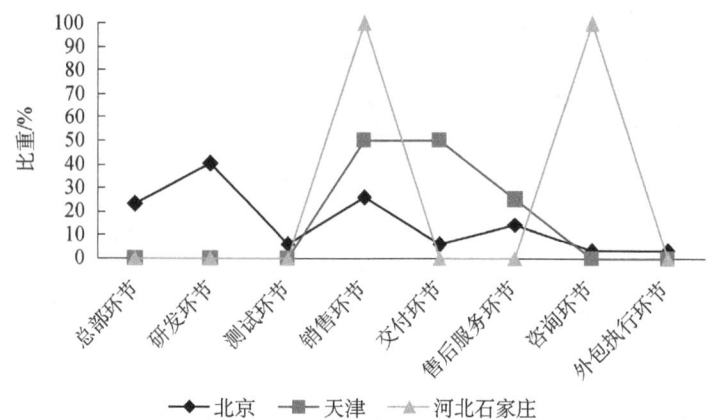

图 7-38　2011 年京津冀软件和信息技术服务业企业各功能环节比重
资料来源：根据《2012 跨国公司中国报告》及企业官方网站资料整理绘制

基于功能环节数量比重及区位商两方面的综合分析，2011 年，北京以研发、销售环节为主，兼顾总部、售后服务环节，其他环节均衡发展，功能结构与京津冀城市群相似，除销售环节外，研发、总部、售后服务环节均为专业化环节，北京已经形成了一套完整的软件和信息技术服务业企业功能环节；天津软件和信息技术服务业企业主要集中在销售、交付、售后服务环节，且三者均为优势专业化环节，其他功能环节没有涉及；河北石家庄软件和信息技术服务业企业主要集中在销售和咨询环节，且二者均为优势专业化环节，其他功能环节尚未涉及（图 7-39）。

总之，2011 年，京津冀城市群在全国软件和信息技术服务业企业功能环节中占有重要地位，尤其是总部在京津冀高度集中，是全国软件和信息技术服务业企业的管理和研发核心。2011 年，京津冀城市群软件和信息技术服务业企业总部、研发、测试、外包执行功能环节仅分布在北京，其他功能环节也主要分布在北京，销售、交付和售后服务环节在天津有所分布，销售和咨询环节在河北石家庄地区略有分布。2011 年，北京软件和信息技术服务业企业研发功能突出，其次是总部和售后服务功能，天津主要集中在销售、交付功能，其次是售后服务功能，其他功能环节没有涉及，河北石家庄集中在销售和咨询功能，其他功能环节尚未涉及。

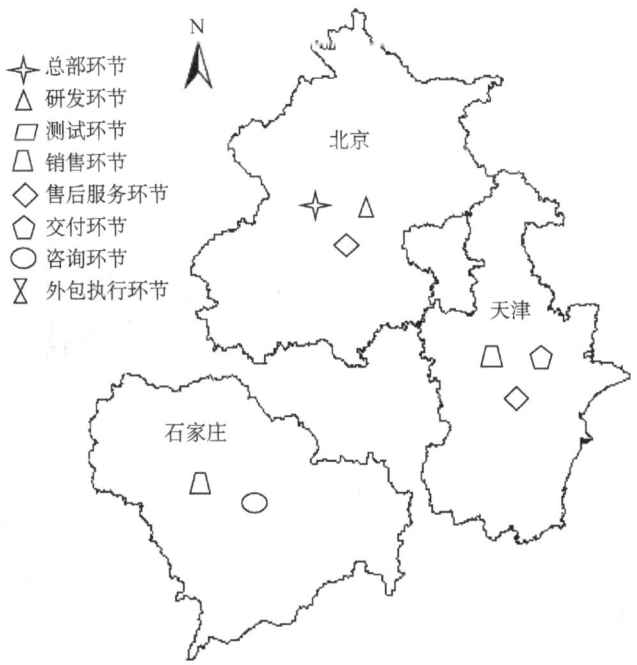

图 7-39 2011 年京津冀城市群软件和信息技术服务业企业优势专业化功能环节
资料来源：根据《2012 跨国公司中国报告》及企业官方网站资料整理绘制
选择标准：功能环节数量比重超过平均比重（12.5%）；功能环节区位商大于 1；京津冀城市群中河北地区只有石家庄有相关企业分布，故其他城市未在图上画出

本 章 小 结

整体上，2003~2013 年，全国软件和信息技术服务业的发展速度呈下降趋势，并逐渐在我国沿海地区及西南地区集聚。2004~2013 年，京津冀城市群软件和信息技术服务业在全国所占比重呈下降趋势，在京津冀城市群内部，软件和信息技术服务业按比重的分布基本上为"北京最大、天津次之、河北最小"。

从产业分工角度看，2013 年，北京软件和信息技术服务业优势专业化行业是数据处理和存储服务业、信息系统集成服务业、软件产品业，天津优势专业化行业为集成电路设计业，河北优势专业化行业则为信息系统集成服务业。2011 年，京津冀城市群研发、总部、售后服务功能比较突出，北京以研发功能为主，其次是总部和售后服务功能，天津主要集中在销售、交付功能，其次是售后服务功能，其他功能环节没有涉及，河北石家庄高度聚集销售和咨询功能，其他功能环节尚未涉及。

第八章
京津冀城市群新型产业分工特征、区域影响及对策

近两年京津冀协同发展上升为国家战略,而基于功能环节的区域新型产业分工应该成为重要的战略发展方向。本书在分析京津冀城市群新型产业分工的特征与模式及其区域影响的基础上,有针对性地提出推进京津冀城市群新型产业分工以及区域整合发展的途径与对策。

第一节 京津冀城市群新型产业分工特征与模式

从整体行业职业人口分布看,利用 2000 年第五次和 2010 年第六次人口普查区县层面上的职业人口数据计算功能专业化指数,发现京津冀城市群的功能专业化程度较高,而且 2010 年较 2000 年进一步提高,由 1.595 上升为 1.741,成为十大城市群中功能专业化程度最高的城市群,说明相较于其他城市群京津冀城市群更加专业化于管理控制、技术研发功能。在京津冀城市群内部,北京功能专业化指数最高,唐山功能专业化指数最低,2000~2010 年北京、石家庄等城市的功能专业化指数在增加,而天津、唐山等城市的功能专业化指数在下降,说明在京津冀城市群范围北京、石家庄更加专业化于管理控制、技术研发功能,天津、唐山更加专业化于生产操作功能。

从典型行业的企业功能环节分布来看,根据汽车、电子信息制造业、软件和信息技术服务业领域跨国公司 500 强等大型多区位企业分支机构在国内的分布情况分析,发现京津冀城市群在全国占有重要的地位,这些机构有 1/5 以上都分布在京津冀城市群,但该比重 2011 年较之 2002 年有所下降。京津冀城市群在全国的功能分工发生变化,专业化功能环节基本由 2002 年的总部、生产转变为 2011 年的总部、研发、售后,制造环节不再是专业化环节,取而代之的是研发、售后等服务环节。

在京津冀城市群内部，这些分支机构高度集聚在北京，电子信息制造业、软件和信息技术服务业领域跨国公司 500 强等大型多区位企业分支机构的 70%以上都集中布局在北京，2011 年与 2002 年相比该比例还有所上升，汽车领域跨国公司 500 强企业分支机构在北京分布的比例也由 2002 年的 41%上升到 2011 年的 59%，河北这些分支机构的分布非常有限，均不高于 5%，仅石家庄、廊坊、唐山等个别城市略有涉及。从功能分工来看，京津冀城市群基本形成北京专业化于总部、研发环节，天津专业化于生产环节，河北（石家庄、廊坊、唐山）专业化于销售、生产环节的格局。这些跨国公司 500 强等大型多区位企业的总部、研发部门往往布局在北京。总部负责管理天津、河北以及全国分支机构的在华业务；研发部门负责研究与开发新产品，给予天津、河北以及全国分支机构技术支持；售后服务负责产品售后的技术培训、方案咨询等；生产部门多布局在天津，集中进行规模化生产，将产品提供给北京及全国其他地区；河北个别城市有少量分支机构分布则专业化于销售、生产环节。

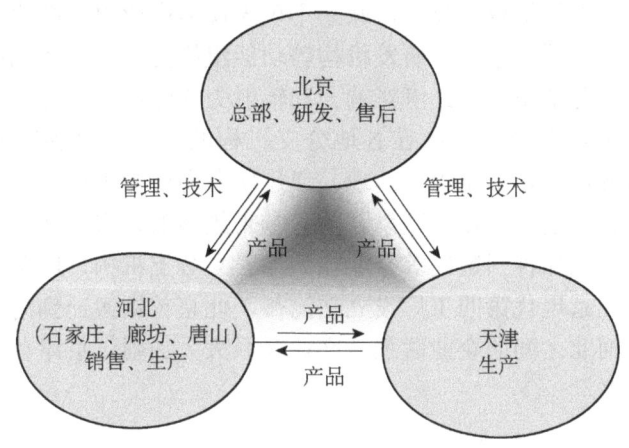

图 8-1　京津冀城市群新型产业分工模式

第二节　京津冀城市群新型产业空间分工的区域影响分析

一、推动京津冀城市群多中心空间结构形成

公司组织变迁是促使区域产业分工从部门分工转向功能分工的根本原因，

多区位企业的空间行为促使区域新型产业分工的形成。多区位企业根据需要将不同功能环节布局在不同地区，在集聚经济的作用下，类似的功能环节会在特定地区集聚，形成企业机构集聚地，进而推动区域多中心空间结构的形成，而且在这些中心之间存在明显的功能分工。多区位企业的空间行为促使京津冀城市群形成北京商务中心区、中关村科技园区、北京经济技术开发区、北京天竺空港经济开发区、林河工业开发区、天津经济技术开发区、西青经济开发区等多个企业机构集聚地，而且这些园区之间存在明显的功能分工，北京的园区专业化于总部、研发环节，天津的园区专业化于生产环节，河北的园区专业化于销售、生产环节的格局。

二、加快要素流动，促进京津冀城市群城市间联系

基于功能环节的新型产业分工，城市间的联系更多地表现为管理控制、技术研发与生产操作等功能间的联系，城市间的资本、信息、技术等要素联系增强，城市联系更加细致和复杂，联系不仅表现为产业内和产业间的联系，更体现在公司内的联系。总部、研发机构等功能组织的联系成为城市经济联系的主要内容。公司总部是城市经济影响力和辐射力的体现，通过公司总部向外输出高端服务，并收集公司分散在各地分支机构的信息，将各地经济活动联系起来。研发是城市技术影响力的体现，通过研发向外输出技术，提供技术服务，将各地分支机构建立起技术联系。随着越来越多的北京企业将分支机构设立到天津、河北，比如神州数码等企业在天津设立分支机构，用友软件在河北设立分支机构，北京现代第四工厂设立在沧州，北京首钢搬迁到河北曹妃甸等，北京与天津、河北之间的企业联系、产业联系大大加强，京津冀城市群城市间联系也大大加强。

三、促进京津冀区域协调发展

随着区域新型产业分工的发展，北京和天津把部分服务、制造环节向河北城市有序转移，一方面可以为高级功能的发展释放资源空间，另一方面当北京等中心城市不具比较优势的制造环节转移到其他城市后，会带动其他城市对中心城市的信息咨询、技术研发、资金融通、法律会计等专业服务的需求。这会进一步促进中心城市作为管理和服务中心的发展，有利于中心城市和外围城市进一步发挥各自比较优势，从而提高整个经济圈的效率。这也可以消除和缓解各地在产业发展方面的恶性冲突，最终形成整体竞争优势和良性互动、互惠多赢的产业发展格局。它既可以充分发挥市场机制在资源配置中的基础作用，又

有利于推进区域经济一体化，形成优势互补、合理分工、互惠互利的良好发展格局，从而促进京津冀区域协调发展。

第三节 基于区域新型产业分工推进京津冀城市群协同发展的对策建议

京津冀城市群各城市之间存在着较明显的差距，在未来京津冀城市群协同发展中，需要对各区域的功能定位进行明确，在此基础上加强联系与合作，以合理的功能分工促进京津冀协同发展。

一、明确北京、天津、河北三地的功能分工

近两年京津冀协同发展上升为国家战略，京津冀协同发展需要创新思维，破除各自"一亩三分地"的思想障碍，需要从竞争转向协同合作推动京津冀一体化。在这样新的发展需求下，基于功能环节的区域新型分工就成为重要的战略发展方向。

要实施功能分工战略，就要对京津冀城市群中各城市的功能进行明确。北京人才聚集和高科技产业优势明显，通过强化总部经济、研发经济、高端生产性服务业发展定位，把北京建设成为京津冀乃至全国管理控制、研发设计和先进服务最重要的区域。通过功能定位北京可以将生产操作、后台服务功能转移到城市群其他地区，这有助于北京市功能疏解，缓解北京资源环境承载压力。天津是我国对外开放的新窗口，应继续发挥好天津对外窗口的优势，建设东北亚重要航运中心，打造综合型先进制造与专业服务中心。河北需要发挥比较优势，利用地缘优势、地域广阔优势、人力资源丰富优势，吸引企业分支机构的设立，着手强化生产操作和后台服务功能。

二、对接各区域功能，从企业和产业层面加强联系

在明确各城市功能分工的基础上，京津冀城市群应加强企业和产业层面的联系。在企业层面上，尤其是大型企业，可以按照其流程环节将不同的功能部门布局到最适合该部门发展的区位，从而通过总部加强对企业分支机构的联系。例如，首钢公司的"总部-制造基地"模式，将总部和研发、设计等高端功能留在石景山区，而将涉钢产业整体搬到河北曹妃甸工业区。石家庄制药集团公司的"研发-制造基地"分离模式，在北京设立研发机构，生产保留在石家庄。

产业层面，应延长产业链，以产业链分工促进京津冀协同发展。在产业层面，通过产业对接，延伸产业链条，加强产业联系。比如汽车产业，由于其链条很长，在今后的发展中就可以按照其上下游产业链环节分工进行布局（整车总装设在天津，发动机等核心零部件设在在天津或保定，一般零部件设在河北的中小城市，轮胎可能在廊坊的一个镇生产，玻璃可能在沧州的一个镇生产等），这样通过产业链条延长可以加强地区之间的联系，带动周边经济的发展。

三、北京产业转移要凸显地方差异强调产业对接协作

北京选择产业转移承接地要考虑当地的要素禀赋条件和产业基础，产业转移要形成集聚效应，集聚到一些产业园区。汽车行业重点向天津、保定、廊坊、沧州、唐山转移，电子信息制造业重点向天津、石家庄、廊坊转移，设备制造业重点向保定、沧州转移，生物医药产业重点向石家庄、沧州转移，食品加工制造以及饮料制造业重点向秦皇岛、承德、张家口转移，交通运输业向天津、石家庄、秦皇岛转移，批发和零售业重点向保定转移，公共服务业重点向石家庄、廊坊转移，信息传输、软件和信息技术服务业重点向天津、石家庄、秦皇岛转移，科学研究和技术服务业重点向天津、石家庄、廊坊、保定转移，文化、体育和娱乐业重点向石家庄、张家口转移。

运用经济手段推进产业转移，设立专项基金，给予税收优惠，加大支持力度。产业转移对接一定要加强合作，北京、天津、河北等地共同组成投资公司，制定共建方案，共同推进项目进展。制定产业转移对接企业税收收入分享办法，推动迁出地与迁入地区之间建立财政利益共享机制，形成"政府推动、市场主导、企业参与"的良好局面。

四、积极推动建立京津冀协同创新共同体，形成科技创新功能分工格局

要充分发挥北京全国科技创新中心优势，聚集高端创新要素资源，积极推动建立京津冀协同创新共同体。以促进创新资源合理配置、开放共享、高效利用为主线，推动区域间技术转移和成果转化，建立健全区域创新体系，形成北京要素整合、研发创造——天津和河北产业化生产、销售推广的功能分工格局。重点加强中关村科技园区与天津滨海新区对接合作，共建科技成果转化基地，将北京的高科技成果到天津产业化发展。成立中关村科技园区咨询投资有限公司，为合作共建园区提供规划咨询、开发建设支撑。设立中关村协同创新

共同体合作基金,引导社会资本参与京津冀创新合作。依托中关村-滨海大数据创新战略联盟,加快打造"中关村数据研发-张北数据存储-天津数据装备制造"等上下游环节贯通的"京津冀大数据走廊"。

五、提高产业技术水平,降低对资源环境影响

京津冀地区属于"资源型"严重缺水地区,人均水资源量仅为全国水平的七分之一左右。近年来,该地区雾霾天气频发,环境问题日益突出,资源环境成为制约京津冀地区经济社会发展最大的因素。该地区产业转移,一定不能只是简单地将污染产业直接转移到河北,该淘汰的产业和环节要淘汰,转移过程中一定要提高产业技术水平,提升工艺技术装备水平,发展循环经济,节能减排,降低对资源环境的影响,促进京津冀地区的可持续发展。

参 考 文 献

安筱鹏, 杨大鹏. 2001. 中国软件产业的发展及对策研究. 地域研究与开发, 20（1）: 19-22.
贝蒂尔·奥林. 1933. 王继祖等译. 1981. 地区间贸易和国际贸易. 北京: 商务印书馆.
蔡来兴. 1995. 国际经济中心城市的崛起. 上海: 上海人民出版社.
陈航, 栾维新, 王跃伟. 2005. 首都圈内城市职能的分工与整合研究. 中国人口·资源与环境, 15（5）: 15-19.
陈耀, 郑重阳. 2014. 推进京津冀产业分工布局优化研究. 城市管理与科技, 76（4）: 18-19.
陈忠暖, 陈颖, 甘巧林. 1999. 昆明城市商业地域结构探讨与对策刍议. 人文地理, 14（4）: 21-25.
陈宗财. 2010. 我国电子信息制造业产业国际竞争力的研究. 江西财经大学硕士学位论文.
程恩富, 伍山林. 2001. 企业学说与企业变革. 上海: 上海财经大学出版社.
崔辉. 2005. 我国软件产业发展与对策研究. 吉林大学博士学位论文.
大卫·李嘉图. 1962. 政治经济学及赋税原理. 郭大力, 王亚南译. 北京: 商务印书馆.
邓丽君, 张平宇, 李平. 2010. 中国十大城市群人口与经济发展平衡性分析. 中国科学院研究生院学报, 27（2）: 154-162.
樊杰, 王宏远, 陶岸君, 等. 2009. 工业企业区位与城镇体系布局的空间耦合分析——洛阳市大型工业企业区位选择因素的案例剖析. 地理学报, 64（2）: 131-141.
樊杰. 2008. 京津冀都市圈区域综合规划研究. 北京: 科学出版社.
冯明. 2014. 我国电子信息产业国际化问题研究. 首都经济贸易大学博士学位论文.
国家发展和改革委员会, 国土开发与地区经济研究所. 2009. 我国城市群的发展阶段与十大城市群的功能定位. 改革, （9）: 5-23.
贺灿飞, 肖晓俊. 2011. 跨国公司功能区位实证研究. 地理学报, 66（12）: 1669-1681.
贺灿飞, 肖晓俊, 邹沛思. 2012. 中国城市正在向功能专业化转型吗？——基于跨国公司区位战略的透视. 城市发展研究, 19（3）: 20-29.
赫尔普曼, 克鲁格曼. 1993. 市场结构和对外贸易——报酬递增、不完全竞争和国际贸易. 尹翔硕, 尹翔康译. 上海: 上海三联书店.
科斯. 2000. 企业的性质//普特曼, 克罗茨纳. 企业的经济性质. 孙经纬译. 上海: 上海财经大学出版社.

克鲁格曼. 2002. 地理和贸易. 张兆杰译. 北京：中国人民大学出版社.

孔翔，钱俊杰. 2009. 我国大城市近郊的高科技产业发展：基于产品内分工的视角. 经济地理，12（29）：1985-1989，2017.

李国平，卢明华. 2002. 北京高科技产业价值链区域分工研究. 地理研究，21（2）：228-238.

李健. 2008. 从全球生产网络到大都市区生产空间组织. 华东师范大学博士学位论文.

李靖. 2012. 新型产业分工：重塑区域发展格局. 北京：社会科学文献出版社.

李少星，顾朝林. 2010. 长江三角洲产业链地域分工的实证研究——以汽车制造产业为例. 地理研究，29（12）：2132-2142.

李燕，贺灿飞. 2011. 新型城市分工下的城市经济联系研究. 地理科学进展，30（8）：986-994.

丽娜. 2013. 我国电子信息产业发展历程与发展现状分析. 电子技术与软件工程，20（18）：263-264.

梁志坚. 1994. 交易成本理论在城市与区域研究中的应用. 城市问题，（6）：7-9.

刘汉初，卢明华. 2014. 中国城市专业化发展变化及分析. 世界地理研究，65（4）：85-96.

刘作丽，贺灿飞. 2007. 京津冀地区工业结构趋同现象及成因探讨. 地理与地理信息科学，23（5）：62-66.

刘作丽，贺灿飞. 2011. 集聚经济、制度约束与汽车产业跨国公司在华功能区位. 地理研究，30（9）：1606-1620.

卢锋. 2004. 产品内分工. 经济学（季刊），4（1）：55-82.

卢明华，李丽. 2012. 北京电子信息产业及其价值链空间分布特征研究. 地理研究，31（10）：1861-1871.

卢明华，杨洁. 2013. 北京都市区服务业地域分工及其变化. 经济地理，33（2）：97-104.

陆大道. 2015. 京津冀城市群功能定位及协同发展. 地理科学进展，34（3）：265-270.

马克思，恩格斯. 1995. 德意志意识形态//中共中央马克思恩格斯列宁斯大林著作编译局. 马克思恩格斯选集（第1卷）. 北京：人民出版社.

孟庆民，李国平. 2000. 新国际劳动分工研究动态. 世界地理研究，10（2）：31-37.

孟庆民，李国平，杨开忠. 2000. 新国际分工的动态概念与机制. 中国软科学，（9）：112-116.

牟锐. 2010. 中国信息产业发展模式研究. 北京：中国经济出版社.

宁越敏. 1991. 新的国际劳动分工、世界城市和我国中心城市的发展. 城市问题，（3）：2-7.

宁越敏. 1995a. 从劳动分工到城市形态——评艾伦·斯科特的区位论（一）. 城市问题，（2）：18-21.

宁越敏. 1995b. 从劳动分工到城市形态——评艾伦·斯科特的区位论（二）. 城市问题，

（3）：14-16.

宁越敏. 2004. 外商直接投资对上海经济发展影响的分析. 经济地理, 24（3）：313-317.

乔继明, 宁越敏. 1992. 试论西方国家劳动空间分工理论的发展. 世界地理研究, 1（1）：38-44.

萨乌什金. 1987. 经济地理学：历史、理论、方法和实践. 毛汉英等译. 北京：商务印书馆.

石崧. 2005. 从劳动空间分工到大都市区空间组织. 华东师范大学博士学位论文.

苏红键, 赵坚. 2011. 产业专业化、职能专业化与城市经济增长——基于中国地级单位面板数据的研究. 中国工业经济,（4）：25-34.

苏红键. 2012. 空间分工理论与中国区域经济发展研究. 北京交通大学博士学位论文.

孙久文, 邓慧慧, 叶振宇. 2008. 京津冀都市圈区域合作与北京的功能定位. 北京社会科学,（6）：19-24.

谭维克, 赵弘. 2011. 论"首都经济圈"建设. 北京社会科学,（4）：4-9.

田文. 2006. 产品内贸易. 北京：经济科学出版社.

王得新. 2013. 基于因子分析的京津冀都市圈专业化分工水平实证研究. 区域经济评论,（3）：137-141.

王彦芳. 2015. 城市功能分工演进与经济发展关系研究. 北京城市学院学报,（1）：1-6.

威廉姆森. 2002. 资本主义经济制度——论企业签约与市场签约. 段毅才, 王伟译. 北京：商务印书馆.

魏后凯. 2007. 大都市区新型产业分工与冲突管理——基于产业链分工的视角. 中国工业经济,（2）：28-34.

魏后凯. 2011. 现代区域经济学. 北京：经济管理出版社.

魏后凯, 刘长全. 2004. 首都经济圈的功能定位与新型产业分工. 经济管理, 7：80-83.

肖金成, 李忠. 2014. 促进京津冀产业分工合作的基本思路及政策建议. 中国发展观察,（5）：14-16.

徐小燕, 卢明华, 王茂军. 2014. 北京市汽车产业价值链地域分工研究. 经济地理, 34（2）：86-92, 100.

许学强, 周春山. 1994. 论珠江三角洲大都会区的形成. 城市问题,（3）：3-6.

亚当·斯密. 1981. 国民财富的性质和原因的研究. 郭大力, 王亚南译. 北京：商务印书馆.

杨开忠. 1989. 中国区域发展研究. 北京：海洋出版社.

杨开忠. 2015. 京津冀大战略与首都未来构想——调整疏解北京城市功能的几个基本问题. 人民论坛·学术前沿,（2）：72-83, 95.

杨维凤. 2012. 首都经济圈新型产业分工格局构建研究. 生产力研究,（3）：198-199, 207.

杨小凯, 张永生. 2000. 新兴古典经济学和超边际分析. 北京：中国人民大学出版社.

杨小凯. 2003a. 经济学：新兴古典与新古典框架. 北京：社会科学文献出版社.

杨小凯. 2003b. 发展经济学. 北京：社会科学文献出版社.

于涛方, 顾朝林, 吴涨, 2006. 中国城市功能格局与转型——基于五普和第一次经济普查数据的分析. 城市规划学刊,（5）: 13-21.

于涛方, 吴志强. 2006. 京津冀地区区域结构与重构. 城市规划, 30（9）: 36-41.

张亮亮. 2014. 中国汽车产业合理化布局研究. 西南财经大学硕士学位论文.

张若雪. 2009. 从产品分工走向功能分工: 经济圈分工形式演变与长期增长. 南方经济,（9）: 37-48.

张同升. 2006. 京津冀都市圈产业分工与协调发展. 中国科学院研究生院博士学位论文.

张玉阳. 2005. 中国汽车工业的产业布局研究. 重庆师范大学硕士学位论文.

赵渺希, 魏冀明, 吴康. 2014. 京津冀城市群的功能联系及其复杂网络演化. 城市规划学刊,（1）: 46-52.

赵勇, 白永秀. 2012. 中国城市群功能分工测度与分析. 中国工业经济,（11）: 18-30.

周任. 2004. 中国与印度软件业发展之比较. 南亚研究季刊, 73（1）: 116-120, 127.

朱彦刚, 贺灿飞, 刘作丽. 2010. 跨国公司的功能区位选择与城市功能专业化研究. 中国软科学,（11）: 98-109.

祝尔娟. 2010. "十二五"时期京津冀发展阶段与趋势特征分析. 经济与管理研究,（10）: 122-128.

Arndt S W. 1997. Globalization and the open economy. North American Journal of Economics and Finance, 8（1）: 71-79.

Bade F J, Laaser C F, Soltwedel R. 2004. Urban Specialization in the Internet Age-Empirical Findings for Germany. Kiel Working Paper No.1215.

Barbour E, Markusen A. 2007. Regional occupational and industrial structure: Does one imply the other. International Regional Science Review, 30（1）: 72-90.

Brunelle C, Polese M. 2008. Functional specialization across Space: A case study of the Canadian electricity industry, 1971-2001. The Canadian Geographer, 52（4）: 486-504.

Brunelle C. 2013. The growing economic specialization of cities: Disentangling industrial and functional dimensions in the Canadian urban system, 1971-2006. Growth and Change, 9（3）: 443-473.

Camagni R, Capello R. . 2004. The city network paradigm: Theory and empirical evidence//Capello R, Nijkamp P. Urban Dynamics and Growth: Advances in Urban Economics. Amsterdam: Elsevier.

Chapman K, Walker D F. 1991. Industrial Location（2nd ed.）. Massachusetts: Basil Blackwell.

Cohen R. 1981. The New international division of labour, multinational corporations and urban hierarchy//Dear M, Scott A. Urban Planning in Capitalist Society. London: Methuen.

Desmet K, Fafchamps M. 2005. Changes in the spatial concentration of employment across

US counties: A sectoral analysis 1972-2000. Journal of Economic Geography, 5 (3): 261-284.

Dicken P, Lloyd P. 1990. Location in Space: Theoretical Perspectives in Economic Geography. New York: Harper Collins.

Dicken P. 2003. Gloabal Shift: Reshaping the Global Economic Map in the 21st Century. London: Sage.

Dixit A K, Grossman G M. 1982. Trade and protection with multi-stage production. The Review of Economic Studies, 49 (4): 583-594.

Duranton G, Puga D. 2002. From Sectoral to Functional Urban Specialization. Cambridge: National Bureau of Economic Research.

Fröbel F, Heinrichs J, Kreye O, et al. 1981. The New International Division of Labor. Cambridge: Cambridge University Press.

Halbert L. 2007. From sectors to functions: Producer services, metropolization and agglomeration forces in the Ile-de-France region. Belgeo 1, Special Issue on The Advanced Services Sectors in European Urban Regions: 73-94.

Jones R W, Kierzkowski H. 1990. The role of services in production and international trade: A theoretical framework//Jones R W, Krueger A O. The Political Economy of International Trade: Essays in Honor of Robert E. Baldwin. Oxford: Basil Blackwell.

Kogut B. 1985. Designing global strategies: Comparative and competitive value-added chains. Sloan Management Review, 26 (4): 15-28.

Krugman P. 1995. Growing world trade: Causes and consequences//Brookings Papers on Economic Activity, 25th Anniversary Issue: 327-377.

Lee R. 2000. New international division of labour//Johnston R J, Gregory D Pratt G. The Dictionary of Human Geography. Oxford: Blackwell.

Markusen J R, Venables A J. 2013. Functional specialization, sectoral specialization, and inter-city trade. http://www.etsg.org/ETSG2013/Papers/122.pdf [2016-5-27].

Massey D. 1979. In what sense a regional problem? Regional Studies, 2 (13): 233-243.

Meijers E. 2005. Polycentric urban regions and the quest for synergy: Is a network of cities more than the sum of the parts. Urban Studies, 42 (4): 765-781.

Nagamachi K. 2015. A simple model of functional specialization of cities. MPRA (Munich Personal Repec Archive) Paper No.61497.

Phelps N A, Ozawa T. 2003. Contrasts in agglomeration: Proto-industrial, industrial and post-industrial forms compares. Progress in Human Geography, 27 (5): 583-604.

Porter M. 1985. The Competitive Advantage: Creating and Sustaining Superior Performance. New York: The Free Press.

Samuelson P A. 1948. International trade and the equalisation of factor prices. Economic

Journal, 58: 336-341

Scott A J. 1981. The spatial structure of metropolitan labour markets and the intra-urban plant location. Urban Geography, 2 (1): 1-30.

Scott A J. 1982a. Location patterns and dynamics of industrial activity in the modern metropolis. Urban Studies, 19 (1): 111-142.

Scott A J. 1982b. Production system dynamics and metropolitan development. Annals Association of American Geographers, 72 (2): 185-200.

Scott A J. 1982c. Production system dynamics and metropolitan development. Annals Association of American Geographers, 72 (2): 185-200.

Scott A J. 1983a. industrial organization and the logic of intra-metropolitan location I: theoretical considerations. Economic Geography, 59 (3): 233-249.

Scott A J. 1983b. Industrial organization and the logic of intra-metropolitan location II: a case study of the printed circuits in industry in the greater los angeles region. Economic Geography, 59 (4): 343-367.

Scott A J. 1986a. Industrialization and urbanization: A geographical agenda. Annals Association of American Geographers, 76 (1): 25-37.

Scott A J. 1986b. Industrial organization and location: Division of labor, the firm, and spatial process. Economic Geography, 62 (3): 215-231.

Scott A J. 1988. Metropolis: From the Division of Labor to Urban Form. London: Pion Limited.

Storper M, Walker R. 1984. The spatial division of labour: Labour and the location of industries//Sawers L, Tabb W. Sunbelt/Snowbelt: Urban Development and Regional Resructuring. Oxford: Oxford University Press.